JN125821

日本思想史の現在と未来

対立と調和

前田勉
苅部直 編

ぺりかん社

はじめに

前田　勉

日本思想史学会は一九六八年十一月に創立された。二〇一八年はちょうど五〇周年に当たっていた。これを記念するために、二〇一六年、総務委員会では二つの企画を立ちあげた。一つは、『日本思想史事典』への編集協力である。これには、多くの学会員の協力を得ることができ、二〇二〇年四月に丸善出版から刊行することができた。そして、もう一つは大会シンポジウムである。本書はこの学会創立五〇周年を記念して、二〇一七年度大会（二〇一七年十月二十八日、於東京大学）と二〇一八年度大会（二〇一八年十月十三日、於神戸大学）で二年連続して行われた、記念シンポジウムの成果である。

二回をセットにしたシンポジウムという斬新な企画は、国際的な視点とともに、現代社会へのメッセージ性をもたなくてはならないという基本的な考え方のもとに、大会委員会によって発案され、テーマ設定と報告者の選定が行われた。第一回目の大会テーマは「対立と調和」である。「思想を、人間的生における矛盾・葛藤・対立を止揚・総合するなかで生起する営み」（高橋文博「シンポジウム趣旨説明」）ととらえたうえで、国際的な視点をもとに、「宗教と社会」「アジアと日本」「日本思想とジェンダー」の三つのサブタイトルが立てられ、それぞれのセクションで二人ずつの報告が行われた。翌年の第二回目の大会テーマは「日本思想史学の現在と未来」である。ここでは「日本思想の展開・転回の様相を、古代から中世へ、中世から近世へ、近世から近代へという三つの時期を対象にして、報告者自身の研究にもとづいて、思想の動態を総括するという企画」(同前)が立てられ、三人の報告が行われた。本書は編集上、この第二回目のシンポジウムを先にし、第一回目のシンポジウムを後に置くことで、いわば総論と各論という形で、現在の日本思想史の全体像を提示している。

もともと、日本思想史学は哲学・倫理学、宗教学、歴史学、文学、教育学、政治学などの学問分野を超えた横断性を特色としている。そのため、日本思想史学会は、一九六八年の創立当初から様々な分野の研究者が集っていた。毎年の大会では、異分野の研究に触れることで、お互い大きな刺激をえてきたのであるが、現在では、一人の研究者が既成の分野を軽々と飛び越える研究を発表する段階に至っている。今回の記念シンポジウムでも、こうした領域横断的な報告がなされた。たとえば、頼住論文は、卍山道白における道元への「復古」を焦点としながら、中世から近世への転換を論ずる。頼住は中国の明末清初の禅宗を射程にいれて、一国に閉じない広がりのなかで、道元と卍山の哲学的時間論の違いを指摘し、伊藤仁斎の古義学や荻生徂徠の古文辞学の「復古」のような近世的な時間論とのつながりを示唆する。また冨樫論文は、古代から中世への転換を行基像変容の過程のなかで論じる。ここでは、歴史的人物としての行基ではなく、文殊菩薩の化身であるという行基伝説について、『三宝絵』と『扶桑略記』の精緻な文学テクスト読解によって明らかにしている。

領域を横断する研究はまた、研究対象の拡大をもたらした。近年、急速に進んでいる近世・近代の仏教研究の先導者の一人オリオン・クラウタウ論文では、幕末期の真宗東派の龍温の排耶論が、漢訳洋書『天道遡原』との関連で、religion の訳語としての「宗教」成立問題として論じられる。また、これまで蘭学というと、医学・天文学を中心とする自然科学受容・摂取が中心であったが、大久保論文では、オランダ王立軍事アカデミーを中心とする、十九世紀の西洋兵学論の展開を視野に入れつつ、江戸から明治への新たな蘭学の政治思想史を構想している。また、田世民論文では、水戸藩などの大名の墓葬・葬儀における中国明代の文化の受容を論じる。さらに小平論文では、明治初期の「国民教化」における女性教導職を取り上げて、近代に形成された神道の女性観において、「穢れ」などの宗教観念よりも、「男女別」の儒教思想の影響が大きかったことを指摘する。

一方、研究対象の拡大とともに、新たな視点を設定することで、既知の研究対象もこれまで見えなかった側面から照射される。永岡論文では、天皇制国家の正統にたいする異端としてとらえられてきた民衆宗教論では見えにくかった、被植民者への抑圧の側面にも目を向ける。永岡は、民衆宗教論の批判精神を継承しながらも、民衆宗教をマイナー宗教という概念でとらえることで、天理教の「ひのきしん」に新たな照明をあてている。また長論文では、史学思想史の立場から女性史からジェンダー史への転回を経た現在の視点から、女性史研究の代表者である井上清と村上信彦の二人の歴史叙述を批判的に検討されている。

かつて国際的な視点の必要性が叫ばれていたが、現在の研究段階では、それがごく当たり前になっている。なかでも松田論文では、欧米・アジアの研究動向を射程に入れ自家薬籠中の物としながら、これからの研究方向が示唆されている。これまでも多義的な「近代」概念への批判は多くなされてきたが、近年、世界的に問題になっている「近世的なるもの」について、報告者自身が研究するなかで発してきた問いかけ・疑問を挟みながら、研究史が批判的に検討されている。

本書のすべての論考には、既成の日本思想史像を越えようとする強い意志が認められる。それは、研究対象と方法を絶えず見直し、さらに日本一国に閉じこもることなく、開かれた思想史像を求める意志だといえよう。現代社会に生きるわれわれは、ここに提示された新しい日本思想史像から、きっと、さまざまなメッセージを受けとめることができるだろう。

日本思想史の現在と未来——対立と調和＊目次

II　対立と調和

Ⅰ　現在と未来

◆近世から近代へ

思想史研究を時代区分から救い出すには

松田　宏一郎

問題の所在

小稿は、「近世」「近代」と慣例的に呼ばれてきた時代区分をまたがって作業をすることが研究上必要な場合に、念頭に置いておかねばならない理論的問題と、研究論文の記述を学術的に意味あるものとして成立させるためのテクニカルな問題を整理し見通しを立てることを目的とする。

全体を四つのパートに分けたい。まず第一節では、日本史・東洋史・西洋史といった旧来の領域区分を横断して近年研究者の間で意識されるようになった「近世」概念の再定義と、それが喚起する問題群を概観する。「近世」概念の再定義とは、ある地域や一定の文化的まとまりの発展史を前提としてこそ成立する時代区分としての early modern からは離脱し、他方で、それにもかかわらず「近世的なるもの」（複数形の early modernities）を析出する試みを指している。この過程で指摘される「近世的なるもの」の特性がどの程度同定可能かという点の検証作業のみならず、枠組そのものの当否についての論争は現在も進行中である。

第二節では、日本を含む東アジアの史料を研究対象にした場合、「近世的なるもの」の東アジア的共通要素の抽出と共通しない現象の特定が可能かどうか、特に、「近世」的な国家モデルの仮説的提起がどのようになされているかを概観し、その有効性について検討する。それに続き、徳川国家体制の特性把握やその時代に起きた政治・社会・文化現象の理解方法との関係を考察する。

第三節では、歴史意識において、「近世的なるもの」と、“early”が付かない「近代的なるもの」modernitiesとの間の境界線や、その間の乗り越えや変化の過程が特定できるのか、できるとすればそれをどう記述するのかについて検討する。

第四節では、上記の論点を踏まえて、日本思想史研究としてどのようなアプローチが実際に可能なのかを、いくつかの具体的な歴史学的争点をとりあげながら、暫定的な見通しとして提示してみる。思想史研究は、「近世から近代へ」という大きな問題のほんの一部を担うだけとはいえ、これについての思想史学固有の視点をどのように設定できるのか、筆者のこれまでおこなってきた思想家および概念史研究の多くはこの問題にかかわっている。その実際の研究過程で得られた作業上の手触りに関連付けて議論したい。明確な結論を出すことはできないが、とりあえずのスケッチ的なまとめである。

一　複数の「近世」

有名なマルク・ブロックの『封建社会』（Marc Bloch, *La société féodale*; t. I: *La formation des liens de dépendance*, 1939; t. II: *Les classes et le gouvernement des hommes*, 1940）は、ヨーロッパの「封建時代」を二期に分け、「第一期」の特徴として、人口密度の低さと不規則な分布、「交流生活」communication すなわち移動・通信手段の困難、貨幣の欠乏と俸給制度・賃労働が普及しないことを挙げていた。そして「第二期」――およそ十一世紀〜十二世紀のかわりめあたりが目安――にはそれらの条件が変化し始めたとする。また、「封建時代」を通じた「感じ方と考え方」façons de sentir et de penser の基礎条件として死亡率の高さ・時間測定の不正確さ、日常言語の未発達や教育の欠如からくる反省的思考の欠如と文書による権力運営の困難さ、が指摘される。(1) 具体的に言えば貨幣による俸給と文書による記録や伝達があまり役立たないということであり、これは官僚制の運営に限界があるということである。この指摘を踏まえるならば、そのような「封建的」状態からの離脱が、近代の萌芽あるいは「近世」early modern ということになると考えてもよい。

またブロックは、懐疑心の欠如、集団的記憶（あるいはそのようなものとして構成された「過去」）の権威、法源としての慣習の支配についても、「封建社会」的特徴として挙げている。これらの要素が確実に克服されたあるいは大きな変更をこうむった時点を特定することは不可能である。ヨーロッパ思想史の文脈でいうと、よくいわれる「十二世紀ルネサンス」（そもそも「ルネサンス」といっても、それが復興なのか革新なのかという争点も含む）がもたらした思想的インパクトをどのようなものと考えるかで、さまざまな議論がありうる。たとえば、「十二世紀ルネサンス」がもたらした「合理性」の主題化について、それがむしろ信仰を組織的に擁護するという意味での合理化に貢献したと結論することもできる。(2) 信仰の問題に限らず、ブロックの「封建社会」モデルを標準として設定すると、おそらく問題を小分けにして検討すればするほど、すんなりとはあてはまらないことが多い。これは、日本だけでなく、ヨーロッパ諸国家でも同様である。

たとえば日本の場合、十四、五世紀には、人口増加、社会的交流の活性化、貨幣による交換の活性化は見られるので、ここから「近世」でもかまわないかもしれない。ただし、徳川政権の確立までは、国家官僚制の運営能力は弱く、また通貨は明らかに不足していた。貨幣は渡来銭、古銭、私鋳銭が混在しており、その流通も価値の保証も不安定であった。(3) 徳川体制でも通貨不足が克服されたわけではない。だからといって、徳川体制がブロックの使う意味で「封建社会」であったと言えるだろうか。

「近世」がグローバルな現象であると同時に複数的な現象であったという考えに、現在多くの思想史学者が注目している。また、比較「近世」と共通モデルの試みというアプローチがどれだけ有効かについては、おそらく目立つ形では一九九〇年代頃から議論になっている。日本思想史学会でも二〇一六年のパネルセッションでとりあげられていた。(4)

特に中国史の研究者は、日本でも英語圏でも、グローバルな「近世」の定義に関心を示してきた。かつては、「近世」を時代区分として考えると、西洋社会がある時点で「近代」を達成したという、ほとんどの場合は漠然とした前提のもとに、そこから逆算された「近代化」の初期的条件が提示されてきた。中国史の時代区分もその影響下にあった。しかし現在では、同型の「近代」を想定するモデルに対する懐疑と、脱西洋中心主義・脱国民国家的史学の主張が、政治的批判としてよりも、歴史学の方法論として捉えられるのが主流になっている。

この問題について振り返っておくと、ジョセフ・フレッチャーのよく知られた論文、"Integrative History: Parallels and Interconnections in the Early Modern Period, 1500-1800"(5)が、十六～十八世紀におきた地球の北半球の「近世」化について、大胆なアイデアを提示した。その指摘によると、「近世化」とは、①人口増加、②社会変化の加速、③地方都市の成長、④都市商業階級の成長、⑤宗教の再活性化、⑥農村の政治的社会的動揺、⑦遊牧のような非定住型集団の衰退、が目安となる。これらの指標の有効性については、いまだに諸方面からの批判や見直しの要請が止まない。

人口変動と政治変動との関係をマクロな視点で分析するジャック・ゴールドストーンは、early modern 概念そのものが結局使用に耐えないと主張する。ゴールドストーンの論点は、世界の多くの社会で、early modern と歴史家に呼ばれる期間の当該社会の特徴が必ずしも modern と関係付けできないことにある。政治体制、市場経済、宗教的束縛からの自由といった要素がすべて同時に揃って「近代」に移行しようとしている状態という意味での「近世」というのは、ヨーロッパも含め世界のどこにも存在しない。逆に個々の要素は、様々な地域で様々な年代において検知可能である。自由な商品経済であれば、ヨーロッパより中国の方がはるかに先行している。日本語の「近世」ではわかりにくいか隠されているが、英語の early modern 概念の場合、それが「近代」とどういう関係にあるのかを意識しないわけにはいかない。興味深いことに、ゴールドストーンはそれまでは自著でこの語をタイトルにも用いており、そのことを率直に反省している。[6]

また中国史についていえば、社会経済史研究によく見られるのが late imperial（帝国後期？）という時代名称であり、多くの場合は明清期を指している。late imperial の次の時代を modern と呼ぶ時代区分を使っている研究は少なくない。これに対応する時期を日本語で「近世」と呼ぶことも多い。しかし、日本語で中国について「近世」という場合は、朱子学が国家制度として重要な役割を果たした点に着目することも多く、その場合宋代も「近世」となる。内藤湖南が宋以降を「近世」と呼んだことは周知の通りである。[7]

社会的特性や年代的特性として明確に括り出すことが困難となった事態と伴走するように、early modernities という複数形の言い方が、近年見られるようになっている。[8] もちろん近代についても modernities という言い方が現在よく使われており、複数形になるのは、同じ動向の一環である。

複数形の early modernities を意識的に用いた成果の一つはアメリカの学術雑誌 *Daedalus* の "Early Modernities" 特集号（1998）である。[9] ただし、この *Daedalus* の「近世」特集は、「近世」概念そのものではなく近代初期の「公共圏」の多様な存在形態を検討の中心とし、その問題意識に即して、中国、日本、ヴェトナム、南アジア、ヨーロッパを対象とする研究を載せている。そこで扱われる「近世」の「公共圏」は、グローバルな現象として相互に類似性と実際の関連をもつと同時に、その表出のモードは多様で複数的である。

Daedalus の特集号全体の議論を検討すると話が大きくなりすぎるので、思想史研究にとっての意義についてだけ簡単に紹介したい。この特集にM・E・ベリーの "Public Life in Authoritarian Japan"

という論文が含まれている。ベリーはこの論文で、「近世」日本の権威主義的な政治体制と人々のpublic life、すなわち権力や国家に対する一般の人々の態度を検討している。結論からいえば、徳川期に見られる、民衆の権力への反抗、権力批判の言説、活発な人の交流やモノの移動は、公共圏public sphereの発達を示しているにもかかわらず、他方でその公共圏は、一九四五年に至るまで権威主義的な政治体制と一定の共生関係にあった。ベリーは日本の「近世」に民主主義の初期形態proto-democracyを求めようとしない。権威主義的政治体制が存続したまま、一定の市民社会の発展と経済発展が起きたという、いわば西洋の「近世」とは異なるヴァージョンを、善し悪しはともかく日本の徳川から昭和前期までの国家に見出さざるを得ないという見解である。(10)

これは、「近代化」は権威主義の退場を伴うはずであるという思い込みに対する歴史学的知見からの反対であり、いわば、日本の「近世」を西洋型の近代化の理念（これも実態はそのとおりになっていない）に似せて解釈しすぎる傾向に対する冷厳な批判となっている。ベリーはこの論文でははっきりとは定義しないが、日本の「近世」をアジア型（もしくは非デモクラシー型）初期近代の一形態として見ているように思われる。

二　「近世化」と「日本近世」の特性について

一九九〇年代から二〇〇〇年代にかけて、英語圏では、近世日本思想研究の方法についていくつか論争的なレビューが書かれた。そのうち、ヤマシタ、ボライソ、マクマレン、オームスらの論文が代表的かと思われる。[11] これらは研究方法についての相互批判になっており、その焦点はヤマシタの論文である。その論文は、検討対象を一九七〇年代後期から一九九〇年代初期くらいまでの代表的な研究を対象として論じており、そこに見て取れる傾向は、ヤマシタの整理によると以下のようになる。

①「近代化論」。日本の「近代化」に着目し、明治より前の特徴ある思想を紹介することで日本が西洋との邂逅以前から思想的な近代化の準備段階にあったことを主張する。

②ドバリー（de Bary）に代表されるグループ。特に朱子学（新儒学）の果たした革新性を強調するとともに、日本・中国・朝鮮の自生的性格によって生み出される思想の役割の転換のプロセスに着目する。

③「新思想史」派（the new intellectual history）。ハルートゥニアン、ナジタら、シカゴ大学学派が推し進めた。歴史家が設定する思想テクストの特権性を批判し、知識人の知的相互交流・対立関係を主要なコンテクストとして、その中で意図と意味付けを描くもの。

④ナオキ・サカイに代表される、思想作品を言語による企みと見なし、ポストモダンの解釈方法を駆使して、解読あるいは再解釈しようとするもの。[12]

筆者は同時代的にこれらの流れから生み出される研究にある程度つきあってきたので、ヤマシタの分類がどういうことかは、だいたいわかる。ヤマシタが特に批判の対象にするのは、「近代化」の道程の中に徳川時代を位置づけて、その達成度を測定するという方法である。「近世」の「発展」の達成度を低い、もしくはゆがんでいると見積もれば、日本では強い影響力をもったマルクス主義講座派の議論になり、高く見積もれば、「近代化論者」の議論になる。社会と政治体制は、だいたい同じ道筋を通って発展するはずだという想定では、マルクス主義と近代化論とで共通するところがある。近代化論が注目された一九六〇年代、冷戦に規定された思考枠組みの中で、近代化論に与するものはアメリカ国家と資本主義の支持者であり、人民や労働者の敵であると日本では考えられた。もちろんアメリカでは同時代にはそういった資本主義批判のような図式に基づく見解はほとんどない。冷戦下では、そのような書き方が学問の世界から排除されていたためである。ヤマシタの批評もアメリカ中心に英語圏の研究を対象にしているので、古典的なマルクス主義史観にもとづく研究は検討対象には直接入ってこない。日本の歴史学業界を知っているものとしては奇妙な感があるが、いたしかたない。マルクス主義がアメリカにおける日本思想研究に導入されるのは、ヤマシタの分類でいえば③の「新思想史」派による「イデオロギー」分析および④におけるポストモダニズム型の記述の導入の時になる。

明治維新を道標とした「近世」の歩みという図式を批判するのは、ヤマシタがポストモダニズムの方法に影響を受けていて、「近代」への到達という考え方を政治的イデオロギーとして批判する立場に立っているからである。そのため、一九八〇年代に出版された、当時の英語圏の研究者の中でテクスト読解の正確さが最高水準にあるナカイやワカバヤシの研究[13]について、一定の評価はしてはいるものの、結局は批判的である。ヤマシタはこれらの作品を近代化論そのままであるとはいわない。ナカイやワカバヤシの研究が、古文・漢文の史料を自らよく読んで書かれていることや、ナカイの場合は同時代の政治状況、ワカバヤシの場合は徳川思想史における中国観の変遷についてもよく調査・理解した結果が取り込まれていることをヤマシタは認めている。しかし両者の研究が結局のところ、歴史における客観的事実が確定可能であり、それを史料が実証すると考えている点が、やはり近代化論から抜け出ていないとヤマシタはいう（正確には、ハルートゥニアンによるナカイへの批判を引用しながらそのように論じる）。ワカバヤシやナカイの著作は、丁寧な史料解読の成果ではあるが、そこに暗黙の前提とされている明治維新という到達点への道筋という枠組みは、価値的に容認できないということになる。

このヤマシタの研究動向批評に対して、オックスフォード大学のジェームズ・マクマレンが反論した。テクストをできるだけ、その時代に書かれた文脈に即して正確に読むという、歴史家にとって最も基本的かつ重要な実践を、ヤマシタが当然の前提とはせずに、何か特別に扱うべき研究態度のように論じているところがまずは問題点とされる。マクマレンからすれば、古典語を読む力と文献についての知識はあたりまえの出発点なのだが、ヤマシタの議論では、それは考証学の形をとって、実際には「近代化」の問題を不問に付す態度とされる。「近代化」についての旧来の社会学的な一般化がはらむ問題と、思想研究のモノグラフをひとまとまりにして「近代化」イデオロギーの産物として扱うのは不適切であると、マクマレンは指摘する。ヤマシタは、その批判する「近代化」論者と同じ目的論的誤謬をおかしていることになる。それは結局ヤマシタが、「近代化」論を非難することで得られる理論的成果をテクストの読解より優先しているからである。(14)

歴史家として、現在から三百年くらい前の思想家の考えていたことを、実感を伴って知りたい（そして努力すればそれを知りうると考えている筆者のような）研究者にとって、マクマレンによるヤマシタへの批判は、共感できるものである。他方で、歴史が動いているという感覚やこれはどこに向かうのだろうといった行き先への見通しによって、時に我々が動機付けられることも否定できない。「近代」への目的論的叙述を批判するヤマシタや、テクストそのものの歴史的に精確な読解を重視するマクマレン自身の研究もまたそういった要素をもたないわけでは決してない。我々は、地図を見た時に特定の場所の地形や交差点の位置だけではなく、この地点からこの地点へはどうやっていくのか、さらには結局そこにはたどりつかないかもしれないとしても、その設定されていた目的地や、あるいは遡って、出発点だったところはどうなっていたのかを知りたくなる。

思想作品や史料を解読しながら、なおかつそのような地図を描くことは不可能であろうか。また、近代化を自明の経路とする議論とは距離をとって、日本の「近世」の特性を叙述する方法はどのようにして見出されるのか。

先に触れた*Daedalus*の「近世」特集号から数年たって、日本の『歴史学研究』(二〇〇六年十一月)が「「近世化」を考える」という特集を組んだ。この号は、従来の日本史研究が日本固有の「近世」の肯定すべき特性を強調していたことに異議を唱えるのを狙いとしている。その中で、宮嶋博史の「東アジア世界における日本の「近世化」――日本史研究批判」という論文は[15]、日本史の専門研究者を痛烈に批判し、日本史研究者が「近世」を日本だけの特殊現象であるかのように扱ってきたことを問題にする。宮嶋は、まず「近世化」を東アジア地域の共通現象としてとらえ、その第一の特徴を「小農社会の成立」に見るべきだと主張する。「小農社会の成立」は単なる生産様式と階級関係の変革ではない。それは国家機構と政治思想の新しい展開とも密接にかかわる大きな変動である。

第一に、経済における集約的稲作農法の確立、第二に、政治における科挙制度の確立と、科挙官僚による集権的国家支配の確立、第三に、思想における儒教の革新運動と、その結果登場する朱子学の形成、および朱子学の国家理念としての地位確立、第四に、社会における宗法秩序の確立がそれであり、中国では、これら四つの互いに関連しつつも独立した動きが宋代にはじまり、明代になって完成する、というのが小農社会論の立場である。

朝鮮の「近世」については、「朱子学的国家モデルの実現というプログラム」が実際の社会組織形態の変化に先行し、しかも両班という、中国の士大夫とはいくつかの点で異なる特徴を持った支配階級の主導で強力に社会改造がなされたことを宮嶋は強調する。朝鮮の「近世」国家は、中国の「近世」モデルの理念の部分が強い動力となって実現したものである。

これらと対比して、日本の「近世」について「一言でそれを表現すれば、東アジア規模での「近世化」という変動に日本は対応できなかったということ、つまり、日本の「近世化」は東アジア的同時性を欠いたものであった」とし、次のように結論づける。

日本の「近世」が基本的に武威によって「平和」が担保される体制であったこと、そしてそのために、「法をもって理を破り、理をもって法を破らず」とする法観念が支配したことを考えるならば、日本の「近世化」を「封建制」の確立、あるいは「集権的封建制」の確立と理解し、それを肯定的にとらえるという立場は、根本的に再検討されるべきである。平和の問題が大きく浮上している現在、日本「近世」の負の遺産を自覚することが極めて重要である、と私は確信する。

宮嶋は、日本史学の「近世」概念には解釈者による評価上の負荷がかかりすぎていること、すなわち近代化に成功した日本という物語によりかかりすぎていることが問題であるとする。この宮嶋の批判に筆者も共感するところがある。一九八〇年代に研究の世界に入った筆者の世代くらいまでは、東アジアにおいて日本にだけ「近世」があったがゆえにスムーズに「近代化」したという、何か得意げな議論が学術的体裁をとって書かれていたことを記憶している。(16) 今日では、そのように無邪気に日本近代礼賛をする論文は説得力をもたない。たとえば、日本には特有の「封建」制度があったという主張が、それ自体近代の政治的また思想系譜的負荷のかかったもので思想史の分析の道具として使えなくなっていることは、宮嶋の議論を参考にしつつ筆者も問題にしたことがある。(17)

しかしながら、先の引用で宮嶋が指摘している、「武威」による「平和」の達成という選択は東アジアの「近世化」に対応できなかった「負の遺産」であるという評価は、結局のところ評価の方針を変えようと言っているのであって、日本「近世」の「特殊性」という従来からの見解自体は受け入れているように見える。そのようなアプローチをまったく間違った議論であるということはできないが、いくつか疑問も発生する。「近世」日本で朱子学が実践道徳として根付かなかったのは「近世化」への対応の失敗と呼ぶべきことであろうか、というのは思想史研究者として発しうる疑問である。また社会経済史的背景としては、徳川の農業生産は小農に依存しており封建領主は農村経営に直接関与していない。ところが徳川国家は、中国や朝鮮のように中間的な権力の介在を抑制し集権化によって成り立つ官僚国家を形成しなかった。これは失敗か欠陥なのだろうか。宮嶋の日本史学批判を受け入れた上で、日本の「近世」をより開かれた説明のモードにのせる方法はないのだろうか。

じつは後に宮嶋自身は、東アジアにおける「近世」という捉え方そのものに限界があるとして、「儒教的近代」あるいは「初期近代」（どちらも英語では early modern）という概念には見切りをつけて、「儒教的近代」として中国および朝鮮・日本の modern を検討すべきであるという主張をしている。宮嶋が強調するのは、朱子学が人間を固着した共同体生活におしこめるイデオロギーではなく、むしろ動態的な状況に応じて個人間の信頼関係を保証するような開かれた制度を支える思想であったという観点である。これは明代以降の農業社会の市場経済的展開に適合的であった。したがって、思想としては宋代、社会経済体制としては明代に「近代」は開始されていたという。⑱ ヨーロッパ「近代」よりも「儒教的近代」の方が、時間的には早いことになる。

思想史学からも同様の問題提起がある。木下鉄矢による朱熹の社倉論の分析では、凶荒・飢饉に際して皇帝・国家が備蓄された穀実を民にただ分配するのではなく、秋の収穫時に利息とともに償還するという契約を通じて、一種の協同融資組合システムが構築され、さらにはそれにより、契約を守りつつ相互信頼を確立することを奨励した点に着目する。木下は、朱熹の「社倉」論の分析にラートブルフ（Gustav Radbruch, 新カント派の法哲学者、刑法学者）による「資本主義の法生活」における「債権」の優越という議論を引用する。「物権」に対する「債権」の優越、所有権に対する契約の優越は、動的⑲ な資本主義の発達に見合った法的な思考であるというとらえかたができるということである。木下は、だから中国は宋の時代に西洋的「近代」に足を踏み入れたといった議論をしているわけではない。それはむしろ、ラートブルフが前提としている静的な「中世」から動的な「近代」へという図式が、単純すぎる一般化なのではないかという問題提起という意図を含んでいる。

また、朱熹の思想内容だけではなく、宋代の国家体制や法制度についての再検討は盛んにおこなわれている。中国では「法の支配」という考え方は全く発展しなかったという通念が根強くあるが、近年の中国法制史研究では、民事訴訟（という概念はないとはいえ）についての裁判手続や判例の参照の体系化など、技術的精緻化は宋代に起きていたという指摘がある。つまり宋代には「法の支配」に向かう傾向があったのかもしれない[20]。

さらに、ベトナムおよび中国近代化の比較研究で知られるA・ウッドサイドは、*Lost Modernities*（2006）において、中・韓・越・日の中央集権的権力と官僚制の構築（日本については、それがなかなか達成されなかったこと）を比較検討した。当然ながら、公開試験方式によって選抜されたメリトクラシー（有能者の支配？）を基礎とする中国の集権的官僚制の成立は、周辺諸国のみならず、ヨーロッパよりも先行している。実際、英国では、試験方式による高位の官僚や軍人の選抜・昇進システムの導入は十九世紀後半にようやく渋々検討がはじまり、二度の世界大戦を経て徐々に定着した[21]。ウッドサイドは、単線的な時間軸上で近代化達成度を測定するのは知的に建設的でないとし、特に西洋の経験を単純化し当然視しやすい西洋圏の研究者にとって（日本の研究者にその免疫があるともいえないが）有害であることを説いている[22]。

このように、「近世」において儒教が、社会を動態的に捕捉しそれに対応する信頼の制度化と個人における内面化を促す思想運動として存在したという考え方は、単線型時間軸を用いた「近代」観や中国・朝鮮・日本を国別に捉えてそれぞれの発達過程を比べてみせるという、問題の多い比較近代化論的アプローチに誘導されることなく、思想と思想家の歴史的在り方を分析し記述する方法として、研究者に共有されつつある。

三　「近代化」と「視野が開ける」こと――個人とネイションの発達過程のパラレリズム

もう一つ検討すべき問題がある。歴史的主体と見なされたもの（「人格」「民族」「国家」など）が、歴史を通じて自己を発展させその本質を顕現するという、いかにも「近代」的な歴史意識の誕生は「近世から近代へ」の道標として取り扱うべきであろうか。

このような歴史意識は、人間は時間が経つと成長し、発達過程での問題や困難を克服するはずであるという信念に基礎づけられている。いわば十九世紀の教養小説的信念の歴史への適用（あるいはその逆？）である。とはいえ、何よりもそのプロセスが一定の規模をもった集団やさらに広範囲な社会全体にも起こりうるという発想そのものが歴史的産物である。マイネッケによる「歴史主義」の思想的研究の言葉を借りるならば、「発展的思考法と個別化的思考法は直接関連したものであり、個別性がもっぱら発展においてのみ自己発現することは、個人のみならずあらゆる集団の個別性の本質」（F・マイネッケ『歴史主義の成立』一九三六年）といった考え方がそれである。(23) マイネッケが指摘する「発展的思考法」と「個別化的思考法」の相補関係は、そもそも「発展」を語ろうとする歴史叙述が集合的個性の自己発現という物語を政治的に立ち上げようとする試みと一体である。ただし、時間が経つと人間は普遍的な完成体に近づくのか、個性的な存在として成熟するのかをめぐっては、なかなか面倒な人間観の交錯が起きた。

その交錯状況の総体としての歴史的性格を説明するのに大きな貢献をしたのは、ホワイト（Hayden White）の *Metahistory*（1973）であった。ホワイトによれば、同じ史料を使っても歴史家がそれぞれ個性的な結論を導けるのは、歴史家がフィールドを prefigure（「予示」とでも訳せるか。邦訳では、「あらかじめ形象化する」と、言葉を開いて訳している）しているからである。(24) この prefigure（それは多様であるとしても）によって歴史を語る実践は、あらかじめそこに見出されるべきものの顕現を叙述することに注力することである。叙述のモードには、いくつかの類型（ホワイトの言う「喩法 trope」）があるが、いずれにせよ実践の総体としては十九世紀的であり、見方によっては「近代」的である。この prefigure の精緻化とそれへの固い信頼、あるいは強い依存が十九世紀的歴史学という、それ自体歴史的な性格を帯びた知的運動を形成した。

現在の歴史学はまだその続きであるという認識もおかしくはない。しかし現在の歴史家にとっては、prefigure の多様性と変化そのものが歴史学の対象になるほど複雑な経緯をもつので、自分自身がどのような prefigure を採用しているのか、あるいは取り込まれているのか、簡単には説明できないというのが実感であろう。それでも、歴史学によって獲得した自己意識こそが、「近代」的視野の獲得であるという、それこそメタヒストリーのレベルの確信には、現代の職業的歴史学者ですら何がしかの共感を覚えてしまう。

「自己意識は近代特有の現象」という歴史家の思い込みを、近代中国史研究（と限定されたくはないだろうが）の知見にもとづきながら、批判的に分析してみせたのはプラセンジット・ドゥアラ（Duara）*Rescuing History from the Nation*（1996）であった[25]。

ドゥアラによれば、E・ゲルナーやB・アンダーソンらのナショナリズム研究は、「近代以前」と「近代」との間の「断絶」discontinuity を説明する時に、地域コミュニティによって断片化したアイデンティティの克服、国家による教育および印刷媒体の流通などを通じてネイションとしての「自己意識」self-awareness が培養された点を決定視している。しかし、ドゥアラは、それなら紙と印刷技術が早くから発達し、試験制度などにより自己と他者との文化的区別意識が培養された中国の「近代」はどこまでさかのぼれることになるのか、あるいは、地域的コミュニティを超えた宗教的アイデンティティについていえば、インドの「バラモン教」Brahmanism（ドゥアラは、教義としてのヒンドゥー教と区別するためにあえてこの語を用いる）は「近代」ナショナリズムの萌芽といえるのか、と問う。ドゥアラの的確な整理に従えば、「自己意識」が「近代」の指標であるという前提に問題がある。

こういった近代対前近代の二極対立図式の背後には、過去の意識の諸形態からの認識論的断裂（epistemological break）によって特徴付けられた、一体の知的枠組みとしての近代意識という前提が置かれている[26]。

日常的で断片化された意識を超えたネイションのような集合的自己意識こそが「近代」の指標であ

るという考え方は、おそらく今日の歴史家の間でも根強い。他方で、歴史学が結局のところナショナリズムに加担してきたという批判は多く発せられてきた。その点についてはここでは踏み込まないことにしたいが、「近世から近代へ」というテーマに取り組む上で、ドゥアラが指摘するように、「認識論的断裂」による「近代意識」の成立という説明は適切なのか、それとも歴史家が都合よく場面や登場人物を入れ替えて、あたかもその物語が一つの有機的実体として成長発展しているかのように見せかけ（というよりもそのように当人も信じ込んで）、本当は多数の異なる相互に矛盾することもある物語を、政治的に一つの物語に編成し、時間軸も整理しているのではないかという疑い、つまりprefigureによって歴史を編成しているのではないかという疑念は解消されない。

丸山眞男「開国」（一九五九年）には、次のような議論がある。

> 異質的な社会圏との接触がひんぱんになり、いわゆる「視野が開ける」にしたがって、自分がこれまで直接に帰属していた集団への全面的な人格的合一化から解放され、一方で同一集団内部の「他者」にたいする「己れ」の個性が自覚されると同時に、他方でより広く「抽象的」な社会への自分の帰属感を増大させる……。／伝統的な大陸文化圏への依存からの脱却が、西欧世界に向かっての認識の解放と「われ」の自覚という両方を呼び起こす過程は、圧倒的に個人よりはナショナルな次元で行なわれ、その場合の「われ」は日本国と同一化した「われ」であった。[27]（傍点は原文）

個人の発達に伴っておきる「認識の解放と「われ」の自覚」が、日本では「ナショナルな次元で行なわれ」たとされる。先のマイネッケの見解を思い出せば、それはネイションの集団的個別性の自覚に、個人の経験が同一化されたということになろう。丸山は、他の箇所で、「〔他者としての「西洋」に屈服するか、それを拒否して自己の価値に固執するかという〕ディレンマに対応する仕方が日本と中国（ないし他のアジア諸地域）との歴史的運命の分かれ道を決定してゆくのである」という。(28)日本と比べて、他のアジア諸地域ではそのような「ナショナルな次元」の「社会的分化」は失敗したということらしい。そのようにして日本は「近代」を迎えたが、他のアジア諸地域はその時点でうまくない方向へ進路を選んだことになる。

丸山がこれを執筆した時期の思想史学の水準では仕方のないことであるから、その罪を問うことはできないが、これは現在の水準からするとあまりに素朴で、実際に起きた事柄への目配りの足りない議論である。今日の歴史学者がこれを再生産するわけにはいかない。問題は、日本を特権的な地位に置きアジアとの分岐を説明する態度如何ではなく、方法論的なところにある。一般的に個人の発達というものが、「視野が開け」て自己と他者の認識が明確になるプロセスだと仮定しても（これもたくさんの実証研究に基づかねばならない）、それが「ナショナルな次元」で顕現しなければならない具体的な理由は何か。また、それは成長発達の成功なのか、あるいは個人の次元での自己意識の十分な成熟が伴わなかったという意味では失敗や歪みなのだろうか。

それでもとりあえず、どこかで「近代」が開始されたのではないか、その指標となる出来事には前と後とがあり、あるいは初期的段階と成熟段階があるのではないか、たとえば徳川期のどこかで初期的modernityと呼んでも差し支えのなさそうな事象がいくつか観察されるとすればよいのではないか、あるいはやはりmodernityの決定的な指標は西洋化にあるので、それを意識的に推進した明治国家の成立を「近代」の開始とすればよいのではないか、という考えにうまく対抗するのは、実際の作業としてはなかなか困難である。困難かもしれないが、問題を小分けにして、ひとつひとつ洗ってみた上で、いくつかの指標に連動性があるのか、他の社会の事例との類似を指摘できるか、一回性の事象や明らかに特殊といえる事象は何かといった検討を粘り強く続けるしかない。

四　暫定的見通し

ここまで議論してきたもろもろの疑いを抱えたまま、とりあえず、思想史に固有あるいは思想史研究だからこそ特に問題にすべき論点を書き上げてみたい。

①魂の救済や神聖なるものについて
②個人を時間的・空間的に超える歴史的な力への関心
③自己と他者との関係
④道徳を合理性に基礎づけることができない「遅れた」人々・社会を指導、あるいは支配する意識（いわゆる「啓蒙」のプロジェクト[29]）

これらの諸点につき、日本思想史上の「近世から近代へ」という問題が設定しうるとして議論すべきことは何か。

①徳川国家において、寺社は、世俗権力によって、その特権的地位を保証される反面、人事も財産も把握され、その活動をモニターされている。ただし徳川政権は、宗教組織が人々の魂の救済に役立っているかどうかについてそれほど積極的にはコミットしない。知識人が堕落した宗教組織を揶揄しても、それが神聖なるものの冒瀆であるといって処罰されることはあまりない。もちろんキリシタンや、権力に承認された宗教組織に組み込まれない宗教的活動は厳しく罰せられる（薩摩藩では一向宗を禁じていた）が、これは魂の救済問題というよりは、行政管理の撹乱に対する処罰に近い[30]。死者への宗教的儀礼についても、死者の魂への関心よりも、生きている人々の心と社会生活上の態度にもたらす儀礼の効果の方を重視する見解を、仁斎、徂徠[31]、中井竹山、山片蟠桃などに、見つけるのは難しくない。徳川期の知識人に見られる、キリスト教の教理をあまりにも人の常識に反した迷信とし、ただ愚民を騙す手段でしかないという論法は、そういった態度と表裏の関係にある。ただしこれは、徳川国家や、その下で暮らす人々の心性がまったく世俗主義的だったということではない。むしろ統治階級も一般の人々も、目に見えない神秘的な力を信じ、あるいは怯えるのが通常であった。その意味で天皇家も畏怖の対象ではあった。

久米邦武「神道の話」（一九〇八年）によれば、岩倉使節団の頃の岩倉、大久保、木戸らはキリスト教を迷信の一種と見なしており、日本社会には西洋人のような固い信仰生活はほとんどないと考えていた。ところが、西洋諸国でのキリスト教の強さを思い知って、日本の政治的リーダーも知識人も、さらには宗教者も、信仰というものの力を認めるようになった[32]。徳川体制の崩壊後、明治国家を動かした政治的リーダーたちは、明治国家が世俗国家であることを国民に対して公には認めなかった。ほとんどの知識人も権力のあやふやな方針に抗議はしない。島地黙雷は「国家と宗教」問題をはっきりさせることを要求したやや珍しい例とはいえるが[33]、明治国家の下にあって、信仰とは何かについての思想はあまり「進歩」しなかった。ただキリスト教の信者となったり、教会が社会的活動をおこなっても構わないことになったという、主として外交上そして国家の体面上の都合で発生した条件が追加されただけである。

また別の、あるいは裏からの観点として、王政復古は、徳川体制に抑圧されていた民衆宗教的世界の再浮上に呼応した（そしてすぐに新たな抑圧者になった）という見方は可能だが、民衆宗教的心性の解放が「近代」と呼ぶべきであるとすると、興味深くはあるがやや倒錯を感じさせる。なおキリスト教圏における千年王国運動は、時代を越えて何度も現れてきたし、現代の大衆運動や宗教活動に同型の心性を見出す観察者は少なくない[34]。

いずれにせよ権力の神聖化は徳川体制と明治体制との間で継続性があるのか、むしろ明治国家は徳川国家よりも宗教的国家だったのかについて、明確な結論を出すのは難しい。

②物事の然るべきあり方の根拠として不動の真理を求めるというのではなく、「勢」こそが人と事物のあり方の決定因であるという歴史観は、徳川期にも、そして明治以降もほぼ絶えることなく現れる。ただしそれは、歴史を止めようのない奔流のようなものと見なして諦観に居直るわけでは必ずしもなかった。本居宣長は「自然の勢」という言葉遣いをするが、これは、「天照大神ノ神意」が根

拠であり、「勢」はただそこにあるのではなく、原初となる意思があるという主張である。[35] 他方、明治以降、西洋の歴史学を学び、文明の発展法則といったいかにも十九世紀西洋の「進歩」主義的な歴史観に影響を受けた思想家が、結局それは「勢」であると頭の中で翻訳している。福澤諭吉は『学問ノス、メ』、『文明論之概略』で「時勢」を多用しており、[36] 田口卯吉は『時勢論』（一八八四年）で頼山陽の「論勢」（『通義』）を引用する。[37]「勢」に理性の顕現を見出しているかどうかは簡単に断ずることはできないが、統計学的に事後に検証しうる「勢」には客観的な法則性があり、さらには何らかの道徳的目標や合理的な正義に合致するかもしれないという点に、これらの思想家の悩みどころがあった。その悩みは、西洋では理性と歴史との折り合いを神に責任を負わせずにどうつけるのかという悩みであったが、福澤や田口はその悩みを日本で引き受ける困難に気づいていた。さらには「勢」が逆らうべきではないある種の規範力（「所当然之則」であり「所以然之故」でもある「理」）を保持している点を、東アジアにおける「儒教的近代」思想と見ることも可能である。そうすると、中国では明清に出現した「儒教的近代」が、日本では明治期になってやっと顕現したという、時間軸的には奇妙な感じのする事態も頭から否定はできない。[38] したがって、徳川期から明治期に論じられた「勢」について、「日本固有」なので日本史上の「近世」と「近代」をまたがったのだという解釈は適切ではなくなる。また、それが儒教思想と西洋の十九世紀的歴史主義を媒介したという見方は可能であるとしても、精密に論理のたどり方を突き合わせてみることでしか、その媒介行為の内実はわからない。

③自己と他者との関係については、徳川体制崩壊が明らかに大きな意味を持っている。徳川体制は、少なくとも公式には、人はあらかじめその社会的役割が決められたイエ組織に所属し、公権力が認め

た理由がなければイエのあるムラからの移動やイエが保持運営している職業の変更ができないという制度であり、それは体制の崩壊とともに放棄された。そのことが個人に幸福をもたらしたか否かという判断は別にして、徳川体制の崩壊はそれに伴う大きな社会的変化を生み、個人の生き方に大きく影響した。

とはいえ、公式の体制言説を裏切る事象は多々観察可能であった。そもそも社会では新しい事態が既に進行し、体制崩壊の方が後からそれが顕在化した結果だったという（トクヴィル『アンシャンレジームと革命』のような）見立てもできる。たとえば、人と人との委任・依頼関係が契約的にとらえられ、証拠として文書化される傾向は、徳川体制の下で次第に発達していた。十七世紀あたりから村の内部で、十八世紀には「村」対「村」、十九世紀には個人対個人の業務委任関係の証拠として「頼み証文」とでも呼ぶべき形式が整っていったという指摘がある。権利主体としての団体（と認知される「村」）、権利主体としての個人、それらの権利関係を確定する文書の形式が、広範囲にプロトコールとして承認されていったということである。「頼み証文」による委任と「国訴」に現れる「村」単位を超えたネットワークの展開を結びつけ、「近代」的政治的代表制を準備したものと読み込むことも可能である。ただしこれには、むしろ「近世的」百姓の権利関係を表現する形式が成熟したのではないかとする反論もある。(39) 結局、この事態の推移の途中で、どこまでが「近世」で、どこからが「近代」と記すことには、読者への便宜など以外には、何か歴史学内在的な意味があるとは思われない。

また、社会と個人との関係性の制度化と意識化に関連して必ず視野に入れるべき、女性の社会的役割と自我との関係についてという問題がある。女性を、社会的役割、服装などの可視化された表彰、性的行動、教育の制度、政治的役割などで特定の領域に押し込めたのは「近代」であったという発見を紹介する研究は増えている。では、たとえば只野真葛のような、社会と自我との関係についての優れた観察者が記述する社会的役割と自我意識との葛藤は「近代」の萌芽なのか、それとも「近世」だからこそなしえた精神的成長の成果なのか。[40]

④啓蒙のプロジェクトは「開国」でいきなり開始されたのではない。それよりも相当前の時点で、西洋列強の植民地支配についての認識がある程度のレベルになると、西洋列強の進出は「道徳的感化」を一つの要素としているのではないかという理解が現れていた。たとえば、本多利明は、「欧羅巴諸国の治道を探索するに、武を用て治る事をせす、只徳を用て治るのみ也。威権を以て治むれは、心底より従ふに非す」（『西域物語』一七九八年）という。[41] 文明（国）による道徳的教化のミッションという発想は、実際に国際条約を結ぶ場面で浮上したが、そのような考え方が国際社会のルールとされるものの中に仕込まれていることは、すでに知識の範囲内にあった。そして、明治政府も、実際に日本の国民がそれで不利益を被る場合にはなんとか別の道筋を探そうとしたものの、文明国民が野蛮な国に対して特権を主張しうるという考え方自体には反対ではなかった。国際法の理論構成の中には、自国民の保護について、文明国は非文明国に対して自国民の保護に関する特別な（非対称的な）要求をすることは正当であるという主張があった。明治初期に翻訳されたウールジーの国際法の概説書には、「耶蘇教国の政府は東洋諸国の裁判所に於て其臣民の訴訟を正しく審判せざる〔justice will not be administered〕疑懼の念〔the natural suspicion of Christian states〕を懐くに在り」と書かれていた。[42] 領事裁判権については、日本はこれをくつがえす方法をいろいろ試みたが、「正義 justice」とは「文明」を体

現した側の特権の要求であるという論理そのものには抵抗しなかった。

中国の知識人でも同様の「文明」観が見られる。梁啓超は「夫以文明国而統治野蛮国之土地、此天演上応享之権利也(43)」という。そして、ここでいう「権利」とは、個人の尊厳と生存の保証を支える原理というよりも、啓蒙の（文明化の）プロジェクトの利沢である。この考え方は、日本を含む東アジアではかなり定着してしまった。このような「権利」観は、きわめて特定の歴史的状況で抱かれていた感情（「耶蘇教国」の「疑懼」）にもとづいて生み出されたものであったにもかかわらず、現代の日本でもおそらくなかなかここから抜け出すことができない。文明が野蛮を支配するのは「天演」（進化の法則）が認める「権利」だというのは、いったい「近代」的といえるものなのだろうか。あるいはそれこそが「近代」にほかならないのか。

以上の諸点について検討してもなお残る問題はいくらでも考えうるが、個々の過程については、それぞれある種の閾値を超える不可逆的ポイントのようなものが観察可能である。また、場合によっては相互に連動なり相関なりを予想させるものもある。ただし、すべてが出揃った「近世」の終了地点や「近代」の出発点などというものは、ない。思想史家としては、問題の多様性にひたすら付き合い、その都度自己の見通しを鍛え直す以外、賢い選択はないように思われる。

註

（1）　マルク・ブロック『封建社会1』（新村猛ほか訳、みすず書房、一九七三年）六〇―八三頁。

（2）　デイヴィッド・ラスカム『十二世紀ルネサンス――修道士、学者、そしてヨーロッパ精神の形成』（鶴島博和監訳、慶應義塾大学出版会、二〇〇〇年）二〇―二一頁、将基面貴巳『ヨーロッパ政治思想の誕生』（名古屋大学出版会、二〇一三年）二〇—二二頁。ちなみにブロックは、復興というよりは新しい変化の予兆であるという見解を示している（ブロック『封建時代1』九七頁以下）。

（3）高木不二「補論　マルク・ブロック『封建社会』の世界」（『近世日本社会と明治維新』有志舎、二〇〇九年）八頁。

（4）伊藤聡ほか「近世における出版文化の諸相」、曽根原理ほか「「近世化」する日本社会の中の宗教」、鈴木英之ほか「近世神話の射程と可能性――神話概念の拡大」（いずれも日本思想史学会編『日本思想史学』四九号、二〇一七年に収録）。この動向全体を検討した成果として、清水光明編『アジア遊学185「近世化」論と日本――「東アジア」の捉え方をめぐって』（勉誠出版、二〇一五年）、清水光明、吉村雅美、木崎孝嘉「「東アジア近世」論の現在」（『歴史学研究』九〇六号、二〇一三年六月、五六—六九頁）、桂島宣弘「「近世帝国」の解体と十九世紀前半期の思想動向」（苅部直・黒住真・佐藤弘夫・末木文美士・田尻祐一郎編『日本思想史講座3――近世』ぺりかん社、二〇一二年）。

（5）Joseph Fletcher, "Integrative History: Parallels and Interconnections in the Early Modern Period, 1500-1800," *Journal of Turkish Studies* 9 (1985), 37-57.

（6）Jack A. Goldstone, "The Problem of the 'Early Modern' World," *Journal of the Economic and Social History of the Orient*, Vol. 41, no. 3 (1998), 249-284: 261.

（7）中国社会経済史にとっての「近世」問題については岸本美緒「中国史における「近世」の概念」（『歴史学研究』八二一号、二〇〇六年十一月）、太田出『中国近世の罪と罰――犯罪・警察・監獄の社会史』（名古屋大学出版会、二〇一五年）三二頁以下。思想史については伊東貴之『思想としての中国近世』（東京大学出版会、二〇〇五年）四—七頁。

（8）Shmuel N. Eisenstadt, "Multiple Modernities," *Daedalus*, Vol. 129, No. 1 (2000): 1-29; Ralph Weber, "What is 'Modernities' a Plural of? — a Rhetorical Analysis of Some Recent Uses," in *Delimiting Modernities: Conceptual Challenges and Regional Responses*, ed. Sven Trakulhun and Ralph Weber (Lexington Books, 2015).

（9）*Daedalus*, Vol. 127, No. 3, Early Modernities (1998).

(10) Berry のこの論文については、松田宏一郎『擬制の論理 自由の不安——近代日本政治思想論』（慶應義塾大学出版会、二〇一六年）二三一—二三二頁を参照。

(11) Samuel Yamashita, “Reading the New Tokugawa Intellectual Histories,” *Journal of Japanese Studies*, Vol. 22, No. 1 (Winter, 1996): 1-48; Samuel Yamashita, “Response to John Tucker's Response to 'Reading the New Tokugawa Intellectual Histories',” *Journal of Japanese Studies*, Vol. 23, No. 2 (Summer, 1997): 536-541; Harold Bolitho, “Tokugawa Japan: The Return of the Other?” in *The Postwar Development of Japanese Studies in the United States*, ed. Helen Hardacre (Leiden: Brill, 1998); James McMullen, “Tokugawa Intellectual History: State of the Field,” *Early Modern Japan: An Interdisciplinary Journal* (Spring 2002): 22-38; Hermann Ooms, “Early Modern Japanese Intellectual History: USA, France, and Germany,” *Journal of the Historical Society*, Vol. 5, Issue 4 (10 Nov. 2005): 483-501.

(12) Samuel Yamashita, “Reading the New Tokugawa Intellectual Histories,” 5.

(13) Kate Wildman Nakai, *Shogunal Politics: Arai Hakuseki and the Premises of Tokugawa Rule* (Cambridge, Mass.: Harvard University Press, 1988); Bob Tadashi Wakabayashi, *Anti-Foreignism and Western Learning in Early-Modern Japan: The New Theses of 1825* (Cambridge: Council on East Asian Studies, Harvard University, 1986).

(14) James McMullen, “Tokugawa Intellectual History: State of the Field.”

(15) 宮嶋博史「東アジア世界における日本の「近世化」——日本史研究批判」（『歴史学研究』八二一号、二〇〇六年十一月）。

(16) 歴史学の論文というよりは総合雑誌の一般読者向けの啓蒙エッセイといえるが、たとえば佐藤誠三郎「近代化への分岐——李朝朝鮮と徳川日本」（『中央公論』一九八〇年四月号。佐藤誠三郎『「死の跳躍」を越えて——西洋の衝撃と日本』千倉書房、二〇〇九年）にはその態度がはっきりと現れている。

(17) 松田宏一郎「「封建」と「自治」、そして「公共心」というイデオロギー」（『江戸の知識から明治の政治へ』ぺりかん社、二〇〇八年）。

(18) 宮嶋博史「儒教的近代としての東アジア「近世」」（和田春樹他編『岩波講座東アジア近現代通史1 東アジア

世界の近代——19世紀』岩波書店、二〇一〇年）。

（19）木下鉄矢『朱子学の位置』（知泉書館、二〇〇七年）五四四—四五頁。

（20）Debin Ma, "Law and Economic Change in Traditional China: a 'Legal Origin' Perspective on the Great Divergence," in *Law and Long Term Economic Change: A Eurasian Perspective*, ed. Debin Ma and Jan Luiten van Zanden (California: Stanford University Press, 2011); Philip C. C. Huang, "Between Informal Mediation and Formal Adjudication: The Third Realm of Qing Civil Justice," *Modern China*, Vol. 19, No. 3 (Jul., 1993). また、少なくとも宋代には判例を法源とする意識が明確にあったという指摘は、青木敦『宋代民事法の世界』（慶應義塾大学出版会、二〇一四年）一二—二一頁。

（21）松田宏一郎「「政事」と「吏事」——徳川期の統治と人材」（『江戸の知識から明治の政治へ』）。

（22）Alexander Woodside, *Lost Modernities: China, Vietnam, Korea, and the Hazards of World History* (Cambridge, Mass.: Harvard University Press, 2006. アレクサンダー・ウッドサイド『ロスト・モダニティーズ——中国・ベトナム・朝鮮の科挙官僚制と現代世界』秦玲子・古田元夫監訳、NTT出版、二〇一三年）。

（23）F・マイネッケ『歴史主義の成立』上（菊盛英雄他訳、筑摩書房、一九六七年）八頁。

（24）Hayden White, *Metahistory: The Historical Imagination in Nineteenth-Century Europe* (Baltimore: Johns Hopkins University Press, 1973), 30. 邦訳は、ヘイドン・ホワイト『メタヒストリー——一九世紀ヨーロッパにおける歴史的想像力』（岩崎稔監訳、作品社、二〇一七年）。

（25）Prasenjit Duara, *Rescuing History from the Nation: Questioning Narratives of Modern China* (Chicago: University of Chicago Press, 1996), 51-52; 56-65.

（26）Prasenjit Duara, *Rescuing History from the Nation*, 54. なおドゥアラは、歴史を「精神」の「自覚」過程とするヘーゲルの『歴史哲学』を単線的、目的論的歴史論の基礎となったとして厳しく糾弾する。Ibid., p. 17.

（27）丸山眞男「開国」（『忠誠と反逆』ちくま学芸文庫、一九九八年）二一五—一八頁。丸山はG・ジンメルの『社会的分化論』（Georg Simmel, *Über soziale Differenzierung: Soziologische und psychologische Untersuchungen*, Duncker & Humblot, Leipzig 1890）に言及している。またこのように「視野が広がる」経験の顕著な例として佐久間象山を挙げている。

(28) 丸山眞男「開国」一九七頁。

(29) この用語は、Alasdair MacIntyre が *After Virtue*（1981）第五章で批判的に論じたことで知られる。アラスデア・マッキンタイア『美徳なき時代』（篠崎栄訳、みすず書房、一九九三年）。

(30) Koichiro Matsuda, "An Intolerant but Morally Indifferent Regime? Heresy and Immorality in Early Modern Japan," in *Toleration in Comparative Perspective*, ed. Vicki Spencer (Lexington Books, 2017).

(31) 聖人が鬼神を祀る制度を作らなければ、人間は人間らしく生きることができなかったし、それ以前の人間は禽獣と同じであったという考え方は、荻生徂徠「私擬対策鬼神一道」（『徂徠集』巻之十七、平石直昭編『徂徠集』近世儒家文集集成3、ぺりかん社、一九八五年、一七四―七六頁）、あるいは「人の始めて生るるや、猶未だ衣・食・屋・宅、君・長・夫・婦の倫有らず。貿貿焉として禽獣と異ならざるなり」（『蘐園十筆』二筆、『荻生徂徠全集』第一巻、河出書房新社、一九七三年、二四六頁）。

(32) 久米邦武「神道の話」（『久米邦武著作集』第三巻、吉川弘文館、一九九〇年）三二二頁。

(33) Trent E. Maxey, *The "Greatest Problem": Religion and State Formation in Meiji Japan* (Cambridge, Mass.: Harvard University Asia Center, 2014), 123-24.

(34) ノーマン・コーン『千年王国の追求』（江河徹訳、紀伊國屋書店、一九七八年）、メアリー・ダグラス『象徴としての身体――コスモロジーの探求』（江河徹他訳、紀伊國屋書店、一九八三年）。

(35) 「吾邦ノ道ハ、開辟ヨリ万国ニスグレテ、言語道断、人間ノ智ノハカルシルヘカラザル所ノ、霊妙奇異ナル所アルユヘニ、神ト云也。……ソノ異国ニスグレ、万国ニ見モ聞モ及バヌ霊妙奇異トハ、何ヲ云ゾトナレバ、第一天子開闢来、天照大神天下ノ主トナリテ、天上天下ヲ統御シ玉ヒシヨリ、今ニ至リ、万々代無窮ニ至ルマデ、一系ノ神胤ヲ継デ、他姓ニウツラズ、……／タダ自然ノ勢ニヨツテアラタマリユク事也、其自然ノ勢ト云ハ、ミナ天照大神ノ御心ヨリ出ルナリ、……吾邦ノ道ハ、カクノゴトク何事モ天照大神ノ神意ニマカセテ、少モ後人ノイロフ事能ハザル道ナルユヘニ、是ヲ自然霊妙ノ神道ト云」（『蕣庵随筆』一七五七～七三年頃、『本居宣長全集』第一三巻、筑摩書房、一九七一年、六〇〇―〇三頁）。

(36)「時勢の世を制するや、その力急流の如く、又大風の如し。この勢に激して屹立するは固より易きに非ず、非常の勇力あるに非ざれば、知らずして流れ、識らずして靡き、動もすれば其脚を失するの恐ある可し」（『学問ノス、メ』五編、一八七四年、八丁ウ）。「都て徳川氏の政権の盛なる時には、世の著述家もその威に圧倒せられて毫も時勢を咎めず、却て幕政に佞するものあり。新井白石の著書、中井竹山の逸史等を見て知るべし。その後文政の頃に至て著したる頼山陽の日本外史には、専ら王政の衰廃を憤り、書中の語気恰も徳川氏に向てその罪を責るが如し。今その然る所以を尋るに、白石竹山は必ずしも幕府の奴隷なるに非ず、山陽は必ずしも天子の忠臣なるに非ず、皆時勢の然らしむる所なり。白石竹山は一時の勢に制せられて筆を逞うするを得ず、山陽は稍や其束縛を脱して当時に行はるる専制の政を怒り日本外史に籍て其怒気を洩したるのみ」（『文明論之概略』巻之二、一八七五年、三十七丁ウ）。

(37) 河野有理『田口卯吉の夢』（慶應義塾大学出版会、二〇一三年）一一四頁。

(38) とはいえ、王夫之（一六一九～九二）の「理勢」不可分論を根拠に、明末清初的にすでに「近代」が始まっていたとするのは、興味深い思考実験にはなるが、思想史内在的理由ではなく、発展段階説を当てはめようとする政治的判断になびく危険をともなう。「集註云、「理勢之当然」、勢之当然者、又豈非理哉」（王夫之『読四書大全説』巻九、孟子、離婁編、北京：中華書局、一九七五年、五九九頁）、「離事無理、離理無勢、勢之難易、理之順逆為之也」（王夫之『尚書引義』巻四、武成・北京：中華書局、一九七六年、九九頁）。朱熹『孟子集註』離婁章句、「天者、理勢之当然也」を受けている。

(39) 藪田貫『国訴と百姓一揆の研究 新版』（清文堂出版、二〇一六年。旧版は校倉書房、一九九二年）九一―九四頁、二四〇頁。白川部達夫『日本近世の自立と連帯――百姓的世界の展開と頼み証文』（東京大学出版会、二〇一〇年）一二頁、一九八頁、二六六頁。

(40) 近年日本語では只野真葛についての研究は多数あるので、比較的日本の読者の眼に触れることの少ない英文の研究を紹介しておく。Bettina Gramlich-Oka, *Thinking Like a Man: Tadano Makuzu (1763-1825)* (Leiden: Brill, 2006). 邦訳はベティーナ・グラムリヒ＝オカ『只野真葛論――男のように考える女』（上野未央訳、岩田書院、二〇一三年）。

(41)　本多利明『西域物語』上（塚谷晃弘他校注『本多利明・海保青陵』日本思想大系44、岩波書店、一九七〇年）九八頁。西洋文明がもたらす「世の開け」と道徳的感化を重ね合わせる発想については、渡辺浩「「進歩」と「中華」――日本の場合」（『東アジアの王権と思想 増補新装版』東京大学出版会、二〇一六年）。
(42)　セオドア・D・ウールジー著・箕作麟祥訳『国際法 一名万国法』上編二（一八七三～七五年）六一―六二頁。Theodore Dwight Woolsey, *Introduction to the Study of International Law*, Edition 3 (New York: C. Scribner & Company, 1871), 103.
(43)　梁啓超「張博望班定遠合伝」（『新民叢報』八号、二三号、一九〇二年五月二十二日、十二月三十日。『飲冰室専集之五』、『飲冰室合集』六、中華書局、一九八九年）一頁。

道元の時間論から見た卍山道白における「復古」について

頼住光子

はじめに——時代区分論をめぐって

論者に与えられたテーマは「中世から近世へ」である。論者は、近世初期の曹洞宗における宗門改革運動の記録『宗統復古志』を取り上げ、ここから読み取れる曹洞宗門の中世から近世への展開を考察することを通じて、このテーマについて多少なりとも議論を深めることを目指すが、まず、その前提として、中世、近世という時代区分について、近年の研究動向などにも触れながら、若干、検討しておきたい。

時代区分とは、一般に、社会やそこでの人間の活動が、時の流れと共に総体としてどのように変化し（または存続し）現在に至ったのかを捉えるために、時の流れを質差のあるいくつかの時代に分割し意味付けることと定義される。時代区分には、視点や基準の取り方によってさまざまなヴァリエーションが有り得るが、中でも最も汎用性が高く、一般的に普及しているのが、古代 antiquity ―中世 middle ages ―近代 modern の三分法であり、その淵源はルネサンスに遡る。十四世紀、北部イタリアの諸都市において勃興し、その後全ヨーロッパに波及したこの新たな文化、思想運動は、ギリシア・ローマ時代という「古典古代」を理想化し、人間性の解放や現世の肯定を主張し、輝かしい「古代」を復興し、新たな時代である「近代」を切り拓くことを目指した。他方、その直前の時代である「中世」は、神の秩序による他律的支配に甘んじる、いわば暗黒の時代と特徴付けられた。

このような三分法は、プロイセンのハレ大学教授であったケラリウス（Christophus Cellarius, 1638-1707）が、その三部作である『古代史』*Historia Antiqua*（1685）、『中世史』*Historia Medii Aevi*（1688）、『近代史』*Historia Nova*（1696）の表題に用いたことで一般化し、歴史認識の標準的な枠組みとして普及していった。人間理性への信頼の下、「学問の自由」を貫くヨーロッパ初の近代的大学を標榜したハレ大学において、人間の無限の進歩を前提とする発展段階説としての時代の三区分法が確立したということは、ある意味、象徴的と言えるだろう。

その後、ドイツにおいては、歴史学派経済学によって発展段階説が盛んに研究されるようになり、諸民族に共通する発展段階論としての時代区分法が探求された。(1) 唯物史観に基づく時代区分説（原始共産制―古代奴隷制―中世封建制―近代資本主義―社会主義／共産主義〈未来〉）も、このような方向性を受け継ぐものとも解釈可能であろう。

さて、ヨーロッパで成立した、このような古代―中世―近代という歴史区分法は、言うまでもなくヨーロッパ近代の自己認識を反映したものであり、自己自身を必然的な歴史的発展の総体の中に位置付け、理想化、正当化しようとしたものと言えよう。[2] そして、ヨーロッパの近代歴史学を受け容れた明治の日本は、この時代区分を普遍的なものと見なして、自国の歴史にも当てはめようとした。これを普遍的なものと見なし得たのは、ヨーロッパの学術の、当時の日本における圧倒的な優位性とともに、近代日本という国民国家が、「王政復古」、すなわち、「一君万民、天皇親政の行われた理想的古代の回復」を旗印として成立したという事情が絡んでいると考えられる。近代の正当性の主張が、直前の暗黒時代を超えて、より遡る古代の回復として行われるという図式を、日本も共有し得たからこそ、「国史」、すなわち近代の国民国家の通史的語りにおいて、ルネサンス由来の時代区分が説得力を持ったのであろう。

さて、明治の日本では、ヨーロッパ歴史学における antiquity — middle ages — modern の翻訳にあたって、当初は、中国における「上古・中古・下古もしくは近古、上世・中世・下世もしくは近世」という時代を表わす三つ組の用語や、日本でも古くから用いられてきた漢語「古代」「近代」等を訳語にあてたが、[3] まだ、古代—中世—近代という一続きの訳語は定着してはいなかった。たとえば、明治五年（一八七二）に文部省が出版した日本初の歴史教科書である木村正辞・内田正雄著『官版史略』（四冊）は、国史、中国史、西洋史の三部門に分かれ、最も分量の多い西洋史（全四巻中の第三・四巻で、全二一七丁中の八〇丁）は時代別各国史で、上古、中古、近代に三分され、それぞれの区切りは、紀元五〇〇年と一五〇〇年に置かれていた。[4]

その後、西洋史の三分法を国史にも応用しようという動きが盛んになる。その中で特に注目されるのが、日本経済史学の創始者とされる内田銀蔵（一八七二〜一九一九）である。[5] 東京帝国大学史学科において、リース（Ludwig Riess, 1861-1928. レオポルト・フォン・ランケの弟子）からドイツ実証主義歴史学を学んだ内田は、明治三十六年（一九〇三）に公刊した『日本近世史』（未完）の第一巻、上冊、第一において、ヨーロッパ歴史学の三分法を日本史に適用するとともに、新たに「近世」と「最近世」（＝近代）とを区別した。その「緒論」において内田は、近世の始期は、鎌倉時代に置くことも明治維新に置くことも可能ではあるが、「今日普通に行われている所の見解」である江戸時代を近世とすることが最も適当であると述べる。(6) そして、織豊政権から徳川初期の過渡期は、ヨーロッパの中世から近世（近代）への過渡期と、(1)文芸復興、(2)商工業の発展や金銀貨幣流通、(3)群雄割拠から統一王権の成立、という点において共通すると言い、日本の状況に関して(1)としては五山の衰微から朱子学をはじめとする儒教の隆盛を、(2)としては海外貿易の発達と国内産業の発展、金銀貨の鋳造と流通を、(3)としては、完全な中央集権制ではないにしてもよく全国を統御する中央政府を建設したと指摘する。また、国内において「封建の秩序確立」を遂げたと指摘し、「近世」と「封建制」とを結び付けた点も注目される。(7) 現在の標準的な日本中世から近世への遷移のイメージは、内田によって確立されたと言ってもいいだろう。

その後、日本では、ロシア革命、国内の社会問題の先鋭化、労働運動の激化などを背景としてマルクス主義の影響力が高まるとともに、唯物史観に基づく時代区分論も普及し、一九三〇年代には、実践の問題とも直接的に関連する、日本の歴史を唯物史観の時代区分にどう当て嵌めるのかをめぐる論争が、講座派と労農派との間で盛んに交わされた。戦争によってその流れは一時中断されたが、戦後、復活し、六〇年代頃までは、唯物史観に基づく時代区分論が歴史学研究の基本的前提とされ、社会構成体の単線的な発展説に基づいて、たとえば、日本古代は奴隷制社会か否か、日本の資本主義化（＝近代化）の始期はどこかなどの諸議論が戦わされた[8]。

このような発展段階説に基づく時代区分論は、教科書にも採用されるなど通説化する一方で、歴史学界においては、マルクス主義の退潮とともに、一方向的推移、単線的発展を前提とした一国中心の発展段階説、またそれに基づく時代区分論に対する疑義が、とりわけ社会史などの立場から呈されるようになった[9]。特に、八〇年代になると、ウォーラーステイン（Immanuel Wallerstein, 1930-2019）の世界システム論の普及に顕著に見られるように、一国における単線的発展段階に基づいて世界を分節化するような従来の時代区分論は、その有効性に疑義が呈されるようになり、現在に至っているのである。

以上、ルネサンスに端を発する時代区分論が日本に定着した経緯、そして、現在は、それが単線的進化や国民国家と結び付いて一国史的発展モデルとして語られてきたが故に、否定的に評価されているという現状を簡単に瞥見した。しかし、これをもって時代区分論それ自体、単なる惰性的、便宜的使用という以上の意味を持たないと断ずるのは、早計に失しないだろうか。

もちろん、時代区分とは、あくまでも歴史認識のために、現在の関心に基づいて設けられる基準であり、それが恣意性、存在被拘束性を免れられず、厳密な意味での普遍性、必然性を持たないことは言うまでもないことである。もとより、時代区分をはじめ、十分に検討されないまま常識化した既成概念の見直し、相対化は必要なことであろう。また、昨今の研究潮流が、グランド・セオリーの構築や「大きな物語」の共有にではなくて、むしろ既存の解釈枠組や通念の批判的相対化や、細分化された専門領域における「個別実証研究」の蓄積に注力する傾向にあることを考えれば、個別分野の壁を打ち破って、共通の議論を行う前提の一つともなり得る時代区分に対する関心が薄れたり、時代区分否定などの見解が出て来たりするのも無理からぬことかもしれない。

しかし、時代区分法の共有が持つ積極的な意味それ自体は、安易に否定しさることも難しいのではないかと思える。時代区分とは、まさに現在の立場をどう説明するのかという関心から展開されるものであり、その意味で時代区分それ自体、現在においても、議論の参照枠としてある一定の意義を持つことは否めないだろう。

時代区分には、狭義の、すなわち等質の時間の流れの中での一方向的な進化を前提とした従来型のもの以外に、広義の、すなわち、必ずしも単線的進化を前提としない時代区分もある。ここで、新たな時代区分の意義として、特に注目したいのは後者である。後者の時代区分は、時間を区切り、意味付けることなしに歴史的認識はそもそも成り立たず、時代区分は歴史学の重要な方法であるという立場に立ちつつ、これまで主流であった単線的発展段階説には与しない。それは、一国に必ずしも局限されない多様性のある複数の並存的時間の共振による、曖昧さを含んだ時代区分とでも言うべきものであり、歴史の流れを認識するための一つの作業仮説である(10)（解釈に関わるすべての事柄は、単独であれ集団的なものであれ解釈者の視点に拘束されるという意味で「仮説」として構築されたもの以外では有り得ないことは、いわゆる言語論的転回を持ち出すまでもなく自明であろう。問題は、その観点を導入することによって、どのような多様性と包摂性をもった世界像を指し示せるのかということではないだろうか。ちなみに言えば、「日本」それ自体も、均質な時間と空間の中で同質性を成員に要求する単一の実体としてのそれではなくて、内部に差異を含みこんだ、いわばヘテロフォニックな、またはポリフォニックなそれと考えることが可能だろう）。

イタリアの哲学者・歴史家のクローチェ（Benedetto Croce, 1866-1952）の言葉「歴史を思惟することは確かにこれを時代区分することである」(11)（傍点は原著に基づく）からもうかがえるように、時代区分とは、まさに「今、ここ」を、歴史全体の中でどう説明するのかという関心から展開されるものであり、その意味で、関心が変われば区分の基準も、区分された各時代のイメージも変化する。研究の行き過ぎた細分化、専門化が問題となっている今日、時代区分論の含意するマクロ的観点の重要性は明らかである。

とりわけ、中世から近代への過渡期や近代の萌芽期、すなわち近世については、八〇年代以降、国際的にも国内的にもマクロ研究の必要性が叫ばれ、多くの業績が蓄積されている。特に、注目されるのは、八〇年代頃から、ヨーロッパについて、主権国家成立、大航海時代、絶対主義確立の時期である十五世紀から十八世紀末に到る時代を「近世」Early Modern と呼び新たな時代区分を立てる動きが顕著になると同時に、ヨーロッパに留まらずグローバルな意味での「近世」を考える方向性が示されたことである(12)。後者は、ヨーロッパを中心とした世界システム論の理論的影響下にありつつも、必ずしも一元的な分業システムに還元されない、「各地域の諸研究のなかで形成されてきた「ゆるやかな合意」を見据えて提出された(13)「近世」の概念である。そして、その概念は、「決して時代区分を確定しようとはせず、むしろ近世と称される時期における各地域・各分野での特色のうち共通する側面を可能な限り描き出すという方法(14)」としての、つまり、各地域・各分野で見られる「不思議な並行(15)」strange parallels の特徴を浮かび上がらせるような「近世」概念なのである。

　このような意味での、ヨーロッパ中心主義をはじめとする自地域中心主義を相対化しつつ「分野横断的な世界史的視野に立った、新しい近世論」[16]を主張する動きは、東南アジア史研究者のリード（Anthony Reid, 1939-）やリーバマン（Victor Lieberman, 1945-）をはじめ、世界の非ヨーロッパ地域の研究者の間から活発になってきた。たとえば、中国・中央アジア史研究者であるフレッチャー（Joseph Fletcher, 1934-84）は、論文「統合的歴史」の中で、「一六世紀から一八世紀の北半球には、①人口の増加、②歴史的変化のテンポの加速化、③経済活動の中心としての「地方」都市の成長、④都市商業階層の勃興、⑤宗教の再興と宣教活動、⑥農村の騒擾、⑦遊牧民の没落、といった共通の動きがあったことを指摘」[17]している。これらの多くは日本の「近世」にも見られる諸特徴であり、この意味で日本の中世から近世へという動きは、十六世紀を画期としてはじまる「世界史的近世」に連動したものと考えることも可能なのである[18]（この共通性は、その集合体のすべてが持つ本質／実体としての共通の特性などではなくて、あくまでも集合体相互が、ゆるやかに重なり合い交差し合って、全体としてゆるく曖昧かつ多様な複合的類縁関係を結んでいるという意味での共通性と言ってもいいだろう[19]）。

　本論では、これらの諸特徴の中でも、とりわけ社会秩序全体の再編とも関わる「宗教の再興」に焦点を当てて、時代の画期、すなわち、中世から近世への遷移を、近世初期の曹洞宗の僧侶である卍山道白における「復古」を手がかりとして検討してみたい。それを通じて、この「復古」をめざす運動が、前述の「世界史的近世」という視点からは、明末清初の仏教復興や、十六世紀から十八世紀における東南アジアの仏教国家の発展[20]と連動するものであるとともに、「伝統」の創出や宗教による世俗補完的秩序の創出という「世界史的近世」に共通する特徴を持つことを明らかにしたい。

一　卍山道白と江戸宗門

江戸期の曹洞宗を代表する僧侶である卍山道白(21)（一六三六～一七一五）は、さまざまな事跡をもって知られている。たとえば、道恕(22)（一六六八～一七三三）が卍山の死後に陰刻した「碑陰文」（『卍山広録』四九所収）では、卍山の「扶宗之功」として三点を挙げて、彼の生涯を高く評価しており(23)、諸家もこれを踏襲して卍山の事績を以下のように整理する。

①嗣法に関して、これまで一般的に行われていた「因院易師之弊」を、興聖寺の梅峯竺信（一六三三～一七〇七）とともに改革して、「師資面授」「一師印証」の古風に復し、「復古施行」を成し遂げたこと。

②各地の『正法眼蔵』書写本を収集・整理して「考定」するとともに、菩薩戒の儀則を再興したこと。

③月舟宗胡(24)（一六一八～九六）を継いで加賀大乗寺に住して、道元（一二〇〇～一二五三）の「永平大清規」、瑩山紹瑾（一二六八～一三二五）による「瑩山清規」を校訂し、叢林の規矩（『椙樹林清規』二巻）を樹立したこと。

これら三つの事跡を貫いているのが「復古」、すなわち、道元の「古」の精神を見出し、それに基づいて、道元自身が定めた「古」の制度へと復帰することであったと言える。卍山は、中世以来の「弊風」を一新し、道元の「古」の精神、「古」の制度（「永平古道」）[25]に復帰するために、道元の思想を直接的に伝える、『正法眼蔵』[26]（卍山本『正法眼蔵』八九巻、「安居」「面授」巻は刊行）や「永平大清規」を校訂し、それに基づいて宗統復古運動、古規復古運動を起こし、さらに菩薩戒の儀則を再興した。これら三つは本来、関連する運動ではあるが、本稿においては、特に仏法宣布の生命線ともされる嗣法の問題に関わる宗統復古運動に焦点を絞って検討することとしたい。

なお、ここで付言しておきたいのは、宗門改革を目指す卍山のこれらの事績に大きな影響を与えたのが、隠元隆琦（一五九二～一六七三）らによって導入された明末清初の禅宗だったということである。たとえば、卍山は隠元隆琦によって齎された『黄檗清規』を参考にして新たな清規を作り、自分が住職をつとめる大乗寺においてこの規矩の厳格な遵守を求めた（ただし、卍山が制定した新たな「清規」は、明風の清規の影響が強く[27]、このことが後に面山瑞方らの批判を招くことになった）。

また、同様に、本稿が中心的に取り扱う、宗統に関わる「復古」の主張の背景にも、隠元隆琦らが日本に伝えた明末清初の嗣法論争があった。明代は、中国の歴代王朝の中でも最も中央集権的で皇帝権力が強大な時代とされ、仏教に対しても厳しい統制、整理統合が課せられた[28]。明代の仏教は、一般に、教学や実践面に顕著な発展がみられず、民衆には浸透したものの世俗化が進んだとされ、後世、「仏法中衰」と批判された。仏教の沈滞は、たとえば、道教に熱中し仏教を斥けた嘉靖帝（在位一五二一～六六六年、第十二代）の治世末年に、戒壇が廃止されたことにも顕著に表れている。中国仏教は、隋唐時代を頂点として、その後、諸宗派が次第に衰微していったとされ、その中で、かろうじて生き残っていた禅宗も、当時は、師資伝法の系譜が乱れ、嗣承香（晋山開堂にあたり香を焚いて自分が嗣法した本師の名を明示すること）も廃れた。[29]

しかし、内憂外患、皇帝の政務放棄によって国力が低下した万暦帝（在位一五七二～一六二〇、第十四代）の時代には、万暦の三高僧と呼ばれた紫柏真可（一五四三～一六〇三）、憨山徳清（一五四六～一六二二）、雲棲袾宏（一五三五～一六一五）をはじめ多くの禅僧の活躍が目立ち始め、禅浄一致、儒仏道一致（三教同源説）が盛んに唱えられた。このような仏教の復興は、国力低下により仏教への統制力が弱まったことや、当時流行していた陽明学の主体的実践重視の風潮などに後押しされたものと考えられる。[30]とりわけ、禅宗五家の中で命脈を保っていた臨済宗と曹洞宗とが大きく復興を遂げ、教団を再編した。その際に特に問題になったのが、宗統の正常化問題であり、曹洞宗の遠門浄柱撰『五燈会元続略』が自宗の系譜を明らかにしたのに対して、費隠通容撰『五燈厳統』は、臨済宗の立場からそれを批判し、六祖下の南嶽系（臨済宗につながる）を青原系（曹洞宗につながる）よりも優位に置き、曹洞宗の永覚元賢（一五七八～一六五七）の嗣法を否定するなどして論争を激化させた。このような宗統の混乱を正す試みは清代初期に至るまで活発な展開をみせた。福建曹洞の法脈を築いた永覚元賢が、「明代の弘治から嘉靖年間（一四八八～一五六六）にかけ編纂された宗典は誤謬が多く、後学を迷乱させるため、邪説を刪り古徳の旧案を採り類聚した（永覚元賢撰『洞上古轍』「序文」崇禎十七年刊）と述べ」たことからも分かるように、「原典回帰・「復古」思想が発生していた」[31]のであり、当時問題となっていた嗣承の混乱は、唐代、宋代の禅への「復古」によって解決されるという期待が高まっていたのである。

そして、「臨済正宗」を旗印に来日し、将軍家や公家、大名の帰依を受けるなど絶大な影響力をもった隠元隆琦が、師である費隠通容（一五九三〜一六六一）の著した『五燈厳統』を日本において再刻し、「復古」によって嗣承の混乱を正すという、その主張が、日本の禅僧にも大きな刺激を与えた。本稿で扱う卍山もその一人である。[32] このように、十六世紀から十七世紀の明末清初の時期は、前述のようにアジアで大きな時代の変動が起こり、新たな「世界史的近世」が始まった時期であった。禅宗に限ってみれば、日本でも中国でも、嗣承の混乱を「復古」によって正すことによって教団の求心力を強化し、原点に直接的に繋がる系譜をオーソライズしようとする動きが顕著であった。明末清初の禅宗においては宗源となる唐代や宋代の禅宗への、江戸初期の日本曹洞宗においては宗祖道元への回帰が目指された。[33] そして、両者ともに、そのような「復古」によって得た正統性によって宗派意識を先鋭化させ、それぞれの社会の中で地歩を占めようとしたのである。

二　卍山の宗統復古運動の概観と意義

さて、禅宗では古来、法の授受の系譜が重視され、『景徳伝燈録』をはじめ多くの「燈史」が編纂されてきた。そこでは、師僧から弟子への一対一、直接対面での師資相承の歴史が積み重ねられ、自派の系譜の正統性が主張された。このような人から人への直接的な法の授受を、「人法」（による相続）と呼んでいる。しかし、日本曹洞宗においては、中世以来、[34] 禅宗本来の「人法」ではなくて、後述のような「伽藍法」による師資相承が盛んで、その状態は卍山が活動した江戸前期から中期にかけての時期においても続いていた（なお中国禅宗においては、十方住持制と一流相続制が併存しており、日本曹洞宗の場合は、「人法」による相続にしても「伽藍法」による相続にしても一流相続制となる[35]。

この「伽藍法」による相続とは、禅僧が「伽藍」に即して師資相承することであり、例えば、或る寺の住職に就任する際に、新住職は当該寺の開山の法の系譜を受け継ぎ、もしその後、別の寺の住職に異動する場合には、前嗣の法を棄却して新たにその寺の法系を受け継ぐということである。これは、その寺院を開いた初代である開山の法を重視する所に淵源しており、寺院の世代交代にあたっては、新住職は開山の法を受け継ぐために、必ず先代の住職の弟子となる必要があった。また、「代付」（適切な後継者が得られない場合には、本寺や同門寺院等の力量のある僧が法系を預かり、その後に適切な後継者が出てきた時に嗣法させること）[36]や、「遥付」（時間や場所を隔てて嗣法すること）も行われた。

卍山は、このような「伽藍法」による相続を、「因院易師」「多師嗣法」であると否定し[37]、道元の「古」に復帰することを強く主張した。すなわち、嗣法の師は一人だけであり、必ず師資対面して嗣法すべきだと、「一師印証」「面授嗣法」の「人法」による相承を主張したのである。

そして、このような主張を行うにあたって、卍山は、それが道元の意図にかなっているということを強調した。たとえば、卍山の論拠となったのは、以下のような『正法眼蔵』「面授」巻の一節である。卍山は、宗弊改革運動を推進するために、元禄十三年（一七〇〇）に、京都の自庵を去って江戸に赴くが、まさに、その前年にあたる元禄十二年（一六六九）に、『正法眼蔵』「面授」巻を出版している。つまり、この「面授」巻は、卍山にとって、宗統復古運動を理論的に基礎付けるものであり、それを印刻流布して公開することによって自己の正当性を広く訴えかけようとしたのである。以下、卍山の運動の理論的基礎となった「面授」巻の一節を引用しておこう。

釈迦牟尼仏、まさしく迦葉尊者をみましきす、迦葉尊者、まのあたり阿難尊者をみる、阿難尊者、まのあたり迦葉尊者の仏面を礼拝す、これ面授なり。阿難尊者、この面授を住持して、商那和修を接して面授す。商那和修尊者、まさしく阿難尊者を奉覲するに、唯面与面、面授し面受す。かくのごとく、代代嫡嫡の祖師、ともに弟子は師にみえ、師は弟子をみるによりて、面授しきたれり。一祖・一師・一弟としても、あひ面授せざるは仏仏祖祖にあらず。（全上四四七）[38]

〔現代語訳：釈迦牟尼仏は、まさしく迦葉尊者をご覧になり、迦葉尊者は眼前に阿難尊者を見る。阿難尊者は、眼前に迦葉尊者の仏としての顔面を見て礼拝する。これこそが面授なのである。阿難尊者は、この（迦葉尊者との）面授を保持しつつ、商那和修を指導し面授が成り立つのである。商那和修尊者が、まさに阿難尊者を見奉るに、（『法華経』で言うところの「唯仏与仏」のように）唯面与面となって（顔面どうしが見、見られて一体となって）、面授し面受するのである。このように、代代嫡嫡の祖師たちが、皆、弟子は師に見られ、師は弟子を見ることによって、面授してきたのである。一人の祖師、一人の師僧、一人の弟子であろうとも、面授がないのは仏仏祖祖とは言えないのである。〕

この箇所で、道元は、中国禅のルーツであるとされるインド（西天）における、釈迦牟尼仏―摩訶迦葉（西天初祖）―阿難（第二祖）―商那和修（第三祖）……という禅の原点となる法系を示し、彼らは皆、師は弟子を、弟子は師を「まのあたり」を見て、法を伝えて来た、つまり「面授」し「面受」したと述べる。そして、「代代嫡嫡の祖師、ともに弟子は師にみえ、師は弟子をみるによりて、面授しきたれり」と、代々の祖師は、皆面授によって嗣法してきたと主張し、さらに、面授がなければ仏祖ではないとまで言い切っている。このような『正法眼蔵』の言葉に基づいて、卍山は、「面授」こそが「古」の道元の精神であり、そこへと回帰すべきであると主張したのである（ただし、ここでは釈迦牟尼仏から一直線にながれる時間を想定して記述が行われているが、このような直線的時間観念というのは道元の時間思想の一部に過ぎず、より本質的なものとしては、「面授」巻の他の箇所の「倶時の面授」〈過去七仏、釈迦牟尼仏以来代々の祖師たちの同時の面授〉という言葉が端的に示しているような、非直線的な時間観念を挙げることができる。この時間観念については後述する）。

このように、卍山が自己の主張の論拠に、曹洞宗門の回帰すべき原点として『正法眼蔵』を用いたことは、中世以来の宗門による『正法眼蔵』受容史の流れの中では画期的なことであった。道元の死後、『正法眼蔵』は、道元の直弟子と言われる詮慧・経豪による注釈である『正法眼蔵聞書抄』、永平寺五世義雲（一二五三〜一三三三）による六〇巻本各巻に対する頌古を集めた『品目頌』の述作の後は、宗門における参究拈提の対象とされた形跡が少なくなる。特に南北朝期以降は、それに代わるように、中国曹洞宗で盛んに用いられたものの道元自身はほとんど用いず批判的であった洞山の五位説や、代語などを用いた参究が宗門で流行するようになる。[39] このような宗門における『正法眼蔵』受容状況の中で、卍山が「復古」を唱え、自己の主張の論拠を『正法眼蔵』に求めたことの意義は大きなものであったと、まずは、言うことができるだろう。

さて、次に、道元の「古」の精神を取り戻し、人法による嗣法を曹洞宗門において実現するために、卍山が行った活動について、以下、卍山の法嗣であった三洲白龍（一六六九〜一七六〇）が侍者に口述筆記させた『宗統復古志』に基づいて、経緯を簡単に辿っておこう。

卍山は、青年時代より嗣法の乱れを憂いていた。それは、二十八歳の時に『正法眼蔵』「嗣書」巻を読んで得た、現在の宗門では、宗祖である道元の意図に反した嗣法の形態が行われているという認識に基づいていた。そして、三七年後、隠居の身となった卍山は、かねてからの念願を果たし、嗣承に関する宗門の改革を志して具体的な行動を起こした。

卍山は、宗門改革運動の同志となった梅峰竺信（一六三三～一七〇七）らとともに、元禄十三年（一七〇〇）に上京し、三僧統[40]（下総総寧寺・武蔵龍穏寺・下野大中寺）に訴えを起こし「事を官府に奏せん」[41]（五四八頁上段）と申し出た。同年七月十六日には、龍穏寺で「大寄合」が開かれ、二人は「口上書」を提出した。それは、「家門之嗣法、従二古来一済下与同一ニ、一師之印証ニ而、伝来リ候処、近代漸漸誤リ来」（同頁上段）と始められ、曹洞宗の嗣法は、古来臨済宗と同様に一師印証によるものであったにも関わらず、近年、だんだんとそれが乱れていると改革を訴える。そして、このような「弊悪之風」は、仏祖正伝に背き、宗祖道元の『正法眼蔵』「嗣書」「面授」両巻の趣旨に背き、さらには、「従二権現様一、元和年中、永平・總持両本寺江、被レ為二下置一御法度」（同頁下段）、すなわち、徳川家康が永平寺、總持寺の両本山に与えた法度にも背くことになる指摘し、その改革を訴えたのである。江戸時代の宗教政策というと幕府による上からの統制が強調されるのが常であり、確かにそのような側面も目立つことは否定できないが、ここでは、むしろ、「権現様が下し置かれたる法度」を逆手にとって、幕府も承認していた既成の宗門の制度を覆す主張を打ち出していることは注目に値するだろう。[42]「口上書」が言及する、両本山に対する法度における、二五年修行した上で師の推挙状がなければ「転衣」（黒衣を色衣にかえることで、住職になる基礎資格取得を意味する）できないとする厳しい規定は、当然、教団への統制の一環と考えられるが、卍山は「嗣法の師の推挙状」を必須とするという一句をもって、一師印証を「権現様」が認めていると、自分たちの主張に引き付けて自己正当化をはかっているのである。(43)

卍山は、この「口上書」に三箇寺（三僧統）による添状を付けて官府に提出することを期待していたが、伽藍相続を容認し現状維持をはかる三箇寺の側は、卍山らの再三の訴えにもかかわらず、それを拒否した。そこで、卍山らは同年八月七日に寺社奉行阿部飛驒守正喬に直訴し、「元祖嗣法之家訓」「永平古道」「古法」により「見レ利忘レ義、因レ院易レ嗣」（五五一頁上段）の「弊」を改め、道元以来の「古来之規式」（五五〇頁上段）である「一師印証」「面授嗣法」を全面的に実施することを求めた。阿部飛驒守は、この訴えの理は認めたものの、老中の秋元但馬守喬知の、「宗門の法乱に及ぶゆへ、取り上げなきやうに」（五五四頁上段）という三箇寺の訴えがある以上、卍山らの直訴を取り上げるべきではないとの判断に基づき、卍山らの訴えを退けるに至った。この時点においては、「新法は御制禁」（五五三頁下段）つまり新たな教えを立てないという原則に従って、卍山らの主張は容れられなかったのである。

その後も、卍山らは江戸に滞在し機会を窺った。そして、元禄十五年（一七〇二）十月二十四日、卍山の江戸の宿舎であった瑠璃光寺の田翁牛甫が、寺社奉行に対して「元祖永平之家訓」に基づき「一嗣不易之本義」（五六八頁上段）を立てることを直訴した。

翌年、再吟味が決定し、卍山らが召し出され、詮議が開始された。さらに、官府は「一宗の大義」

であり、かつ三箇寺などの「役寺の点頭〔是認〕なきこと」（五八〇頁上段）を考慮し、天台宗、真言宗、浄土宗、日蓮宗、臨済宗、黄檗宗の僧綱や名僧にも確認したところ、皆「一師印証、古来の本色にして、院に因て嗣を易ふるは、今時の非例なること」（同頁下段）と述べた。これらから官府は、「革弊復古の時節」（同頁下段）と判断したが、なおも、両大本山、関東三箇寺、遠州可睡斎、江戸の三寺司などを呼び詮議を続けた。

同年七月五日、寺社奉行は永平寺、總持寺をはじめ一一箇寺を召して、「申渡覚」の書付を下付し、「向後、嗣法之儀、一師印証ニ而、相立チ候方ニ存候哉」（五八八頁上段）と、一師印証を宗門の正しい嗣法の在り方と承認した上で、「唯今迄之通リ、伽藍相続ニ而、相済ミ候フ方不レ苦候哉」（同頁上段）と伽藍法も、後述のように完全否定はせず、この官裁に対して一一箇寺で意見をまとめて返事をするようにと申し渡した。幕府側は、これまでの吟味によって卍山らの一師印証が宗祖道元の主張に即した筋が通った主張であることを認めつつも、既存の嗣法制度の大幅な変更にも繫がる卍山の主張に一方的に肩入れしてはいない[44]。幕府側は、宗門の主体性を重んじるかたちをとりつつ、宗門の争いに巻き込まれることを回避したものと考えられる。

一一箇寺の側では、總持寺が一師印証に傾いた以外は、諸寺は現状維持を望み評議はまとまらなかった。そこで、卍山らが妥協案を提示し、それを受けて一一箇寺は、同年七月十七日に、基本は「一師印証」とするが、伽藍相続も容認するという「口上書」を寺社奉行に提出した。寺社奉行から将軍に上奏するとともに、一品法親王にも聞き合わせ、「古来の本法の興隆せんこと」（五九三頁上段）という判断を確認した。そして、寺社奉行は、八月十一日に一一箇寺を召喚し、先の「口上書」に基づく条目を下付した。それは、前述のように師資面授と一師印証とは「道元禅師之家訓」（五九四頁上段）としつつも、伽藍法をも容認する内容であった。そして、これを受けて両本山は、八月十三日付けで、全国の末寺に、先の条目を守るように申し渡した。こうして、「正法回復」（五九五頁下段）が成就したと『宗統復古志』は語るのである。

もちろん、卍山らの主張は、この間、宗門に大きな反響を呼んだ。特に、奥州正法寺の定山良光（?～一七三六）からは、厳しい反論があった。正法寺は、貞和四年（一三四八）に領主、黒石越後守正瑞父子及び長部近江守清秀を開基として開かれ、早くもその二年後の観応元年（一三五〇）には、崇光天皇から「奥羽二州僧録扶桑曹洞第三本寺」として「末代着紫衣紅服」との綸旨を得、康安二年（一三六二）には、總持寺二祖峨山韶碩（一二七五～一三六六）によって「末代に至るまで奥羽両国曹洞の本寺たるべし」との置状を付された。その後、嘉吉元年（一四四一）には、後花園天皇より「出羽陸奥之諸末寺被定出世道場」の綸旨を受けるなど、中世における曹洞宗門でも最有力の寺院の一つであった（しかし、慶長八年〈一六〇三〉には、転衣出世の式は總持寺に移管された[45]）。

正法寺では、開山である無底良韶（一三一三～六一。峨山二十五哲の第一位で、機鋒超絶と言われた）が法嗣を得ないまま亡くなったために、死後に無底の師であり、中世曹洞宗の発展の基礎を築いた峨山の指示により、弟弟子ではあるものの嗣法関係にはない月泉良印（一三一九～一四〇〇）が、無底の墓塔を拝して正法寺住職の跡を襲った。卍山らに対して、正法寺側は、面授のない月泉が墓塔を拝んで後継者となったという「拝塔嗣法」の歴史的事実を挙げ、これによって正法寺においては「伽藍法」の伝統が正当なものとして成立していると、激しく反論した[46]（『正法嫡伝獅子一吼集』）。そもそも、正法寺は、中世を通じて崇光天皇の勅と峨山の許可状に依拠して独立した本山としての寺格を誇り、東北地方のみならず関東関西にも勢力を伸ばし多くの末寺を擁していた。曹洞宗内でも永平寺、總持寺に次ぐ、第三の独立本山とされた正法寺は、いわば、権力が多元化していた中世の曹洞宗を象徴する存在であったと言えよう。

奥州正法寺に限らず、中世においては地方の有力者が開基となって多くの曹洞宗寺院が建立され、各寺が、程度の差はあるにしても相対的に独立して寺勢を保持していたが、近世になると、それがいわば一元的な本末関係に吸収され、相対的独立性を喪失する傾向にあった。中世における、曹洞宗門の多元的状況については、たとえば鏡島元隆氏が、「曹洞宗が教団として拡大したのは、中世のことであるが、中世における曹洞宗は、寂円派・寒巖派・明峰派・峨山派というそれぞれの門派が、地域的に門派の派頭寺院を拠点として、法系上縦に結合して展開したものであって、それは同一宗派としての横の連なりを欠いたのである」と述べ(47)、横井覚道氏が「中世宗団の形態を禅宗史の上から繙く場合、……多元的で地方的な形成を見出すのである。一口で言えば法系に寺統とか派頭とかいう別の系譜が同価値で連なり、従って思想も混淆せるものが重なり……実に雑然たるものがあった」と述べているように(48)、中世を通じて、現在言うところの曹洞宗は、統一された宗派などではなく、永平寺を継ぐ寂円派、總持寺を守った峨山派、肥後大慈寺を拠点とする寒巖派、大乗寺や永光寺を拠点とする明峰派（卍山もここに所属する）が分立する多元的状況であった。これが、江戸時代になると、前述の『宗統復古志』の記述からも窺えるように、宗門自身が、幕府による統制をある意味利用しつつ、永平寺・總持寺という両本山を頂点とした本末制度による一元的ヒエラルキーの確立をめざすことにな

るのである。(49)

曹洞宗門における宗統復古運動は、現在でも宗門の側からは「弊風」改革であると高く評価されている。確かに当時は、寺院住職の継承を巡ってはとかく問題があり、名利を捨てることを第一とする仏教の基本精神からはおよそ考えられない状況、たとえば学徳によってではなくて世俗的利害によって住職の座をやりとりするような風潮も一部には出来していたことは事実であり、その意味で宗統復古運動の意義は宣揚されるべきものではあるが、反面、「古」という原点への復帰は、その原点へと直接的に繋がる一系の中に、他のあらゆる勢力が上下の秩序をもって組み込まれていく過程でもあった。一言で言えば、宗統復古運動、すなわち伽藍法の否定とは、中世的多元性の退潮を加速させたとも言えるだろう。

中世における曹洞宗門における法系意識を考えた場合、もちろん、派祖として道元を仰ぎつつも、各寺の開山、各派の祖を、自らのアイデンティティとする傾向が強かった。先述の奥州正法寺では、開山である無底良韶にちなんで、歴代は「良」の字を通字として法名に用いていたことなども、その例と言えるであろう。

また、中世には宗源は、必ずしも道元だけに求められたわけでもなかった。たとえば、懐奘―義介は、永平寺の諸規を定めるにあたって「祖翁栄西の素意」を尊重する傾向が強く、これは曹洞宗と臨済宗は別個のものではないという「洞済両聯」の考え方に基づくと考えられる（当時有力だった臨済宗に権威の裏付けを求めたものともされる(50)）。

さらに、瑩山紹瑾（一二六八～一三二五）が永光寺を教団の中心とすべく門弟に書き遺した「当山尽未来際置文」には、瑩山から遡ること五代（瑩山―義介―懐奘―道元―如浄）の遺品を安置した墳丘である五老峰について「〔永光寺は〕祖忍清浄寄進の浄処なり。ゆえに、紹瑾、一生偃息の安楽地となし、未来際、瑩山遺身安置の塔頭所となす。ここをもって、自身の嗣書・先師の嗣書・師翁の血経・曾祖の霊骨・高祖の語録を当山の奥頭に安置し、この峰を名づけて五老峰と称す。しかれば、当山の住持は五老の塔主なり。瑩山門徒中、嗣法の次第を守り住持興行すべし」(51)〔永光寺は祖忍が寄進した清らかな地であるが故に、私瑩山は、この地を一生の安息の地とし、未来に渡って、自分の遺骸を安置する塔頭とする。そこで自分自身の嗣書、亡き師義介の嗣書、師の師である懐奘の血書経典、師の師の師である道元の遺骨、師の師の師の師である如浄の語録をこの寺域の奥に安置し、そこを五老峰と名付ける。それだから、この寺の住職は五老峰の管理者となるのだ。瑩山の弟子たちは、嗣法の系譜を守り、住職として仏法を保ち広めよ〕としている。この言葉から、「高祖」(52)である如浄が、五老峰の第一、すなわち原点として重視されていることがわかる（これは、祖塔、すなわち道元の墓所を有する永平寺に対する優位性の主張と考えられよう）。

以上のことから、中世においては、道元のみが必ずしも宗門としてのアイデンティティの原点と見なされていたわけではなく、栄西や道元の師である如浄が、遡るべき原点とされていたことも現にあったことが分かる。それを道元一人に絞っていったのが、近世初期に起こった宗統復古運動だったとも言えるのである。

従来、宗門の一元的ヒエラルキーの確立は、幕府の宗教政策という文脈から、つまり上からの宗教統制政策として理解され、それとは別個の運動として宗統復古運動は理解されてきた。しかし、以上の経緯と分析からも明らかなように、卍山らの運動は、幕府による宗教統制をある意味、利用した新たな宗門の一元的ヒエラルキーの主体的な創出とも言える。卍山らは、道元を唯一の源泉とする「復古」の主張により、宗統の一元化を宗門内部で主張し、やがて幕府を巻き込んでいき、その追認を得るに至った。「出世間」という原則を貫くのであれば、本来、宗門内で解決すべき嗣法方法の問題を、寺社奉行に訴え自らの主張に幕府のお墨付きを得たという点において、卍山らは幕府の宗教統制を逆手にとって利用したとも言えよう。また、この宗門復古の動きは、明末清初の中国禅の復古運動と呼応するものであり、さらに、思想史的文脈で考えるならば、卍山らの運動は、幕府による宗教行政もその一環をなすと考えられる、「世界史的近世」に顕著な「国家と連動した宗教復興」すなわち、社会変動の中での新たな精神的秩序の創出という大きな流れに掉さすものとも言えるだろう。

三　卍山による「復古」の内実——三物と未悟嗣法をめぐって

次に、卍山が主張した「復古」の内実について『東林後録』所収の「授覚道者偈并序」（大正八二、六一四c）を手がかりとして確認しておこう。[53]

「授覚道者偈并序」では、卍山が兵庫の浦で出会った「覚道者」（詳細不明）との間でかわした問答を挙げている。覚道者が、「洞門古来、三物をもって伝法の信となす。而して近来、官、条目を出し、移転の寺において、合せ重ねて二物を受けしむれば、則ち最初の一師の外、二物の師を添えて、二師の印証となすにあらずや」（曹洞宗門では、伝統的に、三物（師資相承の際に授受される嗣書、大事、血脈のこと）を伝法のしるしとしているが、近年では、幕府が「御条目」を出して、もし僧が別の寺の住職になった場合、二物（大事、血脈）を新たに受けさせることにした。そうなると、最初に嗣法し〔嗣書を与え〕た師僧に加えて〔新たに二物を授けた〕師ができるのだから、〔嗣書を授けた師と二物を授けた師の〕二人の師僧から印証を受けることになるのではないか」と質問した。

それに対して卍山は、「大いにしからざるなり。古今伝法の信は嗣書一物に決するなり。ただ、中古老宿の嗣書袋中に兼ねて二物を貯えて、呼びて三物となすといえども、まったく伝法の信にはあらず。この故に、今、かの二物をもって寺院交代の支証の物となして、いささか授受せしむるのみ」〔それはまったく見当違いの質問である。今も昔も伝法のしるしは、嗣書だけと決まっている。ただ、昔の高僧たちが嗣書を入れる袋に一緒に二物〔大事と血脈〕を入れておいて、あわせて三物と呼びなしただけである。嗣書を一緒に入れるとはいうものの、二物はまったく伝法のしるしなどではない。それだから、今日は、その二物を、寺院を移ったことを証明するものとして授受するだけなのだ〕と答え、さらに一偈を作って口授した。その結びの言葉は「伽藍の二物、交代を証す。嗣書、一様の看をなすことなかれ」〔伽藍が変わった時に授受する二物は、交代を証明するだけで、嗣書をこれらと同様に考えてはいけない〕であった。

この問答は、前章で言及した「御条目」を踏まえたものである。[54]「御条目」とは、卍山らが示した妥協案に沿って寺社奉行が曹洞宗側に下付した、三条からなる命令であり、その第一条では、すでに両本山への法度で決まっていた転衣の制度が再確認され、第二条では師資面授と一師印証は「道元禅師之家訓」〔五九四頁上段〕であり、最初に師承の印として受けた三物〔嗣書・血脈・大事〕は一生保持すること、第三条では血脈と大事については伽藍法が認められることが定められた。

上述の問答で、「御条目」の解釈を「覚道者」から尋ねられた卍山は、師資相承は一師印証であり、一人の師から法を授与されたら他の師からは受けることはできず、それ故に、嗣書については一回限り授与されるだけであるが、嗣書とともに「三物」と呼ばれ、師資相承の標章として与えられる「大事」と「血脈」については、住持する寺がかわった場合には、重ねてその寺の前代から授けられると主張している。つまり嗣書は人法のみによって伝えるが、「大事」と「血脈」に関しては伽藍法も排除されたわけではないのだ。

嗣書とは、伝法の系図であり、中国禅宗において成立したもので、一般に、釈迦から始まり代々法を伝えてきた祖師の名を列記し、最後に嗣書を受ける者の名を記したもので、禅僧にとって自己のアイデンティティを示す最も重要な文書である。嗣書については、『正法眼蔵』中の一巻の巻名ともされ、また、道元自身、中国でいくつかの嗣書を目の当たりにして感激し、さらに師である天童如浄から嗣書を授けられ日本に持ち帰ったと書き残している(55)。

「血脈」とは、伝戒の次第を示したもので、同じく釈迦からはじまって代々の祖師の名を記した文書である。道元は一六条戒を如浄から伝えられたとされている。また、「大事」とは、道元の著作等には全く触れられておらず道元には遡り得ない、嗣書と血脈との「内証の密意」を図示したもので、中世以降に流行した切紙の影響下で成立したものと考えられている(56)。

以上、『東林後録』所収の「授覚道者偈弁序」によれば、卍山は嗣法については「一師印証」を貫いたとはいうものの、伝戒については伽藍法による「伝授」を認めた点で、必ずしも「人法」のみで一貫していたとはいえないだろう。そもそも道元自身が、嗣法のみならず伝戒についても「人法」によっていたのである。

　ここで注目されるのは、道元が一切言及していない「大事」を、三物として嗣書や血脈と並べたことである。このことは、現実的な対応としては有効であったと考えられるが、「復古」という点においては、そもそも「古」を正確に捉えているのかどうかという疑問を引き起こさざるを得ないだろう。

　さらに問題となってくるのが、卍山が、嗣法にあたって「未悟嗣法」を認めたことである。卍山は、「それ洞済禅門師資因縁は、既に悟りて伝を得るも、また一師印証、嗣書有りて信を表す。未だ悟らずして伝を得るも、また一師印証、嗣書有りて信を表す。……大凡、嗣法の時節、未だ必ずしも悟未悟を論ぜず、ただ因縁現成、寂然として感通す」[57]〔曹洞宗も臨済宗も禅宗では、すでに開悟成道して法を伝える場合も、一師印証であり、嗣書をそのしるしとする。また、まだ開悟成道していないで法を伝える場合も、一師印証であり、嗣書をそのしるしとする。……おおよそ、嗣法が行われる時には、開悟成道したのかどうかということは問題にはせず、ただ嗣法の因縁が成就し、静かに師と弟子が感応し合い法を授受するのである〕（『洞門衣袽集』「対客随筆」第六件）といい、「既に悟る者も、また法儀に合い、未だ悟らざる者も、また法儀に合えば則ち、悟未悟同じくこれ正伝なり」〔すでに開悟成道した修行者も、法儀（嗣法の儀礼）を規定通りに正しく行い、まだ開悟成道していない修行者も、法儀（嗣法の儀礼）を規定通りに正しく行うならば、開悟成道していてもいなくても、仏法を正伝したのである〕（『洞門衣袽集』同）と述べている[58]。

　つまり、法度で定められた年数修行を行って[59]、規定通りに嗣法の儀礼を行うならば、開悟成道の有無にかかわらず師から法を継承することができるとされたのである。このような年功序列と儀礼を重視するある種の形式主義は、僧侶に対する教団の管理に資する側面があったが、一般論としては、悟りと修行への関心の低下を招く側面もなきにしもあらずであったことは否定できないであろう。

なお、付言すれば、未悟嗣法については、卍山自身は『正法眼蔵』「授記」巻の「未悟の人面にたやすく授記すべからず、といふことなかれ。よのつねにおもふには、修行功満じて作仏決定するとき授記すべし、と学しきたるといへども、仏道はしかにはあらず。或従知識して一句をきき、或従経巻して一句をきくことあるは、すなはち得授記なり」（「未悟の人に安易に授記してはならない」などと言ってはならない。世人は一般に、修行による功徳が成就して作仏が決定した時に授記すべきだなどと学んできたとはいえ、仏道ではそのように考えない。あるいは善知識に従って一句なりとも聞き、あるいは経巻に従って一句なりとも聞くことがあれば、つまり授記を得るのである）を論拠にしている（全上一九六）。道元においては、通常は時間的前後関係を前提とする嗣法（師と弟子との間の法の授受）も授記（通常は仏から衆生への未来成仏の保証）も、同一性の時間観念と「一等」の修証観によって読み替えられており、その意味で「授記」に関する主張を論拠にして「嗣法」を考えること自体は不適切ではない。とはいえ、この一節は、「証上の修」について、「証」の側から、すなわち本来性の側から述べているのであり、現在、自覚していようがいまいが、修行者はみな悟りの上で修行をしているのであり、ただ一句でも聞くことができればつまりほんの僅かでも仏法と出会い真理を自覚できれば、それは直ちに「得授記」であるという「修証一等」を説いている。「修証一等」を身心の学道を通じて自覚し、自らの身心に顕現し続けることが「悟り」であり「修行」であるから、成仏（＝開悟成道）は遠い未来ではなくて、修行する今、ここで「現成」している。他方、卍山が「悟り」がいまだ得られなくても一定の年限がたてば嗣法できるとするのは、事実上、「悟り」と「修行」を切り離していることになり、道元自身の嗣法観、修証観からするとやや疑問が残る。全体の文脈を顧慮せずに、『正法眼蔵』の言葉を断片的に援用して、自身の主張の補強に使っている印象が拭えないとも言えるのではないだろうか。

四　卍山の「復古」と道元の時間論

以上、卍山の「復古」に基づく嗣法観が、その旗印にもかかわらず、現実的には、必ずしも道元の「古」への正確な復帰としては疑問が残ること、さらに曹洞宗門における回帰すべき「古」は伝統的には道元のみに限定されていたわけではなかったことを瞥見したが、ここで特に注目して検討してみたいのが、「復古」のもつ時間論としての意味である。

卍山の弟子、三洲白龍が口述し、孫弟子、卍海宗珊が筆記した『宗統復古志』の冒頭では、「衣は必ず垢《あかづ》ひて後、これを濯《あら》ひ、井も必ず習《うずも》りて後、これを渫《さら》ゆ。敝事あらずんば、其れ誰かこれを更《あらた》めん。我が永平の宗統、弊習に垢づくこと、既に二百年におよびぬ」(60)〔衣は垢がついて汚れたら必ず洗い、井戸が詰まったら必ず浚渫する。私どもの行動がなければ、どうして改めることができようか。わが永平の宗統は、悪しき慣習に汚れること、すでに二百年に及ぶ〕（五三三頁上段）とする。さらに、このように「弊風」が起こった理由として「その源と名利に習《うずも》りて」（同）とし、また「これ世の乱れ兵起りし時〔応仁の乱を指す〕、外護の隙あるに因りて、弊魔便《たより》を得るならん」（五三九頁上段）としている。つまり、人々が名利に走り原点を忘れてしまったこと、そして、乱世の中で仏教を保護、規制すべき為政者の力が弱まったことで、悪風が広がったというのである。近世における仏教者の為政者観については措くことにして、卍山の復古の主張として注目したいのが、二百年前に嗣法が乱れ大きな問題となったが、それを宗門の原点である道元の「古」に復帰することによって「仏祖の正源」へと回帰し、教団の「弊風」を正すことができるという発想の背景にある時間観念である。

つまり、ここで、前提となっている時間とは、道元の時代を原点として現在まで直線的に持続する時間である。そして、この直線と原点との関係を改めて考えてみると、原点は確かに現在の時間を過去に遡っていった果てに出会われる時間であると同時に、持続する直線の単なる延長上にあるような時間ではなく質的に異なっている。それは、いわば、常に現在を規定してくるような規範的、理想的過去であり、また、その原点こそが、純粋かつ絶対的な善であり、価値の源泉でもある。時間の経過とともに価値の源泉が見失われ、「弊風」が蔓延ったとしても、自覚的に原点に回帰することによって、それらの「弊風」を撥ね退けて教団をあるべき姿に戻すことができるのである。原点から時間は直線的に進むが、ある一点においてその進行は止められ、原点へと回帰する。頽落し下降するだけだった時間が、方向を変えて始原に戻ることによって新たな時間となるという意味では、この時間を循環的な時間と呼ぶことも可能だろう。ここで注目しておきたいのが、始原となる原点は、まさに道元一人に絞られているということである。原点の単独性こそが、そこへの通路となる権威の絶対性を担保し、その権威によるヒエラルキーの一元化を保証することになるのである(61)。

以上のような「復古」の時間論と道元の時間論と比較することで、その特徴をさらに浮き彫りにしてみよう。まず、以下のような『正法眼蔵』「嗣書」巻の一節から検討してみよう。

仏仏かならず仏仏に嗣法し、祖祖かならず祖祖に嗣法する、これ証契なり、これ単伝なり。このゆゑに無上菩提なり。仏にあらざれば仏を印証するにあたはず。……仏の印証をうるとき、無師独悟するなり、無自独悟するなり。（全上三三七）

〔現代語訳：仏は代々必ず仏に嗣法し、祖師は代々必ず祖師に嗣法する。これが「証契」（師と弟子とが悟り〈証〉において一体となること）であり、「単伝」（真理が直接的に師から弟子へと伝わること）である。だからこそ「無上菩提」（最高の悟り）なのである。仏でなければ仏の印証（印可証明、師より修行を成就した証明を得ること）を与えることはできない。……仏の印可証明を得る時、無師独悟するのであり、無自独悟するのである。〕

まず、ここで注目されるのが、嗣法の時には師と弟子とが、仏と仏、祖と祖として悟りにおいて一体となる（証契）と言われていることである。さらに、その悟りの時には、無師独悟、無自独悟するとされる。道元において悟りとは、自己が世界の全事物と一体となり、究極の意味での自他一如が実現する事態である。その時は、世俗を生きる自己同一としての、つまり執着されたものとしての実体化された「我《アートマン》」は存在せず、また、その世界においては、「師」も含めてあらゆるものが、「我」（永遠不滅の実体）ではなくなる。「無師独悟」とはこのことを指している。一般に「無師独悟」というと、三乗のうちの独覚（縁覚）や自然外道を想起するが、道元にとっては、「無師」というのは、本来、師として執着すべきなにものもなく、あらゆるものが自己と一体であるということを意味する。だからこそ、後述のように師から弟子に法を継承するだけではなくて、その反対の表現、すなわち弟子から師に法を継承するという表現も成り立つのである。

もちろん、自己を導く師がいないわけではないが、師が何かある真理を保持していてそれを弟子に渡すということでない。禅の公案では、師に何かを教えてもらおうとした弟子は、喝や棒を喰らう。授受すべき何か固定的な真理があるわけではないのであり、そのことを自覚させることこそが、禅における教育だということもできよう。その場合、嗣法とは、まさに継ぐべき何物もない、いいかえればあらゆるものが空であるということにおいて、師と弟子とが自覚をともにすることであると考えられるのである。

このような自他一如の世界観において時間はどのようなものとして理解されることになるであろうか。それについては、「嗣書」巻の巻末で展開される道元とその師、天童如浄との問答を考えてみよう。

先師古仏天童堂上大和尚、しめしていはく、「諸仏かならず嗣法あり、いはゆる、釈迦牟尼仏者、迦葉仏に嗣法す、迦葉仏者、拘那含牟尼仏に嗣法す、拘那含牟尼仏者、拘留孫仏に嗣法するなり。かくのごとく仏仏相嗣して、いまにいたると信受すべし。これ学仏の道なり。」／ときに道元まうす、「迦葉仏入涅槃ののち、釈迦牟尼仏はじめて出世成道せり。いはんやまた賢劫の諸仏、いかにしてか荘厳劫の諸仏に嗣法せん。この道理いかん。」／先師いはく、「なんぢがいふところは聴教の解なり、十聖三賢等の道なり、仏祖嫡嫡のみちにあらず。わが仏仏相伝のみちはしかあらず。釈迦牟尼仏、まさしく迦葉仏に嗣法せり、とならひきたるなり。釈迦仏の嗣法してのちに、迦葉仏は入涅槃すと参学するなり。……もしひとへに釈迦仏よりおこれりといはば、わづかに二千余年なり、ふるきにあらず。相嗣もわづかに四十余代なり、あらたなるといひぬべし。この仏嗣は、しかのごとく学するにあらず。釈迦仏は迦葉仏に嗣法すると学し、迦葉仏は釈迦仏に嗣法

すると学するなり。かくのごとく学するとき、まさに諸仏諸祖の嗣法にてはあるなり。（全上三四六。／は改行を示す）

〔現代語訳：亡き師である古仏、天童如浄大和尚が、「諸仏には必ず嗣法がある。つまり、釈迦牟尼仏は、迦葉仏に嗣法する（法を受け継ぐ）。迦葉仏は、拘那含牟尼仏に嗣法する。拘那含牟尼仏は、拘留孫仏に嗣法するのである。このように仏が仏から法を受け継いで今に至ると信じるべきである。これが仏を学ぶ道なのである」と示した。／その時、私、道元は「迦葉仏が入涅槃（入滅）の後に、釈迦牟尼仏がはじめてこの世に現れて開悟成道したのである。ましてや、賢劫（現在）の諸仏が、どうして荘厳劫（過去）の諸仏に嗣法するのだろうか（賢劫と荘厳劫は隔たっているから嗣法は成り立たないはずだ）。この道理はどのようなものか」と申し上げた。／亡き師如浄は、「あなたが言っているのは文字の教えに捉われた理解である。十聖三賢(62)（仏道の至らない者たち）の道であり、仏祖が脈々と伝えてきた道ではない。われらの仏が伝えて来た道はそうではない。釈迦牟尼仏は、まさしく迦葉仏に嗣法するのであると学んできたのだ。釈迦仏が嗣法した後に、迦葉仏は入涅槃（入滅）すると学ぶのである。……もしひたすらに釈迦仏から始まったのだと言うならば、わずかに二千余年しか経っておらず、古いとは言えない。仏法の継承もわずかに四十代余りであり、新しいものだと言うことになってしまうだろう。しかし、仏が仏に嗣法するというのはこのように学ぶことではない。釈迦仏は迦葉仏に嗣法すると学び、迦葉仏は釈迦仏に嗣法すると学ぶのである。このように学ぶ時、まさに諸仏諸祖の嗣法の正しい理解になるのだ」と言った。〕

ここでまず天童如浄が、諸仏の嗣法ということについて、釈迦牟尼仏が迦葉仏に嗣法すると述べる。迦葉仏とは、過去七仏の六番目である。過去七仏とは、過去荘厳劫の毘婆尸仏、尸棄仏、毘舎浮仏と、現在賢劫の拘留孫仏、拘那含牟尼仏、迦葉仏、釈迦牟尼仏のことである。一般には、毘婆尸仏から順々に、釈迦牟尼仏まで法が伝えられたとされるが、ここで道元は、迦葉仏の没後に登場した釈迦仏がどうして迦葉仏から法を受け継げるのか、また、現在賢劫の諸仏がどうして遠く隔たった過去荘厳劫の諸仏から法を受け継げるのかと問うている。それに対して如浄は、道元の問いが前提としている「一方向に途ぎれることなく流れる時間」という考え方それ自体を否定しつつ、時間的に遠く隔たった仏から仏への継承が可能であるとし、さらに、釈迦仏は迦葉仏に嗣法し、迦葉仏は釈迦仏に嗣法すると述べる。つまり、この言葉が意味しているのは、自他一如の世界においては、時間はもはや不可逆的な流れではなくなるということである[63]。それ故に、弟子から師へという法の伝授、すなわち師が弟子に教えるという常識に逆らった伝授が可能となるのである。つまりここでは、時間がもはや一方向に切れ目なく流れるものではなくなり、同時性の相のもとに捉えられているのである。

ここで注目すべきは、釈迦牟尼仏がそれに先立つ迦葉仏から法を授かり、迦葉仏がそれに先立つ拘那含牟尼仏から法を授かり……と続けていることである。これは無限に遡り得るということを含意しているし、さらにそのことは、反対方向に、迦葉仏が釈迦牟尼仏に法を授け、その釈迦牟尼仏が摩訶迦葉（禅宗初祖）に法を授け……という系譜が無限に持続することをも含意し得る。そのことは、「かくのごとく仏仏相嗣して、いまにいたる」とあることからも分かる。また、「釈迦仏は迦葉仏に嗣法すると学し、迦葉仏は釈迦仏に嗣法せりと学する」とあるように、無始無終でありつつあらゆるものが同時に顕現している、いわば時空を超越した世界がここには成立しているのである。如浄の「もしひとへに釈迦仏よりおこれりといはば、わづかに二千余年なり、ふるきにあらず。相嗣もわづかに四十余代なり、あらたなるといひぬべし。この仏嗣は、しかのごとく学するにあらず」という言葉は、まさにこのことを如実に表わしているだろう。つまり、仏教は時間軸を遡っていって出会える釈迦が始めたものではない。時空を超えた永遠の真理を、釈迦を含めてそれぞれが、それぞれの今、ここ、この私において自覚し顕現してきたのであり、法を受け継ぐとは、師によって何かを与えられることではなくて、むしろ、師によって（自らが世俗の日常において募らせた先入見や我執を）適切に奪われることによって真理を自覚し、同時性の世界に参与することなのである。

このような時間論は、原点を一元化することを拒む。原点というのならば、それは無数にあり、あらゆる存在が今、ここにおいて原点としての悟りの世界を現わしていると言えるのである。

前述のように、卍山は『正法眼蔵』の道元の言葉を手がかりとして、道元の「古」に回帰し得ると主張した。しかし、卍山が依拠したという道元の議論は、あくまでも卍山流の理解によるものであろう。道元の言葉を引用しつつも、その時間論において、卍山の主張は道元のそれから大きく隔たっているように思える。なぜならば、道元の議論が、師と弟子、仏祖と自己との一体性、同時性を強調し、今、この瞬間と、全時間との相即、時間の可逆性、同時性としての時間を宣揚するのに対して、卍山は、直線的、不可逆的に進行する持続する時間を前提しつつ、さらにその起点である「古」への復帰において循環する時間を宣揚し、さらに君臣、親子に准えられる師と弟子との関係の非対称性を主張する。これらの点において、両者の主張には根本的な差異が認められるとも言えるのではないだろうか。

おわりに――「復古」の示唆するもの

論を閉じるにあたって、これまでの論旨を簡単にまとめておこう。

本稿の所与のテーマである「中世から近世へ」が前提とする時代区分は、ルネサンス期に成立し一国発展史という形で西洋でも日本でも一般化したものである。近年は、一直線の発展を前提とした歴史観や、歴史を従来のように国民国家の成立史という観点から把捉することが見直され、時代区分それ自体も批判されることが目立つ。しかし、その一方で、単線的な歴史的発展を前提とせずに、グローバルな視点から世界史の展開を同時的に捉える、いわば、ゆるやかな時代区分法も、非ヨーロッパ世界の研究者を中心として検討されている。本稿においては、その中でも「世界史的近世」に注目し、そこに連なる宗教復興の一例として近世初期における曹洞宗の宗統復古運動を取り上げ、中世宗門の多元的世界からどのように近世宗門の一元化が成し遂げられるのかを検討した。さらに、卍山らの「復古」の直線的時間論と道元自身の同時性の時間論との落差についても指摘した。

これらの指摘からは、古義学、古文辞学、復古神道などとも共通する近世日本における「復古」についての全般的な検討、明末清初の宗統復古運動と日本のそれとの比較などの新たな課題群が浮かび上がってくるだろう。

最後に付言しておきたいのは、本稿を通じて浮き彫りにした卍山の「復古」の時間論と道元の「同時性」の時間論の示唆に関してである。丸山眞男は、その論文「歴史意識の「古層」」（一九七二年）において、日本の記紀神話の分析を通じて、日本の歴史、文化においては、「つぎつぎとなりゆくいきおひ」こそが「執拗低音 basso ostinato」として支配的であり、それは古代に「原型」「古層」として成立し、世界でも類を見ない等質性の高い日本社会において、現代に至るまで保存され続けていると主張する。

まず、「つぎつぎ」とは、「天地初発之時」において神々の誕生が「次に」「次に」と繰り返されるところに着目したもので、世界を「時間を追っての連続的展開」とする思惟方法を端的に表わしている。そしてこの、連続的展開としての「無窮」性とは、万世一系の天皇の「皇統無窮」と重ねあわされるとともに、家元制やイエ制度というかたちで現代でも広く日本人の意識を規定しているとされる。さらに、「いきほひ」について丸山は、記紀神話では「葦牙の萌え騰がる」と表現される生命のエネルギーであるとし、「「初発」のエネルギーを推進力として「世界」がいくたびも噴射され、一方向的に無限進行してゆく」(64)（傍点原著）と指摘する。つまり、主体的な意志なしに、世界そのものがエネルギーに満ちあふれ生成していくが、そこには何らかの目的としての未来も、現在を規定するものとしての過去もないと丸山は言うのである。

以上簡単に、丸山の所論を論者の関心にそってまとめたが、ここで注意したいのが、このような「持続」が日本思想の一つの基調であることは認めるにしても、さらに持続以外の時間論についても考えるべきではないかということである。つまり、本稿で述べた、一元化と並行する原点回帰としての「復古」の時間論(65)、道元をはじめとする大乗仏教思想家によって導入された無始無終、自他一如の同時性を基調とする、いわば「縁起―無自性―空」に依拠した時間論、また、複数の始原が同時並行的に持続する中世的時間論なども、日本の伝統的時間概念として検討すべきなのである。さらに、丸山のいう「初発」の「初」は回帰すべき原点にはならないのか、皇統無窮を保証するものとしての「持続」には回収されない「持続」的時間論（国家成立以前、「初発」をもたない反復としての持続、たとえば昼夜の繰り返しのような単なる無限の繰り返し）が想定できないのか、についても吟味が必要となろう。時間について考えることによって、われわれは、時間（＝世界）の外を意識し、われわれのいる世界を相対化することが可能となるのではないだろうか。

註

（1）たとえば、リスト（Friedrich List, 1789-1846）は、未開状態―牧畜状態―農業状態―農・工業状態―農・工・商業状態という発展段階を唱え、国によってどの段階にあるのかが異なるとした。

（2）ただし、中世＝暗黒時代というイメージは、近代への懐疑の中で変容し、たとえば反啓蒙を旗印としたロマン主義においては一八〇度転換し、中世が理想化された。

（3）堀敏一「時代区分特輯・前言」（『古代文化』四八巻二号、一九九六年）七四頁、岡崎勝世「三区分法の現在」（歴史学研究会『現代歴史学の成果と課題 一九八〇―二〇〇〇年 歴史学における方法的展開』青木書店、二〇〇二年）九九頁参照。ただし、ここで挙げられている三分法の各項は、現在から見て遠い過去、やや遠い過去、この頃という程度の意味であり、もともとは、時代ごとに明確な具体的内容を持っているわけではなかった。また、『源氏物語』や『徒然草』にも見られる古典語としての「古代」「近代」なども、遠い過去、この頃という意味で、具体的な内容は指示しない。

（4）岡崎勝世「日本における世界史教育の歴史（I―1）――「普遍史型万国史」の時代」（『埼玉大学紀要（教養学部）』五一巻二号、二〇一六年）参照。ちなみに、国史（「皇国」）は神代（天御中主、天照大神から鸕鷀草葺不合尊まで）と人皇（神武天皇から明治天皇まで）から成る天皇年代記であり、中国史（「支那」）は、太古（天皇、地皇、人皇、有巣、燧人）、三皇五帝、三代（夏、殷、周）、秦から清に到る諸王朝の皇帝年代記から成り立っている（なお、国史教科書について付言しておくと、この後、明治十、十一年に文部省が出版した木村正辞著『国史案』〈二冊・未完〉は、上古・中古・近代という時代区分の下、上古を天地開闢、神世七代から、中古を大化の改新から、近代を源頼朝の惣追捕使就任から始め、時代ごとに政体、風俗、文学等の主要事項を紀事体で掲げる構想の下に叙述された。

（5）内田銀蔵の時代区分論に関しては、岡崎「日本における世界史教育の歴史（I―1）」九九頁、朝尾直弘「「近世」とは何か」（朝尾直弘編『日本の近世1　世界史の中の近世』中央公論社、一九九一年、二一―二四頁）参照。

（6）内田銀蔵『日本近世史』（内田銀蔵著、宮崎道生校注『近世の日本・日本近世史』平凡社東洋文庫、一九七五年）一五七―七八頁。

（7）「封建制」については、大正八年に出版された連続講演の記録『近世の日本』（内田『日本近世史』）の第二講において詳述されている。内田はこの「封建制」を「郡県制」「郡国制」と対比させるなど、中国史における「封建制」を念頭に置きつつも、近世日本の封建制は、ヨーロッパのFuedalismと、封土と主従関係という二大要素において共通すると述べる。

（8）なお、時代区分に関する日本国内の重要な論争としては、内藤湖南（一八六六～一九三四）の唐宋変革論に端を発する、中国史研究における時代区分論争がある。

（9）網野善彦「時代区分をめぐって」（網野善彦『日本の歴史00「日本」とは何か』講談社、二〇〇〇年。後に講談社学術文庫、二〇〇八年）参照。

（10）岸本美緒「時代区分論」（歴史学研究会編『歴史学における方法的転回』青木書店、二〇〇二年）では、「一国史的な孤立した時代区分ではなく、かといって「世界史」を始めから一体のものとして時代を区分してゆくのでもなく、さまざまな地域がぶつかり合うところに生み出される共通のリズムの中に「時代区分」の基礎を置くことはできないか」（八〇頁）と問題意識が提示されるとともに「外部に向かって開かれながら自己組織・自己再編を繰り返す、いわば「半開きのシステム」のぶつかり合いに注目する」（同）という、示唆的な歴史区分の姿勢が述べられている。

（11）クロォチェ著、羽仁五郎訳『歴史の理論と歴史』（岩波文庫、一九五二年）一四七頁。

（12）新たな「近世」概念の成立に関する詳細は、青木敦「序章「近世」と「アーリー・モダン」」（青木敦編『世界史の中の近世』青山学院大学総合研究所叢書、慶應義塾大学出版会、二〇一七年）の「二 概念の誕生」「三 新たな世界史的近世論」参照。

（13）岡崎「三区分法の現在」一〇二頁。

（14）青木「序章「近世」と「アーリー・モダン」」八頁。

（15）Victor Lieberman, *Strange Parallels: Southeast Asia in Global Context, c.800-1830, Volume 1: Integration on the mainland*（Cambridge, U.K.; New York: Cambridge University Press, 2003）. *Volume 2: Mainland Mirrors: Europe, Japan, China, South Asia, and the Islands*（New York: Cambridge University Press, 2009）. リーバーマンは、東南アジアの大陸部中規模国家であるベトナム、タイ、ミャンマーなどでは、一四世紀後半から一九世紀初頭にかけて、日本、西欧、ロシアなどと並行するかたちで、近代国民国家の前段階としての統合が進行したと主張する。

（16）青木「序章「近世」と「アーリー・モダン」」七頁。

（17）Joseph Fletcher, "Integrative History: Paralleled and Interconnections in the Early Modern Period, 1500-1800," *Journal of Turkish Studies* 9, 1985. まとめについては、岸本「時代区分の方法」八三頁。また、岸本によれば、東南アジア研究者であるアンソニー・リードも、「同時期の東南アジアに「近世」の概念を適応しうるとし、その共通点は①商業の活発化、②新しい軍事技術、③新しい集権国家の体制、④経典宗教（カソリック、イスラーム、仏教など）による権力の正当化、である」（岸本「時代区分の方法」八四頁）と指摘している。

（18）岸本美緒「東アジア・東南アジア伝統社会の形成」（『岩波講座世界歴史13』一九九八年）では、東アジアや東南アジアでは十六世紀に商品経済が急激に発達し社会が流動化、朝貢交易体制解体などの既成秩序崩壊の混乱状態に陥ったが、十七世紀になるとその中から、日本の江戸幕府や中国の清王朝などの新たな国家秩序が成立し、各地域に「伝統社会」が生まれており、この動きは、ヨーロッパにおける近世（初期近代）とも並行しており（宗教改革によるカトリック世界の一体性の崩壊と絶対王権の成立とも並行すると言い得るのではないか）、これは相互に影響を与え合う諸地域が「激動のリズムを共有」（岸本美緒『東アジアの「近世」』山川出版社、一九九八年、四頁）することだと指摘されている。つまり、人、物、情報の流れの活発化とともにそれを統御するものとしての統一国家の役割が、世界のどの地域でも重要なものになっていったのである。この点においてまさに、ゆるやかな意味での「世界史的近世」が想定できるだ。

(19)　このような質の共通性を考える手がかりとして、ルートヴィヒ・ヴィトゲンシュタイン（Ludwig Wittgenstein, 1889-1951）が、その著『哲学探究』*Philosophische Untersuchungen* において展開した家族的類似性 Familienähnlichkeit という概念は示唆的である。

(20)　石井米雄「上座仏教と国家形成」（『岩波講座世界歴史13』）「五章　一六―一八世紀における発展」参照。

(21)　江戸中期の僧で、曹洞宗中興の祖とも呼ばれる。備後出身。十歳で得度、十九歳で文春に入門し、月を見て豁然大悟したと伝えられる（一説に文春に嗣法したとも言われる）。その後、加賀大乗寺の月舟宗胡に嗣法し、その跡を継いで大乗寺に住した。『宗統復古志』（『続曹洞宗全書』第一巻、室中、五三九頁下段）によれば、卍山は若年の頃『正法眼蔵』「嗣書」「面授」両巻を読んで、近時の宗門の嗣法の乱れを痛感し宗弊改革を志し、隠居の身となってから、梅峰竺信（一六三三～一七〇七）らとともに官訴に及び、一七〇三年（元禄十六）に一応の解決をみた。復古を旗印とし、自ら復古道人と名乗り、自らの庵を復古庵と称した（卍山の伝記の詳細は、尾崎正善「卍山道白年譜」、『曹洞宗学研究所紀要』四号、一九九一年参照）。なお、卍山以前と以後の宗統復古運動について詳細は、竹山道雄『曹洞宗教団史』（昭和仏教全集第八部六、教育新潮社、一九七一年）の第四章「第三節　宗統復古運動」を参照。

(22)　江戸中期の僧で、久我広道の子、鷹司房輔の猶子。僧階としては最高位の大僧正まで上りつめ、蓮華光院安井門跡、東寺長者、一八〇世東大寺別当華厳宗長吏を歴任するなど、仏教界で広く活躍する一方、狩野永納に画を習い人物画や花鳥風月画をよくする文化人でもあった。元禄の東大寺・大仏再建の際には、結願日の導師を勤めた。

(23)　原文は、『鷹峰卍山和尚広録』（卍山広録四九、『曹洞宗全書』語録二、七〇四頁、『曹洞宗近世僧伝集成』曹洞宗出版部、一九八六年、七七七頁）参照。要旨としては鏡島元隆『日本の禅語録十八　卍山・面山』（講談社、一九七八年、三〇頁）参照。

(24)　江戸初期の曹洞宗の僧。加賀大乗寺白峰玄滴のもとで学道し、大乗寺二六世をつとめる。古規復興運動を展開した。法嗣に卍山道白らがいる。

(25)『宗統復古志』（『続曹洞宗全書』第一巻　宗源補遺・禅戒・室中、曹洞宗全書刊行会、一九七五年）五五二頁上段）。なお、『宗統復古志』上下巻は、卍山の法嗣である三洲白龍が、自分も見聞し卍山からも親しく聞き伝え宗統復古運動の経緯について、三洲の侍者、卍海宗珊（一七〇六～六七）に口述筆記させた記録である。

(26)『永平正法眼蔵蒐書大成』七（大修館書店、一九七八年）所収。卍山本は、卍山が、大乗寺住持職の時に、師月舟宗胡（一六一八～九六）の命によって大乗寺所蔵の『正法眼蔵』を諸写本と対校して作成したもので大乗寺本とも呼ばれる。基本的に奥書にある年月日順に配列されており、後の本山版にも大きな影響を与えた。

(27) 尾崎正善「『椙樹林清規』と『黄檗清規』――『黄檗山内清規』の紹介を中心として」（『印度学仏教学研究』四二巻一号、一九九三年）では「江戸期の宗門が黄檗流の進退作法を積極的に受容していた」と指摘する。他にも具体的例を挙げるならば、本来、修行僧が食事も坐禅も行うべき僧堂が、食堂と禅堂とに分けられるようになったことなど多数の例が挙げられる（吉田道興「黄檗禅の伝来と曹洞宗諸師との道交――近世曹洞宗の活性化を促進させた黄檗宗」、『駒澤大学禅文化歴史博物館紀要』二号、二〇一八年、一〇八―〇九頁）。

(28) 長谷部幽蹊「明・清時代仏教界の展望――寺刹の復興をめぐって」（『禅研究所紀要』六／七、一九七六年）一八九頁。

(29) 長谷部幽蹊「明清仏教の性格を考える」（『禅研究所紀要』一八／一九、一九九〇年）一〇一頁。

(30) 荒木見悟「陽明学と明代の仏教」（『陽明学大系一　陽明学入門』明徳出版、一九七一年）参照。

(31) 吉田「黄檗禅の伝来と曹洞宗諸師との道交」一〇九頁。

(32) 卍山は、若い頃に宇治黄檗山万福寺で隠元とその法嗣木菴性瑫（一六一一～八四）に会っている。また、木菴の弟子の潮音道海（一六二八～九五）からは、黄檗宗への転向を勧められたと言われている。

(33) なお、紙幅の関係で本論では扱えなかったが、明末清初の嗣法論争は、日本曹洞宗のみならず、日本臨済宗にも大きな影響を与えた。野口善敬「費隠通容の臨済禅とその挫折」（『禅学研究』六四、一九八五年）参照。

(34) 卍山自身は、前掲『宗統復古志』において、「我が永平の宗統、弊習に垢づくこと、既に二百年におよびぬ」（五三三頁上段）と二百年前から伽藍法による相続が盛んになったと述べている。

(35) 一流相続制とは、住持に就任できる禅僧の法系を限定するものであり、それに対して、十方住持制とは、法系を限定せずに広く人材を求める制度である。大寺の場合は皇帝の勅命や為政者の招請によって住持に就任することが多く、十方住持制の寺の方が一流相続制の寺（徒弟院）よりも格上とされていた。たとえば道元の師である天童如浄（一一六三〜一二二八）が住持を務めた天童寺は、十方住持制が早くから行われていたことで知られている。天童寺の寺勢を飛躍的に発展させたのは曹洞宗の宏智正覚（一〇九一〜一一五七）ではあるが、天童寺では曹洞宗のみならず臨済宗の僧が住持を務めることも少なからずあった。現に、天童如浄自身の前住は、臨済宗大慧派の無際了派であった。臨済宗大慧派が席巻する当時の中国禅界にあって、名利を超越した気骨のある禅僧として名高かった曹洞宗の天童如浄が、五山の第三位という大寺である天童寺の住持に、勅命によって就任したのである。

このような中国禅宗の十方住持制度は、日本では五山（臨済宗）などの禅宗官寺に引き継がれた。禅宗官寺の住持は、原則として、五山のどの法系からでも就任可能であり、期間も三年二夏（満二年）と定まっていた。また禅宗官寺の住持就任の際には、公帖や綸旨、院宣が必要であり、幕府や朝廷の意向が重視された（なお足利幕府は公帖の対価として莫大な官銭を要求し幕府の財源とした）。このように幕府、朝廷と結び付いた五山に対して、在野禅を標榜し林下の一角をなしていた曹洞宗では、原則として、一流相続制をとっていた。「伽藍法」といい「人法」といっても、それは、「面授」が有るか無いかの違いで、一流相続制のヴァリエーションの一つということになる。

(36) 道元もその系譜に連なる、中国曹洞宗の大陽警玄（九四三〜一〇二七）と投子義青（一〇三二〜八三）との間は、代付であったとされる（道元は両者の間は直接の面授嗣法だと『永平広録』巻九で主張する）。大陽警玄は嗣法の弟子がいないまま亡くなったので、後を託された臨済宗の浮山法遠（九九一〜一〇六七）が法を一時的に預かって、後に投子義青を見出し嗣法させたという記事が、中国の燈史に見える。瑩山も、「実ニ大陽ノ一宗、地ニ落ナントセシヲ悲テ、円鑑〔浮山法遠〕、代テ大陽ノ宗旨ヲツタフ」（『伝光録』第四四章、『曹洞宗全書』宗源下、三七四頁上）、「仏法ニ私ナキコトヲタツトブユヘニ、嗣続シ来リ、大陽モ円鑑ヲタノム、投子モ円鑑ヲウヤマフテ命ヲウタガハズ、法ヲ重クス、三師トモニ曩祖ノ宗旨ヲ遺落セズ、後代ニヒサシク洞山ノ家風ヲ嘱累シ来ル、実ニコレワガ家ノ奇特、仏法ノ秘蔵ナリ、イマモ現前ニソノ器ヲエザラン時、達人ニツケヲクコトモアルベキナリ」（同、三七五頁上）と述べ、「面授」を経ない「代付」によって投子義青へと嗣法がなされたことを認めるとともに、さらに現在においても場合によっては「代付」による嗣法があり得ることを認めている。石井修道「代打における禅の真理――『伝光録』投子義青章をてがかりとして」（『禅の真理と実践』春秋社、二〇〇五年）参照。
(37)『宗統復古志』五三八―三九頁。
(38)『道元禅師全集』上巻（筑摩書房、一九六九年）四四七頁（以下、「全上〇〇〈頁〉」のように表記）。ただし、句読点、段落分け等は私見によって適宜改めた。
(39) 原田弘道「中世曹洞禅の一考察」（『駒澤大学仏教学部研究紀要』三三号、一九七五年）一一七頁。なお、道元は五位説について『正法眼蔵』「春秋」巻では「仏法もし偏正の商量より相伝せば、いかでか今日に至らん。……かつて仏法の道閫を行李せざるともがら、あやまりて洞山に偏正等の五位ありて人を接すといふ。これは胡説乱説なり、見聞すべからず」（全上三二八）と否定している。道元は、同時代に流行した五位説について、その安易な使用が仏道の参究を妨げるものと批判し、『正法眼蔵』において積極的に言及することはなかった。
(40) 三僧統とは、関東三刹、天下大僧録関東三箇寺とも呼ばれた、宗門の人事などの宗務を司る格式の高い寺院である。この三箇寺は、慶長十七年（一六一二）に徳川家康により曹洞宗の総僧録所と定められた。三箇寺の住職は幕府が任命し、また永平寺住職はこの三箇寺の住職経験者の中から任命されることになっていた。この三箇寺と東海大僧録可睡斎とで、全国の曹洞宗寺院を分掌しており、宗門内では本山をも凌ぐ影響力を持っていた。その配下にある橋場の総泉寺、愛宕の青松寺、高輪の泉岳寺からなる江戸触頭（江戸僧録）と合わせて関府六箇寺と呼ばれた。
(41) 前掲『宗統復古志』の五四八頁上段を意味する。以下同。ただし、引用にあたっては片仮名を平仮名にするなど表記を適宜改変した。
(42) 朴澤直秀「近世の仏教」（『岩波講座日本歴史11』二〇一四年）は、これまで通説とされてきた「幕府による予定調和的「宗教統制」の一貫としての、仏教ないし寺社の統制、という漠然とした見方を脱却」し、その時々の「政策課題」の問題として幕府の宗教政策をきめ細かく見る必要があると述べる（二四九―五〇頁）。さらに「近世的宗派の形成」についても、通説的な「本末制度とそれに即応した教団組織の形成・編成」のみならず、仏教以外の諸宗におけるそれを参照しつつ「仏教教団の編成のあり方を含め特質」について、多面的・多角的に考えていく必要性も指摘する。本論文で扱った、曹洞宗における復古運動による一元的教団組織の創出ための一連の動きは、まさに、幕府による上からの一方的統制ではなくて、宗派の側から仕掛けた、ある意味、幕府の権威を利用しての宗派の再編であり、この過程の検討は、朴澤の指摘する近年の近世仏教史研究の問題意識ともリンクするものである。

(43) なお、一師印証の主張に当たって卍山側は、それが「永平古道」に則り、また「権現様が下し置かれたる法度」であることを強調し、さらに、入寺にあたって師承を変更する伽藍法は君父を変えるようなものであり、その意味で「不忠不孝」(五八九頁下段)だと、儒教道徳をも論拠にもしている。

(44) 寺社奉行は、基本的には、一師印証方にも伽藍相続方にも味方しない中立の立場を貫くという態度を表明し、この度の吟味は、最終的には「正法の流行するを以て、国家の幸と思召す」(五八七頁下段)ためであるとしている。ここには、近世の言説に一般的に見られる、正法興隆と国家繁栄とをダイレクトに結び付ける発想が見て取れる。

(45) 栗山泰音『嶽山史論』(鴻盟社、一九一一年)六五―八〇頁、二九九―三二一頁。なお、出世道場の「出世」とは、「瑞世」とも言い、朝廷から綸旨などの認可を得て、本山格の寺院でたとえごく短期間であっても住職をつとめることであり(「一夜住職」)、それによって本山は謝礼を受け取り伽藍修築などの寺院運営費に充てた。このような「出世」は十五世紀半ば頃から盛んになり、このようにして「出世」した僧侶は、「前永平」「前總持」などの「前住」の称号を得た。近代以前は、この「前住」号を得て初めて一般寺院の住職資格が得られた。

(46) 『曹洞宗全書』室中、五五頁。『正法嫡伝獅子一吼集』は、直接的には梅峰竺信の著作である『洞門劇譚』(序文、卍山道白、『曹洞宗全書』室中、一―一七頁)に対する反論になる。なお、卍山は「無底月泉道叟同嗣峨山考」(『洞門衣袽集』、『曹洞宗全書』室中、一二八―一二九頁)を著わし、「月泉の拝塔嗣法の伝は後人の偽撰であって、信ずるに足りないとしたが、定山はこれは正法寺を誣いるものであると憤激した」(鏡島元隆「江戸時代の展開」、『道元禅の歴史』講座道元Ⅱ、春秋社、一九八〇年、第三章、一六三頁)とされる。

(47) 鏡島元隆「総説」(『道元思想のあゆみ三　江戸時代』吉川弘文館、一九九三年)三頁。

(48) 横井覚道「江戸初期における曹洞宗学復興過程の一考察」(『印度学仏教学研究』一二巻二号、一九六四年)七三七頁。

(49) なお、幕府は強大な宗教的勢力に対しては分断統治を以て臨むのが常であり、曹洞宗の場合は、両本山とはいいながら、序列としては、道元の開創になる宗源の地として永平寺をトップに据え、末寺数において圧倒的に優位に立つ總持寺を永平寺の下におくことで、互いに牽制しあうような体制を作った（竹山『曹洞宗教団史』一一九―三〇頁参照）。

(50) 高崎直道「曹洞宗の成立」（『鶴見大学仏教文化研究所紀要』一号、一九九六年）四七頁参照。

(51) 『洞谷記』（『曹洞宗全書　宗源（下）』五一七頁上段―下段）。原漢文。ただし、永光寺所蔵の真筆の成立については疑問の点が指摘されている。松田文雄「瑩山禅師の未来際置文について」（『印度学仏教学研究』三六号、一九七〇年）参照。

(52) 「高祖」という名称は近世においては道元を指すものとして固定されていくが、中世では道元に対しては「和尚」との呼び方が多用される。なお、高祖は、王朝の創始者の呼称であり、また曾祖父の親のこともこう呼ぶ。ここでは、両者の意味を兼ねて使っているものと思われる。

(53) 以下の引用は原漢文。読み下し、語釈については、野口善敬監修『卍山道白――東林語録　訳注』（汲古書院、二〇一五年）を参考にした。

(54) 卍山の三物に対する考え方は、「奉願口上書」（『宗統復古志』「余　本山上状符二師」所収、『続曹洞宗全書』「室中」、五九〇頁）で明らかにされており、官府も卍山の提案した方向にそって決着をはかった。

(55) 『正法眼蔵』「嗣書」巻参照。また、道元が在宋中に、天童如浄から『仏祖正伝菩薩戒脈』とともに与えられ、日本に持ち帰ったと伝えられる嗣書（永平寺蔵、重文）が現存する。それは、釈迦以来の仏祖の「命脈」を道元が「証契」し「即通」したことを図式として表わし、道元自身が仏祖の正嫡であることを示したものであるが、その真偽については諸説ある。嗣書に関する諸問題の詳細については東隆真「如浄が道元に授けた『嗣書』をめぐって」（『印度学仏教学研究』四九号、一九七六年）参照。

(56) 曹洞宗における「切紙」の詳細に関しては、石川力山『禅宗相伝資料の研究』上下（法藏館、二〇〇一年）参照。

(57) 『曹洞宗全書』「室中」、一二二頁上段。原漢文。『洞門衣袽集』は、正徳元年八月に三洲白龍が師卍山の教えを集めて刊行し「洞門之嗣法の用心に備え」たものである。

(58) 前掲「室中」、一二二頁下段。原漢文。なお、天桂伝尊（一六四八～一七三五）は、自己の「本来面目」に目覚め真理を体得することこそが、言葉の真の意味での「面授」であり、師に対面することを必須条件とする必要はなく、森羅万象に参学、嗣法できるとして、卍山の嗣法観を批判した。

(59) 一六一二年（慶長十七）に家康によって出された「曹洞宗法度」では、第一条で「三十年修行成就の人にあらざれば、法幢を立てざる事」（三〇年の修行を成就しなければ、僧侶を養成する法座の師家《しけ》にはなれない）とし、第二条で「二十年修行に達せずんば、江湖頭《ごうこがしら》をいたさざる事」（二〇年間の修行を成就しなければ、結制安居の際の首座である江湖頭〈これを勤めることが上位僧昇進への条件となっていた〉を勤められない）とされた。また、第四条では、首座となって五年以上（出家して少なくとも二五年）ではじめて転衣できると、第五条では、末寺は本寺に従うと規定された。

(60) 『宗統復古志』五三三頁上段を表わす。なお、読解の便宜のため、適宜振り仮名を付した。

(61) 中世神話や本地垂迹物が始原の複数性を語るのと並行して、中世の有力寺院は、それぞれに開基開山をもち、独自の伝統をもつ、その意味での複数の「原点」であった。それが近世になると、宗祖を唯一の原点として、他の原点はこの唯一の原点から展開する体系の中に組み込まれて行ったという言い方も可能だろう。

(62) 菩薩の修行階梯のうち、聖位である十地（十聖）と、それ以前の十住・十行・十廻向（三賢）を指すが、ここでは仏道の至らない者の意。

(63) 『正法眼蔵』「有時」巻の「経歴」に関する議論を参照のこと。道元の時間論については拙著『正法眼蔵入門』（角川ソフィア文庫、二〇一四年）「第5章 時・自己・存在」参照。

(64) 丸山眞男「歴史意識の「古層」」（『丸山眞男集』第十巻、岩波書店、一九九六年）三六頁。

(65) 先駆としての『神皇正統記』における「系譜的持続」「復古」「正統」に見られ、近世思想史の中で優位を占めた「復古的発想」という問題系が立てられるのかもしれない。

生身仏の時代——『三宝絵』の行基像をめぐって——

冨樫　進

はじめに

奈良時代の僧・行基（六六八～七四九）は、民衆や豪族を対象に幅広く布教活動を行う一方、東大寺の盧舎那仏像造営に大きく貢献した。その結果、行基は生前から〈大徳〉〈菩薩〉と称されるのみならず、死後ほどなく文殊の化身と見なされるようになった（以後、「行基文殊化身説」と表記）。前近代における行基と文殊信仰との関わりについては、堀池春峰・吉田靖雄の見解が定説となっている。

堀池説は、①史実としての行基の活動は、宇治橋造営で知られる道登・道昭ら元興寺系僧侶の伝統を継承すること。②九世紀初頭にはじまる行基即文殊観は、おもに『文殊師利《もんじゅしり》般涅槃経《はつねはんぎょう》』（以下『文殊涅槃経』）に説かれる、貧窮孤独の衆生を救済する文殊菩薩の姿が、困窮者の救済に邁進した行基へと投影された結果であること。③このように成立した行基文殊化身説は古代から中世にかけて広く展開し、

文殊を学解の象徴と見なす近世の文殊信仰とは一線を画すること、の三点に集約される。(1)

また、吉田は『文殊涅槃経』をはじめとする数々の文殊経典、『請賓頭盧法《しようびんずるほう》』『古清涼伝《こしようりようでん》』の内容をふまえ、①法会の場において仏菩薩や貧窮者に対して食物を供養する施主の行為が、三宝と衆生に飽食せしめる文殊の菩薩行に重ね合わされること。②衣服弊壊の老僧の姿で化現するという文殊のイメージが、沙弥僧の如き粗末な風体の行基に投影されたと考えられること、の二点を主張した。(2)

両説はいずれも、行基文殊化身説が『文殊涅槃経』等の経典に依拠すると考える点で共通しており、この点について筆者も異論はない。しかし、行基自身が文殊信仰を有していたという痕跡が現存史料に認められない点や、行基文殊化身説を最も早い段階で唱える『日本霊異記』（以下、『霊異記』）において、行基を文殊の化身と見なす言説と布施屋の設置・運営といった社会福祉的実践との間に積極的な連関が認められない点などを考慮すると、行基と文殊とが結びつけられる根本的な契機を、困窮者の救済や乞食者への食料提供といった社会福祉的利他行に求めることは不可能となる。(3)

そこで小稿が注目したいのは、懺悔・滅罪を司る文殊イメージの存在である。文殊が滅罪の功徳を有する点は『文殊涅槃経』にも明記されており、最澄『顕戒論』（八一九年）や勤操・泰然両名によって天長年間（八二四〜三四年）に創始された文殊会など、南都北嶺の双方に受容された。また、円仁（七九四〜八六四）の足かけ十年に及ぶ遊学生活——朝廷の命に背いて唐に残留し、五臺山や長安での修学を続けたうえ、武宗による苛烈な排仏を克服して帰国、三部の大法（胎蔵界・金剛界・蘇悉地界）を比叡山にもたらした——を支えたのは、五臺山内での光瑞や夢見を通じて感見された、滅罪・懺悔を司る文殊であった。(4)さらに、奈良時代に広く受容された『薬師経』（達磨笈多訳『仏説薬師如来本願経』、玄奘訳『薬師瑠璃光如来本願功徳経』、義浄訳『薬師瑠璃光七仏本願功徳経』）諸テキストは、いずれも文殊が釈迦に対し、像法に生きる衆生のために懺悔・滅罪の功徳を有する薬師についての説法を乞うという内容であり、文殊信仰に基づく文殊会と薬師信仰に基づく薬師悔過とは、同質的近似性を有していた。(5)

鎌倉時代、幼くして文殊信仰に目覚めた忍性（一二一七～一三〇三）が受戒後に行基ゆかりの生駒・竹林寺にて修行を行い、行基の先蹤に倣った社会福祉的利他行を精力的に行ったという史実をふまえると、在世時から没後間もない段階においてはどちらかというと滅罪・懺悔の対象としてとらえられていた行基像が、徐々に社会福祉的利他行の担い手という色彩を強めていくという具合に、古代から中世にかけて行基像（および文殊のイメージ）が緩やかな変容を遂げていったものと推測される。(6)

次節以下において述べるように、十世紀末に成立した『三宝絵』は多くの部分において、先行する『霊異記』に範を取りつつも、行基文殊化身説に関わる部分については『霊異記』の説を採らず、東大寺盧舎那仏の開眼師を務めた南天竺僧・菩提僊那《ぼだいせんな》（七〇四～六〇）と行基との値遇に基づく説話を採用する点が注目される。

そこで、小稿では仏教説話集『三宝絵』の分析を通じて、行基像が〈懺悔・滅罪を司る存在〉から〈救済者〉へと転換を遂げるに到る契機とその思想史的意義について見通しを立てることにしたい。

一　『三宝絵』中巻における行基伝

『三宝絵』の編者・源為憲（?～一〇一一）は三十六歌仙・梨壺の五人の一人として著名な源順《みなもとのしたごう》に

師事、文章生から蔵人を経て遠江守・美濃守・加賀守・伊賀守を歴任した実務官僚であった。彼は学問や詩作にも優れた才能を示し、『口遊《くちずさみ》』（九七〇年）や『世俗諺文《せぞくげんぶん》』（一〇〇七年）といった教科書的著作や私撰集『本朝詞林』を著すなど、和漢双方に通じた当代屈指の文人貴族であった。また、彼は熱心な在家仏教徒としての一面をも有しており、その素養は遊行僧・空也の伝記『空也誄《るい》』（九七二年頃？　後述）や『法華経賦』（散逸）、円融上皇（九五九〜九一）の受戒を記録した「円融院太上天皇御受戒記」（九八六年）といった著作に示されている。

永観二年（九八四）に編纂された『三宝絵』は、冷泉天皇を父、藤原伊尹《これまさ》の長女・懐子《ちかこ》を母にもち、賀茂斎院を経て円融天皇妃に迎えられながらも、度重なる不幸のうちに落飾した尊子内親王（九六六〜八五）に呈するために撰述されたと伝えられる。上巻は「尺尊《（ママ）》昔行」（＝前生譚）を通じて仏の存在を根拠づける〈昔〉の世界を、中巻は仏教伝来・流通に関わる諸説話を通じて「尺尊御法」が日本に普及した〈昔〉の世界を、下巻は仏事の年中行事に関する説明を列挙することで「僧勤諸事」によって支えられる〈今〉の世界を、それぞれ示している。しかし、時空を異にする各世界は独立して展開しているわけではなく、仏・法・僧の〈三宝〉という不離不即の絶対的真理によって包合されている。「惣テ仏法ヲ顕セバ、初モ善ク、中カ《（ママ）》モ善ク、後モ善シ。在トシ在ラム所ノ所ニハ、当ニ三宝伊《い》坐《ま》シテ可守給《まもりたまふべ》シ」[7]という序文の一節には、仏宝・法宝によって裏付けられた〈今〉という時代を重んじ、僧宝への結縁を果たすことに随喜し、出離を果たそうとする為憲の意識を窺うことができる。[8]

仏教の源流である天竺や震旦で仏法が衰退しているのとは対照的に、日本においては仏の教えが〈昔〉の聖から〈今〉の天皇へと受け継がれている。[9]日本が天竺・震旦と一線を画するに至った分岐点は、物部守屋ら排仏派を討ち果たした聖徳太子によって「法門」が伝えられたことにあり、その結果として「今日」に至るまで数多の衆生が「尺尊ノ法力」の果報に預かっている[10]――『三宝絵』が末法観を念頭におきながら[11]も右のような認識を示すのは、仏法・法宝が時空を超えて今なお日本に遍在していることを確信しているからに他ならない。

『三宝絵』中巻は、敏達三年（五七四）の聖徳太子誕生より延暦十五年（七九六）の石淵寺法華八講の開講に到る、約二百二十年間の日本仏教史を対象範囲とする。全一八話のうち、唯一典拠不明の第十八（大安寺栄好）を除く一七話は『霊異記』を典拠としており――特に、第四（肥後国シシムラ尼）から第十七（美作国採鉄山人）までの一三話は『霊異記』を単独の典拠とする――、同書からの影響が極めて強い。中巻において、行基の伝記を記す「三　行基菩薩」は聖徳太子・役行者に次ぐ位置を占めており、主に以下のような諸資料によって構成されている（括弧内は、想定される典拠を示す[12]）。

A　行基の出自、諸国巡歴、民衆教化（『続日本紀』巻第一七）
B　無理にすすめられて口にした膾を、魚に化して吐き出す（『日本国名僧伝』？）
C　髪に鹿の油を塗った女性を、大法会の会衆中から見抜く（『霊異記』中巻第二十九）
D　智光、行基をねたみ罵った口禍により地獄に墜ち、蘇生後、懺悔帰依する（『霊異記』中巻第七）
E　東大寺供養に際して、難波津に婆羅門僧正《ばらもんそうじょう》（菩提僊那）を迎え、和歌を唱和（『日本国名僧伝』？）

『霊異記』上巻第五「信㆓敬三宝㆒得㆓現報㆒縁」では、行基文殊化身説の根拠が懺悔・滅罪を背景とする大部屋栖野古《おおともやすのこ》の蘇生譚に求められていた。それに対して、『三宝絵』では右のE、すなわち菩提僊那と行基との対面というエピソードに行基文殊化身説の根拠を求めており、屋栖野古についての言及は一切見られない。

つまり、為憲は『三宝絵』に行基の説話を収録するに当たり、行基を文殊の化身とする見解を『霊異記』から踏襲するものの、その典拠については独自の内容のもの――Eの内容は『霊異記』『続日本紀』のいずれにも認められず、「居士《こじ》小野仲広」撰述の『日本国名僧伝』（逸書）を典拠とする可能性が高い――を採用していると考えられるのである。

二　行基と菩提僊那とをむすぶ記憶――霊鷲山説法をめぐって

菩提僊那は南天竺出身の胡僧であり、婆羅門階級出身のため「婆羅門（僧正）」と称された[13]。神護景雲四年（七七〇）に彼の弟子・修栄（生没年未詳）によって撰述された「南天竺《なんてんじく》婆羅門僧正碑」（以下、「婆羅門僧正碑」）によると、菩提は後漢に仏教をもたらした支楼迦讖《しるかせん》・安世高《あんせいこう》両名の事蹟に倣って唐に至り、唐・開元二十一年（七三三）に遣唐大使・多治比広成や学問僧理鏡らの招請を承け、林邑《りんゆう》僧仏徹・唐僧道璿と共に来日、大宰府より入京し、大安寺に居を定めた。その後、天平勝宝三年（七五一）には僧正に就任し、翌四年には東大寺盧舎那仏開眼供養の導師を務めている。

ここではまず『三宝絵』中巻三「行基菩薩」のうち、Eの部分を確認してみたい。

①又天皇東大寺ヲ作給テ、供養ジ給ハムズルニ、②講師ニハ行基菩薩ヲ定テ宣旨ヲ給ニ、「行基ハ其事ニタヘズ侍リ。外国ヨリ大師来給ベシ。ソレナムツカウマツルベキ。」ト奏スレバ、供養ゼムトスルホドニ成テ、摂津国ノ難波ノ津ニ大師ノムカヘトテユク。即オホヤケニ申給テ、百僧ヲヒキヰタリ。次ニ行基ハ第百ニアタリ給ヘリ。治部玄蕃雅楽司ヲ船ニノリクハヘテ、音楽ヲ調ヘテユキ向ニ、難波ノ津ニイタリテミレバ、人モナシ。行基閼伽一具ヲソナヘテ、ソノムカヘニイダシヤル。花ヲモリ、香ヲタキテ、潮ノ上ニウカブ。ミダレチルコトナシ。ハルカニ西ノ海ニウカビ行ヌ。シバラクアリテ、小船ニノリテ婆羅門僧正、名ハ菩提トイフ僧来レリ。閼伽又コノ舟ノ前ニウカビテ、ミダレズシテ帰来レリ。③菩薩ハ南天竺ヨリ、東大寺供養ノ日ニアハムトテ、南海ヨリ来レリ。④舟ヨリ浜ニヨセテヲリテ、タガヒニ手ヲトリ、喜ヌメリ。

⑤行基菩薩先読歌曰、

霊山ノ尺迦ノミマヘニ契テシ真如クチセズアヒミツルカナ

婆羅門僧正返歌曰、

伽毘羅衛ニトモニ契シカヒアリテ文殊ノ御貌アヒミツルカナ

トイヒテ、トモニ宮コニノボリ給ヌ。⑥爰ニ知ヌ、行基ハ是文殊ナリケリト。

右の引用を概観して第一に気付くことは、菩提僊那の来日目的が「東大寺供養」への参列とされている点（傍線③部分）である。さらに、東大寺を造顕した天皇＝聖武が落慶供養の講師を行基に依頼したところ、「外国」から渡来する「大師」の方が適任であるとの回答を得た（傍線①②部分）ことになっており、何れも天平八年（七三六）に大宰府へ上陸したという「婆羅門僧正碑」の記述とは一致しない。このことは、為憲が『三宝絵』編纂の際、「婆羅門僧正碑」の記述に直接拠らなかったことを意味すると同時に、少なくとも『三宝絵』が編纂された十世紀末の時点では、菩提僊那の来日理由を東大寺落成（あるいは大仏開眼供養）に求める認識が一定程度浸透していたことを示唆している。

本説話における行基文殊化身説の最大の根拠となるのは、行基と菩提僊那との間に交わされた和歌の贈答だ。難波津に上陸した菩提僊那は、初対面であるはずの行基と手を取り合って喜びの挨拶を交わし（傍線④部分）、行基と和歌の贈答を行う(14)（傍線⑤部分）。ここでは、菩提僊那の和歌に見える「文殊ノ御貌アヒミツルカナ」の語によって行基文殊化身説が証明されるのみならず、各々の和歌に詠み込まれた「霊山ノ尺迦ノミマヘ」「伽毘羅衛《かびらえ》」というキーワードによって、両者が霊鷲山において釈迦の説法を共に聴いた同朋であり、その宿縁によって現世での再会を果たしたことが明かされる。

この説話が『三宝絵』に採用された理由とその意義を考える際、為憲の仏教的素養が天台法華教学に依拠すること(15)や、『三宝絵』が編まれた十世紀末の仏教思想史的状況をふまえた上で、考察を進める必要がある。

まず、天台法華教学との関わりをふまえた場合、慧思（天台宗第二祖）と智顗（天台宗第三祖）が過去世において霊鷲山で釈迦の説法を直接聴聞したという〈霊山同聴説〉や、最澄の前世を智顗とみなす言説からの影響についても考慮する必要があるだろう。

ここで注目したいのが「〔智顗は〕十八ニシテ髪ヲ剃テ、〔二十三歳の時に〕初テ大蘇寺ニノボレリ。南岳大師手ヲ取テノ給ハク、「昔在霊山同聴法花、宿縁ノ所追今復来レリ」トノ給ヘリ」（下巻三〇「霜月会」。〔　〕内は筆者補記、以下同）と〈霊山同聴説〉に即した記述が存在する点に加え、渡唐した最澄が中国天台宗第六祖・行満の許を訪れた時のことを記す下巻三「比叡懺法」の一節だ。

〔最澄は〕延暦十二《（ママ）》年ニモロコシニワタリテ、天台山ニノボリヌ。道遂《（ママ）》和尚ニアヒテ、天竺ノ法文ヲウケ習ヘリ。仏竜《（ママ）》寺ノ行満座主ノイハク、「昔キ、キ、智者大師ノ給ハク、「我死テノチ二百余歳ニ、ハジメテ東ノ国ニシテワガ法ヲヒロメム」トノ給ヘリ。ヒジリノミコトタガハズシテ、今コノ人ニアヘリ。ハヤクモトノ国ニ帰テ道ヲ広メヨ。」トイヒテ、オホクノ法文ヲサヅケタリ。

行満は仏隴寺《ぶつろうじ》を訪ねた最澄に対し、かつて智顗が入滅後二百年を経て「東国」に再誕し、天台の教えを弘めようと予言したという伝説を述べた上で、最澄こそはまさしく智顗の生まれ変わりに違いないと断言し、数々の経論を与えたという（傍線部分）。このエピソードは仁忠『叡山大師伝』にも認められることから、[16]最澄没後間もない頃には比叡山で伝えられるようになったと考えられる。

ここで、下巻三の〈智顗転生説〉を、同巻三十の〈霊山同聴説〉と組み合わせることで、「霊鷲山における釈迦説法の聴衆の生まれ変わりである唐の高僧が、東方に転生して日本の高僧となった」という中巻三の筋立が成立することとなる。

さらに、〈行基―霊鷲山―文殊〉という関係の根拠を考える際、文殊が霊鷲山において釈迦の説法を聴聞した菩薩の一人であるとともに、前世においては妙光菩薩として、弥勒の前生たる求名《ぐみよう》に教えを説いたという『法華経』序品の内容に注意したい。[17]『法華経』では、弥勒をはじめ数多の聴衆からの質問に対する文殊の応答を経て、方便品以降で釈迦の説法が本格的に展開される。この点において、『法華経』における文殊の存在は極めて重要であり、天台法華信仰を有する為憲にとっては『霊異記』所収の屋栖野古蘇生譚よりも受け入れやすい内容と考えられた可能性がある。

この点に関して、『三宝絵』成立から若干時代は下るものの、正暦年中（九九〇～九五年）頃、霊鷲山を擬えた仏堂・霊山院が源信（九四二～一〇一七）によって横川に建立された事実は注目に値する。院内には仏師康尚の手に成る釈迦如来像が安置され、生身供（毎朝）と「霊山院釈迦講」と呼ばれる『法華経』講義（毎月晦日）が定期的に実施されていた。さらに寛弘四年（一〇〇七）七月には、やはり源信によって「霊山院釈迦堂毎日作法」「霊山院式」が相次いで制定され、これに基づくかたちで生身釈迦供が毎日実施されるようになり、年間五百五十名に及ぶ僧俗（女性を含む）が「生身如来」への結縁を果たしていた(18)。勧学会を通じて比叡山の僧たちとも積極的に交流し、仏宝・法宝が時空を超えて遍在していると見なす為憲の立場よりすれば、『法華経』序品をはじめ諸経論に見える霊鷲山説法とは、決して遠い過去の伝説などではない。中巻三の和歌贈答説話では、文殊と行基が霊鷲山説法を媒介として同体化されているが、霊鷲山説法が源信をはじめ比叡山に集う〈僧宝〉によって再現され得る以上、為憲にとって釈迦や文殊とは、〈今〉の世においても値遇することが可能な存在だったのだ。

一方、「婆羅門僧正碑」では、摂津国（難波津）での行基と菩提僊那との対面について、以下のように記されている。

同年〔天平八年〕八月八日、到二於摂津国治下一。前僧正大徳行基、智煥二心灯一、定凝二意水一、扇二英風於忍土一、演二妙化於季運一。聞二僧正〔菩提僊那〕来儀一、嘆二未曾有一。軼三燕王擁二篲於郭隗一、侔三伯喈倒二屣於王粲一。①主客相謁、如二旧相知一。白首如レ新、傾蓋如レ旧。於レ是見矣。乃、②嘱二同法緇侶一云、**法本不レ然、今亦不レ滅**。故雖三赴レ化之質、翳二跡於双林一、而法身之体、布二影於沙界一。③経云、**応下以二婆羅門身一得度者、即現二婆羅門身一而為説上レ法**、是也。

ここで注目したいのは、寂滅の意味を説く『維摩詰所説経』第三「弟子品」中の一節[19]をふまえ、応化身たる釈迦の死とは無関係に絶対的真理としての法身仏が娑婆世界に遍在するという点（傍線②部分）である。さらに、「婆羅門僧正碑」では法身仏の遍在についての言及に加え、観世音菩薩が衆生の適性に応じ随意に姿を変えて説法を行うことを述べる『法華経』第二五「観世音菩薩普門品」中の一節[20]が引用される（傍線③部分）ことで、菩提僊那が仏菩薩の化現であることが示唆されている。

このことは、「婆羅門僧正碑」と『三宝絵』の両者が法身仏の常住遍在という認識を背景として、歴史上の高僧を仏菩薩の化身と見なす視点を同一説話の解釈において共有することを意味している。初対面である菩提僊那と行基とが古くからの知り合いであるかのように打ち解けていた（傍線①部分）という点と併せ、行基と菩提僊那との対面について語る「婆羅門僧正碑」の言説そのものが、仏宝・法宝を〈今〉の世にも遍在するものと考える『三宝絵』の立場と親和性を有していたのである[21]。

三　日本に顕現する釈迦如来——下巻十七「大安寺般若会」をめぐって

前節にて示した「中国の高僧に転生した天竺の衆生（＝慧思智顗霊山同聴説）が、さらに日本の高僧へと転生する（＝智顗最澄転生説）」という中巻三の筋立が成り立つ必然性の有無について検討を加える際、「中国（天台）の高僧が、日本の高僧（に準じる存在）へと生まれ変わる」という、〈聖徳太子慧思後身説〉[22]の存在が注目される。既に確認したように、『三宝絵』における聖徳太子とは、物部守屋ら排仏派の討伐によって「我国ノ仏種」の断絶を防ぎ、〈今〉に生きる衆生に対しても計り知れぬほどの仏恩を与えた存在として、日本仏教史の劈頭を飾るべき存在であった。[23]

『三宝絵』中巻一「聖徳太子」では〈聖徳太子慧思後身説〉について一切言及されていない。しかし、最澄の著作や関連資料において〈聖徳太子慧思後身説〉がしばしば採り上げられる事実を改めて指摘するまでもなく、為憲が当時広範に普及していた〈聖徳太子慧思後身説〉を知らなかったとは考えにくい。[24]だとすれば、「西国」から衡山へと転生し、さらに「海東」へと転生した達磨と、彼を慕って「倭国之王家」に転生した慧思との伝説を記す『七代記』説話の存在を前提に、〈智顗最澄転生説〉と〈霊山同聴説話〉との結合を通じて「天竺の衆生が中国の高僧に転生し、さらに日本の高僧へと転生する」という筋立が構想されることで、難波津を舞台とした和歌贈答説話が行基文殊化身説の根拠と見なされ、『三宝絵』の行基説話に採り入れられたとしても、決して不自然ではない。[26]

先に確認したように、行基と菩提僊那との和歌贈答説話自体は『日本国名僧伝』の段階で既に成立していたものと考えられ、為憲によって説話全体の趣旨や構成に関わるほどの大規模な改変が行われたとは考えがたい。しかし、『三宝絵』中巻三が『霊異記』所収の説話を母胎としながらも、そこに屋栖野古蘇生譚から菩提僊那との和歌贈答譚への差し換えが行われているという点に、編者・為憲の主体的な選択の意志を窺うことができる。(27)

『三宝絵』中巻序文では、唐・貞観三年（六二九）の段階で鶏足山《けいそくせん》や祇園精舎、菩提樹院といった聖地が悉く荒廃していたという玄奘『大唐西域記』由来の情報や、北周・武帝（在位五六〇〜七八年）隋・煬帝（在位六〇四〜一七年）唐・武宗（在位八四〇〜四六年）による仏教弾圧を根拠に、仏教発祥の地・天竺での仏法消滅と仏教弘通の地・震旦での仏法衰退について触れた上で、「アナタウト、仏法東ニナガレテサカリニ我国ニトヾマリ、アトヲタレタル聖昔オホクアラハレ、(28)道ヲヒロメ給君、今ニアヒツギ給ヘリ」と述べ、仏教の〈東流〉に伴う天竺仏教と中国仏教の衰微、（その裏返しとしての）日本仏教の盛況を謳歌する。そこには、『霊異記』では直接言及されることのない「天竺」「震旦」という、かつての仏教先進国の存在を前提に、今や日本こそが理想的な仏国土であるという確信に基づいた〈三国観〉の先蹤を認めることができる。(29)

この点において、前節にて確認した生身釈迦如来像供養および『法華経』講義とは、具体的・実践的な次元における仏教〈東流〉の象徴であると同時に、仏・法・僧の〈三宝〉という絶対的真理によって〈昔〉と〈今〉とが包含される『三宝絵』の世界観を具現化する法会であった。このような法会が、為憲にとって極めて身近な横川という場所で展開されていたという事実は、『三宝絵』に見える〈三国観〉の特質を捉える上で重要である。

源信によって主導された右の法会に為憲が関与したか否かは不明であるものの、この時期の横川に突如として起こった生身如来信仰に対し、為憲が一定の関心を有していたことは十分に考えられる。そのことを示唆するのが、『三宝絵』下巻十七「大安寺大般若会」にて言及される、大安寺釈迦如来像の造像縁起についての記述である。

天智天皇ノヨニ、丈六ノ尺迦ヲツクリヲヘテ、心ニ祈ヲナシ給ヘルヨノ暁ニ、二人ノ天女来テ此像《このぞう》ヲオガミタテマツル。妙ナル花ヲ供養ジテ、ヰヤマヒホメタテマツル事ヤ、ビ《(ママ)》サシ。御門《みかど》ニカタラヒタテマツリテ云ク、「①此像ハ霊山《りやうぜん》ノマコトノ仏トイサ、カモタガハズ。此国ノ衆生ノ信心キヨケレバナルベシ」ト云テ、ソラニノボリテ去ヌ。開眼ノ日ハ紫ノ雲ソラニミチテ、妙ナルコヱソラニキコユ。……

文武天皇ノヨニ塔ヲタテタマフ。フルキ尺迦ノゴトクニ、丈六ノ像ヲツクラムトオボス願ヲ《(ママ)》、コシテ、「ヨキ工《たくみ》ヲエシメ給ヘ」ト祈給夜ノユメニ、ヒトリノ僧来テ申、「②サキノ年此仏ヲツクリシハコレ化人ナレバ、カサネテ来ベキニアラズ。③ヨキ工トイヘドモ、ナヲ《(ママ)》刀ノキズアリ。画師トイヘドモ、丹色ノアヤマリナキニアラズ。タヾ大ナラム鏡ヲ仏ノ前ニカケテ、影ヲウツシテオガミ給ヘ。④ツクルニモアラズ、カクニモアラズシテ、三身ソハナルベシ。形ヲミルハ応身ナリ、影ヲ浮ブルハ報身ナリ、空《むなし》キヲサトルハ法身也。功徳スグレタル事コレニハスギジ」ト見タマフ。

天智年間（六六八～七一年）、大安寺の前身である飛鳥の百済大寺にて、丈六の釈迦如来像が造立された。落成したばかりの像を前に、終夜祈りを捧げていた天智の前に二人の天女が姿を現し、釈迦如来像を拝み奉った。供養を終え、仏像の姿をひとしきり讃歎し尽くした天女たちは、眼前の像が霊鷲山で法を説く本物の釈迦如来と寸分違わざる出来映えであると天智に告げる（傍線①部分）。その後、百済大寺は天武天皇によって高市《たけち》に移設され、寺名も（高市大寺を経て）大官大寺と改称される。のち、文武天皇（在位六九七～七〇七年）は「フルキ尺迦」に匹敵する釈迦如来像の建立を発願し、その任に堪えうる工人を得られるよう祈請するものの、天智の発願に成る釈迦如来像は「化人」の作であり、再度の請来はできないこと（傍線②部分）、いかに優れた工人や絵師であっても同等の如来像を造るのは困難であることを夢の中で僧に告げられ、鏡に映し出された釈迦如来像の姿を拝むことを勧められる（傍線③部分）。新たに仏像を造らずとも、三身（応身・報身・法身）を備えた釈迦如来を供養することとなり、その功徳は甚大である（傍線④部分）というのが、その理由であった。

この説話は、寛平七年（八九五）八月五日の奥付を有する醍醐寺本『諸寺縁起集』所収「大安寺縁起」（以下『寛平縁起』）の取意文と考えられる。この点に関して、『寛平縁起』では右の引用の傍線①部分に相当する部分が「今見二此像一、好相已具、与二霊山実相一毫釐無二相違一」（圏点筆者）と記されることから、大安寺釈迦如来像が「霊山実相」である根拠は「好相」、すなわち釈迦の肉体に固有の特徴である三十二相八十種好を具備する点に求められていたことが分かる。「生身」という語こそ用いられていないものの、『三宝絵』は（典拠である『寛平縁起』ともども）「好相」の具備という条件を媒介に、大安寺釈迦如来像を霊鷲山で説法を行う「生身仏」と結びつけ、「現世の釈迦」として位置づけたのである。[30]『三宝絵』同話に見える「中天竺ノ舎衛国ノ祇園精舎ハ、都率天ノ宮ヲマネビツクレリ。

モロコシノ西明寺ハ、祇園精舎ヲマネビ作レリ。我国ノ大安寺ハ、西明寺ヲマネビ作レリ」というよく知られた言説も、来日後の菩提僊那が大安寺に止住したことと相俟って、大安寺釈迦如来像を「生身仏」と見なす動きに一役買っていた。(31)

僧宝の行う法会や供養を通じて〈今〉の世に遍在する仏宝・法宝への結縁を果たすことができると考える為憲にとって、菩提僊那と行基との和歌贈答説話は自然に受け容れられる内容であったはずだ。また、朝な夕な『法華経』提婆達多品(32)――娑竭羅龍王の八歳の娘が釈迦に宝珠を授けるや否や、女身・畜生身という悪条件にも関わらず、即座に成仏したことが語られる。また、智積と舎利弗に対して女人成仏の可能性を説く役割を果たすのが、他ならぬ文殊菩薩であった――を弛みなく読誦していた尊子に対して霊鷲山における「マコトノ仏」の説法が今なお遍在していることを示し、仏に帰依することで必ずや救いの道が示されることを伝えようという、強い意志が彼にあったことは疑いない。

四　文殊を思慕する巡礼僧――菩提遷那と奝然をめぐって

永延元年（九八七）、奝然《ちょうねん》（九三八〜一〇一六）が最新の蜀版一切経のほか、優塡王《うてんおう》所造と伝える栴檀釈迦瑞像を模刻した釈迦如来立像（現・清涼寺本尊）と鄮県《ぼうけん》阿育王塔を模造した舎利奉籠の七宝合成の塔という、釈迦ないし天竺に由来する宝物を携えて帰国する。(33)奝然は東大寺所属の僧であったが、文殊と釈迦への強い志慕を抑え難く、永観元年（九八三）五臺山・天竺を目指し出国する。天竺への巡礼こそ叶わなかったものの、奝然は中国で皇帝太宗に謁見し、天台・五臺両山巡礼の勅許を獲得するとともに、勅諡号「法済大師」を授けられるなど、前代未聞の厚遇を受けた。

彼が日本に将来した釈迦如来立像は、五臓六腑や仏牙を備えた「生身仏」であり、中国の五臺山に擬えた愛宕山に本像を安置し戒壇を設置することで、比叡山に比肩し得る南都仏教の拠点を設置しようと企てる。それに対し、天台宗は奝然の計画を阻止すべく、国家レベルの外交再開に伴う宋への従属を懸念する朝廷や藤原道長ら有力貴族に働きかけると同時に、奝然将来の「生身仏」の霊威に対抗すべく、活発な活動を展開した。正暦年間以降に源信を中心として、霊山院にて整備・発展された一連の供養や法会（第二節参照）や、正暦二年（九九一）源融の息子・仁康により、融の旧邸宅・河原院にて催された五時講に際し、「生身仏」とされる大安寺釈迦如来像を模した「金色丈六釈迦牟尼仏像一軀」(34)が彫造された事例はその典型例であり、霊鷲山における釈迦の説法が、まさにこの日本において現前しているという、後の三国観を髣髴とさせる思想を醸成する環境が形成されつつあった。

道長・頼道父子とも近い関係にあった為憲が、これらの「対抗策」(35)に対していかなる立場をとったのかは不明である。(36)しかし、結果的に『三宝絵』に窺える為憲の三宝観は、本来的な意味とは異質な三法観・三身観を提示することによって、仏教文物を活用した宋の積極的外交策によって引き起こされた「生身仏」をめぐる様々な実践の先蹤的な位置を、当代の思想史上に占めたことになる。

一方、奝然の帰国後一年を経ずして、弟子の嘉因と祚乾が「一万文殊の真容」に対する供養のために五臺山へと派遣され、(37)新たに文殊像を将来する。(38)「文殊は誰か迎へ来し、奝然聖こそは迎へしか、迎へしかや、伴には優塡国の王や大聖老人、善哉童子の仏陀〔波〕利、さて十六羅漢諸天衆」（『梁塵秘抄』巻第二）という今様に象徴されるように、院政期の頃になると「五臺山から文殊像を将来した巡礼僧」という奝然のイメージが定着していたようだ。[39] このような事実と符牒を合わせるかのように、十一世紀末に成立した皇円『扶桑略記』天平十八年七月条では、『三宝絵』に見える和歌贈答説話の前に、以下のような菩提僊那の来日理由が付加されている点は注目に値する。

南天竺迦毘羅衛国私云、迦毘羅衛国、是非二南天竺一。如何婆羅門僧正菩提、為レ謁二文殊師利菩薩一、自二天竺一至二大唐五臺山一。時、老翁逢レ路。告云、文殊為レ利二衆生一赴二日本国一。爰、菩提感念恋慕、為レ遂二本懐一、進来二此朝一。

『扶桑略記』によると、菩提僊那はもともと文殊の感見を目的に五臺山へ巡礼したものの、文殊が衆生利益のために日本へ渡ったことを老翁より聞き及び、素懐を果たすために来日したという。天竺から応化した達磨を「恋望」し、跡を追って日本へと転生したという聖徳太子慧思後身説（第三節）を連想させる右の説話においては、五臺山の存在を媒介として、菩提僊那の来日および行基との値遇が、より必然性をもつ出来事として合理化されている。

実は、菩提僊那が中国へ渡った理由を五臺山での文殊値遇に求める言説は、『東大寺要録』所収「伝来記」において既に示されていた。[40]「伝来記」の成立を『三宝絵』に先立つと見なす説（註（14）参照）に従うならば、この言説の初出を『扶桑略記』に定めることはできず、また為憲自身が何らかの理由で菩提僊那の五臺山参詣説話を『三宝絵』から除外したことになる。その理由をここで拙速に考察することは根拠のない臆測を徒に重ねることへとつながりかねず、控えるのが賢明であろう。

しかし、菩提僊那の五臺山参詣説が『三宝絵』成立以前に存在していたか否かを問わず、「五臺山から文殊像を将来した巡礼僧」という奝然のイメージが定着した十一世紀末の段階において、菩提僊那の五臺山参詣説が（再？）浮上してきたことの意味を軽視することはできない。

浄土信仰における為憲の盟友・慶滋保胤（?～一〇〇二）の手に成る「奝然上人入唐時為レ母修レ善願文」には、釈迦の遺跡の巡拝や文殊の生身に値遇することの困難さを自覚しつつ、身命を惜しまず名利を顧みず寒苦を忍び修行に励むことで、必ずや釈迦と文殊が憐愍を垂れて自らを迎え入れてくれるはずだという、奝然の強固な意志が余すところなく表明されている。一介の凡僧に過ぎない奝然の渡宋希望が身の程を弁えないものであり、必ずや留学先で物笑いの種になるだろうと嘲笑する人々に対し、「求法の為」ではなく「修行の為」の留学である以上、決して日本の名を汚すことにはなるまいと断言したという[41]奝然の愚直な人間像が、五臺山・文殊の存在を媒介にそのまま菩提僊那のイメージへと投影されていったとしても不思議ではない。いずれにせよ、菩提僊那の五臺山参詣説話を種子として、行基信仰は中世に向けて大きく成長していくことになる。菩提僊那に対して一歩踏み込んだ人物造形を行い、文殊を恋慕する修行者としての性格を付与することによって、行基文殊化身説はより強固な説得力を有することになった。

文殊を志慕する菩提僊那の（再？）登場という十一世紀末の現象と、院政期を経て本格的に展開を遂げる「生身仏」信仰とを重ね合わせ、十二世紀以降の行基信仰の展開を見据えると、その延長線上に安元元年（一一七五）の『行基年譜』成立、嘉禎元年（一二三五）の竹林寺僧・寂滅とその信徒による行基の舎利瓶器発掘を見据えることになる。特に、後者の出来事は弘長三年（一二六三）の東大寺大仏殿における舎利供養の開催や、嘉元三年（一三〇五）の東大寺僧・凝然による墓所調査および『竹林寺略録』の執筆へと展開するとともに、忍性の実践活動にも影響を与えたと考えられている。[42]

来日した菩提僊那を行基が難波津において出迎えたという「婆羅門僧正碑」の記事は、登場人物の主客の関係を改めるとともに、慧思を媒介とした二つの説話――慧思と智顗の霊山同聴説と聖徳太子慧思後身説――の筋立を採り入れることで、行基文殊化身説の拠り所となる説話へと変貌を遂げた。さらに、像法の〈今〉においてなお、「僧宝」による法会や実践を通じて霊鷲山における釈迦の説法が再現され得るという為憲の考えは、尊子内親王の教導という『三宝絵』の主目的を大きく超え、奝然による釈迦如来像将来に伴う「生身仏」の隆盛と並行するかのように、文殊を思慕する巡礼僧としてのイメージを、菩提僊那へと定着させることになったのである。

おわりに――『空也誄』における空也像との関わりをめぐって

一方、小稿本来の主題である「〈滅罪・懺悔の対象〉としての文殊から、〈社会福祉的利他行の担い手〉への文殊へ」という転換の兆しもまた、為憲によって創出された可能性がある。

それを示唆するのが『空也誄』[43]に見える、応和三年（九六三）空也が鴨川の河原にて開催した金字大般若経の書写供養の場に文殊が化現したという以下の記事である。

屈㆓六百口耆徳㆒、為㆓其会衆㆒、少飯㆓中食㆒、労備㆓百味㆒。八坂寺浄蔵大徳、在㆓其中㆒焉。爰、乞食比丘、来㆓此会㆒者、以㆑百数之。浄蔵見㆓一比丘㆒、大驚矣。浄蔵者、善相公〔三善清行〕第八之子、善相㆑人焉。見㆓比丘状貌㆒、拝重敬之、引入坐㆓上座㆒、無㆑所㆑誚。浄蔵便与㆓所㆑得之一鉢㆒、以食矣。比丘、不㆑言食之、其飯可㆓三四斗㆒。重又与㆑飯、亦食之。浄蔵、莞爾謝遣。比丘去後、所㆑尽飯、如㆑故在焉。浄蔵相曰、文殊感㆓空也之行㆒也。［α］

僧・浄蔵は供食に集った数百名の中にいた一人の乞食僧の顔を見て驚き、丁重に上座へと案内した上で、手づから椀に飯を盛って食べさせた。僧は無言で三〜四斗もの飯を食べた上、与えられるままにお替わりまでする。しかし、食事を終えた僧がその場を立ち去った後、食べ尽くされたはずの飯が元通りになっていた。乞食僧に大量の飯を二回も振る舞う浄蔵の行為は、貧しい身なりの妊婦――実は文殊の化身――による（胎児の分と合わせた）二人分の施食の要求を施主が拒絶したところ、文殊の怒りを買ったことを契機として、僧俗・身分の別なく平等かつ要求通りの量の施食を行うようになったという、円仁『入唐求法巡礼行記』（以下、『行記』）に見える中国・五臺山の[44]故事を想起させる。

為憲は『空也誄』を撰述するにあたって弟子の談話を聞き取り、「先後所㆑修法会願文・所㆑唱善知識文、数十枚」を収集したと述べていることから、右の説話は空也建立の西光寺（のちの六波羅蜜寺）周辺で語り継がれていた可能性が高い。もし、乞食僧に大量の飯を提供したという浄蔵の行為が五臺山の故事をふまえたものであるとすれば、五臺山における文殊信仰の具体相が円仁『行記』の記述を通じて広範に知られるようになるにつれて、自らが福田となることで布施行の契機を与えんとする文殊のイメージがより一層意識され、定着するようになっていった可能性を想定できる。

為憲は役行者や行基の流れを汲む呪術的民間宗教者として空也を認識し、『空也誄』における人物像を構築する[45]一方、行基・役行者と聖徳太子の三名を、微妙にして不可思議な釈迦の教えを体現する歴史的存在として『三宝絵』に位置づけた。[46]この事実は、〈今〉の世における文殊の化現に保証されるかたちで、〈救済者〉たる文殊の化身としての行基像が為憲の意識下において形成されつつあったことを示唆するのではないだろうか。

『三宝絵』では、『霊異記』において言及のない行基の社会福祉的実践について「アシキ道ニイタリテハ橋ヲツクリ、堤ヲツキテワタシ給。ヨキ所ヲミ給テハ堂ヲタテ、寺ヲツクリ給。畿内ニハ卅（ママ）九所、他国ニモ甚ダヲホシ」と言及している。[47]このことと関連して見逃せないのが、六波羅蜜寺において「聖たちや病者・乞者が多く集まり救済事業が行われ」藤原実資をはじめ多くの貴顕が六波羅蜜寺に布施を行っていた点をふまえ、「六波羅蜜を行う菩薩が釈迦如来の前生の姿であることを示」す『三宝絵』仏巻の構想に六波羅蜜寺の存在が影響を与えたとする、勝浦令子の指摘である。[48]

尊子が折に触れて手に取ることを想定し、三巻にそれぞれ仏・法・僧の名を付けることで「ツタヘイハム物ニ三帰《さんき》ノ縁ヲ令結《むすばしめ》ム」（「序」）とした全体構成や、各巻の序と讃に加えて「法ノウツハ（＝器）物」「仏ノツカヒ（＝使）」である僧侶によって〈今〉に到るまで連綿と継承されてきた諸仏事を説く下巻において、係り結びや命令形の多用を通じた指示・教化の姿勢が目立つという文体上の特徴は、[49]為憲が『三宝絵』を実践的な目的のもとに編纂したことを象徴する。勝浦の指摘や『三宝絵』の実践的要素をふまえれば、為憲が〈救済者〉たる文殊の化身としての行基像を、ほかならぬ尊子（さらには為憲自身）による菩薩行の主体的実践を通じて結実するものと認識した可能性を指摘できよう。

また、為憲による空也と行基との人物像の重なり合いが『三宝絵』の行基文殊化身説の形成に影響を与えているのだとすれば、金字大般若経供養の場において文殊の化身を感見したのが、空也本人ではなく浄蔵であった点にも注目する必要がある。

小稿冒頭にて紹介した吉田靖雄説は、⑴法会の場において仏菩薩および貧窮者に対して食物を供養する施主の行為が、三宝と衆生に飽食せしめる文殊の菩薩行に重ね合わされること、⑵衣服弊壊の老年の僧の姿をとって化現するという文殊のイメージが、沙弥僧の如き粗末な風体の行基に投影されたと考えられたこと、の二点をもって〈救済者〉としての文殊像と菩薩僧としての行基像とが重ね合わされると述べる。吉田によると、⑴の要素は『文殊師利普超三昧経』『大宝積経』に見える「三宝と衆生に食物を飽食せしめる」文殊像から、また⑵の要素は『請賓頭盧法』『文殊涅槃経』に見える「食物施給の場に「衣服弊壊」せる僧形」、すなわち「賤形の沙弥」の姿をかりて化現する文殊像からそれぞれ導き出されるという。一方、以下の［β］［γ］に示すように、右の⑴⑵と通底する要素がいずれも『空也誄』の空也像に認められるという点は興味深い。

天慶元年以来、還在二長安一。①其始、市店乞食、若有二所得一、皆作二仏事一、復与二貧患一。故、俗号二市聖一。［β］

天暦二年四月、登二天台山一、②従二座主僧正法印和尚位延昌一、師事之。僧正、感二其行相一、推令二得度一。登二戒壇院一、受二大乗戒一。度縁文名、注二光勝一。然、不レ改二沙弥之名一。［γ］

［β］は天慶元年（九三八）、空也が東国巡錫の旅を終えて入京してからの事績を示す記事である。帰洛後間もない空也は市中の店をまわって乞食行を行い、喜捨された物品は自らのものとせず、仏事に用いるか貧者・病人に分け与えていた（傍線①部分）ため、人々は空也を市聖と呼ぶようになったという。また、［γ］は天暦二年（九四八）に空也が比叡山入りし、第十五代天台座主・延昌に師事したことを示す記事である。空也の行相に感服した延昌は空也を推挙して得度させ、空也は大乗菩薩戒を受けた。度縁には「光勝」という法号が記されたが、彼は沙弥名「空也」をそのまま使い続けたという（傍線②部分）。『三宝絵』中巻三のD（第一節参照）において、三論僧智光が行基に対して放った「我ハ智深キ大僧也。行基ハサトリアサキ沙弥也」（圏点筆者）という発言に象徴されるように、得度後もあえて沙弥名を使い続けた空也は、まさしく「賤行の沙弥」と称するに相応しい存在といえる。

　空也主宰の供養の場において、文殊の化現に立ち会ったのが第三者の浄蔵であるという場面設定は、空也こそが(1)(2)の要素を有する文殊の化身であると解釈する余地を読み手に提供する。すなわち、先に示した［α］の記事はその言外において「三宝・衆生を飽食せしめ」「賤形の沙弥の姿をとる」文殊像と「沙弥」空也とを重ね合わせているといえよう。為憲が空也を役行者や行基の流れを汲む呪術的民間宗教者として認識していたという前提に立つならば、(1)(2)の要素を併せ持つ『空也誄』の空也像が『三宝絵』における行基像の〈原形〉として機能するとともに、『空也誄』の空也像と『三宝絵』の行基像とが両者相俟って〈救済者〉たる中世的文殊像の形成を促した可能性をも考えることができる。

ここで、『続日本記』・「天平十三年記」（『行基年譜』所引）・『霊異記』といった奈良時代〜平安時代最初期成立の行基関係記事から、吉田説の示す(1)(2)の抽出を試みてみよう。『請賓頭盧法』『文殊涅槃経』由来とされる(2)衣服弊壊の老僧という文殊像に通じる「沙弥僧」としての行基像は『霊異記』中巻「智者誹二妬変化聖人一而現至二閻羅闕一受二地獄苦一縁第七」の「内密二菩薩儀一、外現二声聞形一」「吾是智人、行基是沙弥。何故天皇、不レ歯二吾智一、唯誉二沙弥一」のほか、「小僧行基幷弟子等」（『続日本紀』巻七・養老元年四月壬辰条）など、比較的容易に検出することができる。それに対して、『文殊師利普超三昧経』『大宝積経』由来とされる(1)三宝と衆生を飽食せしめる文殊像に通じる要素については、概して希薄であると言わざるを得ない。『霊異記』では難波津における堀削工事についての記述が中巻七および三〇にみえるものの、布施屋の造営のような困窮者救済事業についての言及はない。また『続日本紀』や「天平十三年記」には四十九院や布施屋の建立に関する言及があるものの、行基が「三宝と衆生を飽食せしめ」たことを具体的に窺わせる記述は存在しない。したがって、仏菩薩や貧窮者に食物を施与する行基のイメージは後世に創造されたものであると考えるのが自然であり、具体的には十一世紀末の『行基年譜』あたりから明確化していく可能性が高い。

以上の点より、「三宝・衆生を飽食せしめる」〈救済者〉としての行基像の萌芽は、『三宝絵』に先だって制作された『空也誄』に求めるべきであろう。「行基的民間宗教者」たる空也像に淵源を有する(1)の要素が五臺山の故事（『行記』）などによって増幅され、すでに『続日本紀』や『霊異記』の段階で結実していた(2)の要素ともども、〈文殊の化身〉たる乞食僧の上に重ね合わされる契機として、『空也誄』『三宝絵』の言説が機能するようになったものと考えたい。

端的に言えば、〈懺悔・滅罪を司る存在〉たる古代的文殊像から〈救済者〉たる中世的文殊像への転換は、『空也誄』の空也像を原形とすることで、徐々に進展していったと考えられる。為憲が『三宝絵』撰述の際に『霊異記』の説話を母胎としながらも、行基文殊化身説の根拠となる部分を屋栖野古蘇生譚から、（先行する「婆羅門僧正碑」において、やはり化身であることが示唆されている）南天竺僧・菩提僊那との和歌贈答譚へと差し換えた背景には、当代随一の実践宗教家である空也主宰の供養、すなわち布施波羅蜜の場における文殊の化現という「事実」が存在していると考えたい。

『三宝絵』にみえる行基文殊化身説は、自ら施主となって三宝や衆生に食を提供すると同時に、身をやつして衆生の前に現れることで福田となる隠身の聖としての〈救済者〉的文殊像形成の濫觴として位置づけられる。その背景に存在するのは、仏法がインド・中国から日本へと〈東流〉し、隆盛を遂げているという〈三国観〉的歴史観――この認識は、円仁『行記』においてもたらされ、源信において明確化する[50]――をふまえ、〈今〉の世における仏教的実践を通じて釈迦在世時と同様に諸聖に見《まみ》えることができるという為憲の実感ないし確信であり、おそらくは保胤や源信・奝然、『三宝絵』の享受者である尊子といった同時代人にも共有されていた。

『三宝絵』における〈今〉とは、唐において円仁の体験した文殊感得が、その直後に施行された武宗による排仏政策（会昌の法難。八四二～四六年）を契機に仏法が〈東流〉したことで、日本においても――否、日本においてこそ――実現するようになったと考えられた時代であった[51]。本来は五臺山にいるはずの文殊が、実は日本に化現・転成しているという言説自体は、『三宝絵』以前にも存在した可能性がある[52]。このことは、毘盧舎那如来が発する真言と同一視されていた〈梵語〉〈悉曇〉を媒介にインドと日本とを観念的に直結させた空海（七七四～八三五）の言語論[53]同様、観念の次元においては〈仏教先進国〉中国の相対化が比較的早い段階で試みられていたことを意味していよう。しかし、五臺山や長安における文殊の感得が円仁自身の宗教的成長と不可分の関係にあり、かつ、法難に起因する数多の苦難に見舞われながらも奇跡的な帰国実現をもたらした原動力としてもはたらいていたこと[54]を重視するならば、円仁の文殊感得体験は、実践経験との結び付きを強く示す点において、それ以前の文殊感得譚と一線を画する印象を後世の読者たちに与えるものだったのではないか。円仁自身が感得したのは〈懺悔・滅罪を司る存在〉たる古代的文殊像であったと考えられる。しかし、『行記』（および、『行記』を基に撰述された諸伝記）を通じて流布した円仁の文殊感得譚はその強い実践性のゆえに、『空也誄』の空也像を介し、〈救済者〉たる文殊像に立脚した、新しい行基文殊化身説の形成を促すことになったものと考えられる。

『三宝絵』の〈今〉、それはまさしく生身仏に見《まみ》えることのできる時代であった。

註

（1）堀池春峰「行基菩薩御遺骨出現記について」（初出一九六〇年。『南都仏教史の研究 遺芳篇』法藏館、二〇〇四年）、同「家原寺蔵・行基菩薩縁起図について」（初出一九六二年。『南都仏教史の研究 上――東大寺篇』法藏館、一九八〇年）、同「南都仏教と文殊信仰」（初出一九六九年。『南都仏教史の研究 下――諸寺篇』法藏館、一九八二年）。

（2）吉田靖雄「文殊信仰の展開」（初出一九七七年。『日本古代の菩薩と民衆』吉川弘文館、一九八三年）。

（3）『霊異記』成立期（八世紀末～九世紀初頭）における行基文殊化身説の諸相に関する私見は、拙稿「文殊信仰をめぐる行基菩薩像形成史――『日本霊異記』を起点として」（『古代文学』五七号、二〇一九年）を参照。

（4）拙稿「文殊の導く求法巡礼――円仁の〈夢〉観念をめぐって」（『日本仏教綜合研究』一五号、二〇一七年）。

（5）上田純一「平安期諸国文殊会の成立と展開について」（『日本歴史』四七五号、一九八七年）。

（6）拙稿「文殊信仰をめぐる行基菩薩像形成史」。同「古代から中世へ――行基像の変容とその思想史的意義」（『日本思想史学』五一号、二〇一九年）。

（7）以下、『三宝絵』テキストは馬淵和夫・小泉弘・今野達校注『三宝絵・注好選』（新日本古典文学大系31、岩波書店、一九九七年）に拠る。

（8）出雲路修「《三宝絵》の編纂」（初出一九七五年。『説話集の世界』岩波書店、一九八八年）。同「解説」（出雲路修校注『三宝絵』平凡社東洋文庫、一九九〇年）。

（9）「抑《そもそも》天竺ハ仏ノアラハレテ説給シ境、震旦ハ法ノ伝テヒロマレル国也。コノ二所ヲ聞ニ、仏ノ法漸アハデニタルベシ。……アナタウト、仏法東ニナガレテサカリニ我国ニトヾマリ、アトヲタレタル聖昔オホクアラハレ、道ヲヒロメ給君、今ニアヒツギ給ヘリ」（『三宝絵』中巻、序文）。

（10）「守屋大連ノ愚ナル詞ニカ、リテ、我国ノ仏種ハ断ヌベカリケルヲ、厩戸皇子ノカシコキ政ニヨリテ、今日マデ法門ハ所伝也。四百歳ヨリ以来、幾ノ衆生カ知因、悟果、離苦、得楽。尺尊ノ法力アヤシキカナ、妙ナルカナ」（同前、讃）。

（11）「尺迦牟尼仏隠給テ後、一千九百卅三年ニ成ニケリ。像法ノ世ニ有ム事遺年不ㇾ幾」（『三宝絵』序）。

（12）小泉弘「『三宝絵』の後代への影響」（『三宝絵・注好選』新日本古典文学大系31）。

（13）菩提僊那の事蹟については、井上薫「流沙を渉り来唐・来日した菩提僊那」（堀池春峰編『霊山寺と菩提僧正記念論集』大本山霊山寺、一九八八年）、堀池春峰「婆羅門僧正とその周辺」（同前。堀池春峰『南都仏教史の研究遺芳篇』再録）、藏中しのぶ編「『南天竺婆羅門僧正碑幷序』注釈」（『水門――言葉と歴史』二一号、二〇〇九年）、井上正望「婆羅門僧正菩提僊那の年譜と史料」（新川登亀男研究代表『二〇一三年度早稲田大学・奈良県連携事業成果報告書 古代における南西アジア文化とヤマト文化の交流に関する調査・研究（総集編）――南天竺婆羅門僧正菩提僊那をめぐって』二〇一四年）などを参照。

(14) 嘉承元年（一一〇六）成立、長承三年（一一三四）成立の『東大寺要録』には、撰者・成立期ともに不明の「元興寺小塔院師資相承記」（以下「相承記」）、「大安寺菩提伝来記」（以下「伝来記」）からの引用として、本説話の類話が二話収録されている（巻二「開眼師伝来事」）。両者はいずれも和歌贈答の先後関係が『三宝絵』とは逆に、菩提僊那から贈られた歌に対して行基が返歌を行う展開となっており、「和歌の内容や説話の形式から見ればどうしても菩提の方が「贈」で行基の方が「返」であるべきだと思はれる」（堀一郎「婆羅門僧正について（つゞき）――寧楽仏教史序考」、『宗教研究』八一号、一九三四年）という。また、文法面において①「伝来記」「相承記」は、いずれも和歌表記が宣命体をとっている、②「伝来記」では、両歌の結句に使用される終助詞が奈良時代特有の詠嘆表現「鴨《かも》」となっている（「相承記」では『三宝絵』同様、平安期以降に一般的な「加奈《かな》」が用いられている）二点をふまえ、「伝来記」を最古の形態と見なしてその成立年代を『霊異記』成立後（八五〇〜九五〇年頃）に設定し、以降「相承記」→『三宝絵』の順に継承・展開したとする見解が有力視されている（米山孝子「行基説話伝承考――婆羅門僧正との和歌贈答説話の形成」初出一九九〇年。『行基説話の生成と展開』勉誠社、一九九六年）。

(15) 山田孝雄「三宝絵詞の研究」（同『三宝絵略注』宝文館出版、一九五一年）、大曽根章介「源為憲雑感」（初出一九八〇年。『三宝絵・注好選』新日本古典文学大系31）。

(16) 「又同時、有二付法仏隴寺僧行満座主一。見二求法深心一、自相語言、昔聞、智者大師、告二諸弟子等一。吾滅後二百余歳、始於二東国一、興二隆我法一。聖語不レ朽、今遇二此人一矣。我所二披閲一法門、捨二与日本闍梨一。将二去海東一、当レ紹二伝燈一。凡法華疏・涅槃疏・釈籤・止観、并記等八十二巻」（仁忠『叡山大師伝』）。

(17) 「爾時弥勒菩薩、作二是念一。今者世尊、現二神変相一。以二何因縁一、而有二此瑞一。今仏世尊、入二于三昧一。是不可思議、現二希有事一。当二以問一レ誰。誰能答者。復作二此念一。是文殊師利法王之子、已曽親二近供三養過去無量諸仏一。必応レ見二此希有之相一。我今当レ問。……爾時文殊師利、語二弥勒菩薩摩訶薩、及諸大士一。……時有二菩薩一。名曰二妙光一、有二八百弟子一。……仏授記已、便於二中夜一入二無余涅槃一。仏滅度後、妙光菩薩持二妙法蓮華経一。満二八十小劫一、為レ人演説。……八百弟子中有二一人一、号曰二求名一。貪著利養、雖二復読二誦衆経一、而不二通利一、多レ所二忘失一。故号二求名一。是人亦以下種二諸善根一因縁上故、得レ値二無量百千万億諸仏一、供養恭敬尊重讃歎。弥勒当レ知。爾時妙光菩薩、豈異人乎。我身是也。求名菩薩、汝身是也」（『妙法蓮華経』序品第一、『大正蔵』第九巻、二頁B二四―四頁B一六）。

（18）小原仁『源信――往生極楽の教行は濁世末代の目足』（ミネルヴァ書房、二〇〇六年）。この時期、北宋から〈三国由来〉〈生身〉の釈迦として著名な栴檀釈迦瑞像と将来した奝然（第四節にて詳述）に対抗するかたちで、三国伝来の正統性を込めた「自国産生身仏」が造立されている（上川通夫『平安京と中世仏教――王朝権力と都市民衆』吉川弘文館、二〇一五年）。

（19）『大正蔵』第一四巻、三五四頁B二八。但し、『大正蔵』所収テキストの表記は「法本不然、今亦無滅」となっている。

（20）『大正蔵』第九巻、五七頁B九・一〇。

（21）米山「行基説話伝承考」。

（22）鑑真の最も基本的な伝記である淡海三船『唐大和上東征伝』（七七九年）には、鑑真の言葉として「昔聞、南岳思禅師遷化之後、託二生倭国王子一、興二隆仏法一、済二度衆生一。又聞、日本国長屋王、崇二敬仏法一、造二千袈裟一、棄二施此国一。……以レ此思量、誠是仏法興隆有縁国也」（『大正蔵』第五一巻、九八八頁B一七～二二）という一句が認められる。そのため、〈聖徳太子慧思後身説〉を中国由来と考える立場もあるが（藏中進「聖徳太子慧思託生説について」、『日本歴史』三〇四号、一九七三年。王勇『聖徳太子時空超越――歴史を動かした慧思後身説』大修館書店、一九九四年など）近年では、鑑真一門が天台教学を日本に普及させるに当たり、その重要性を鼓吹するために創作したものであると見なす立場が有力視される傾向にある（伊吹敦「鑑真は来日以前に聖徳太子慧思後身説を知っていたか？」、『印度学仏教学研究』六二巻一号、二〇一三年。同「聖徳太子慧思後身説の形成」、『東洋思想文化』創刊号、二〇一四年など）。〈聖徳太子慧思後身説〉については膨大な数の先行研究が存在する。研究史を簡潔にまとめた近年の論考として、吉原浩人「南岳衡山における転生言説の展開」（阿部泰郎・吉原浩人編『南岳衡山と聖徳太子信仰』勉誠出版、二〇一八年）を参照。

（23）『三宝絵』中巻、序文。

（24）伊吹敦「最澄と聖徳太子慧思後身説」（大久保良峻教授還暦記念論集刊行会編『天台・真言・諸宗論攷　大久保良峻教授還暦記念論集』山喜房佛書林、二〇一五年）。

（25）「往年、西国有二一婆羅門僧一、其名達磨。此人応化、魏文帝即位大和八年歳次丁未十月、到二来漢地一。徘二徊衡山一、吟二詠草室一。於レ是、達磨道場之内、六時行道。問二思禅師一曰、汝此寂処、幾年修道。答云、廿余歳。問、何見二霊験一。答云、不レ見二霊験一。何被二威力一。答云、不レ見二霊験一、不レ被二威力一。達磨、良久歎息云、禅定易レ厭、濁世難レ離。余忽遇二素交一、永滅二塵劫之重罪一。暫随二清友一、永植二来世之勝因一。阿々師々努々力々。何故化留二此山一、不レ遍二十方一。所以因果並亡、海東誕生。彼国無機、人情麁悪、貪欲為レ行、殺害為レ食。宜レ令二宣揚正法一、諫二止殺害一。禅師問云、達磨誰人。答云、余者虚空也。相談已訖、向レ東先去。聖容不レ停、来儀髣髴。禅師恋望、朝夕啼泣、六時行道。年将二五十一、後魏帝拓抜皇始元年庚申、永逝也。……身留二於第六之生一、機二候第七之生一、生死大空、凡夫済二於苦海一、菩提純浄利、含類運二於覚路一。然則、応化之語不レ忘也、往生之身不レ謬也。所以、生二倭国之王家一、哀二衿百姓一、棟二梁三宝一」。

（26）また、行基と菩提僊那の値遇と〈聖徳太子慧思後身説〉との結び付きを容易とするもう一つの要因として挙げられるのが、片岡山における聖徳太子と飢者との和歌贈答説話の存在である。この説話については、『日本書紀』巻第二十二・推古天皇二一年十二月朔条がよく知られているが、古代聖徳太子伝の一つである『異本上宮太子伝』では推古紀の記事に即しつつ、『七代記』所収の〈聖徳太子慧思後身説〉をふまえ、飢者を達磨と見なす割注を付している（以下、傍線部分）。

皇太子、遊二行於片岡一。時、飢者臥二道垂一。使レ問二姓名一、飢者不レ言。皇太子視レ之与二飲食一、即脱二衣裳一覆二飢者一、而言二安臥一。仍作歌曰、

斯那提留夜《しなてるや》　可多乎可夜摩邇《かたをかやまに》　伊比邇宇恵底《いひにうゑて》　許夜世留他比等阿波礼《こやせるたびとあはれ》　於夜奈志邇奈《おやなしにな》　礼奈利介米夜《れなりけめや》　佐須陀《さすた》
気乃《けの》　岐弥波夜奈吉母《きみはやなきも》　伊比邇宇恵天《いひにうゑて》　許夜世留諸能多比等《こやせるそのたびと》　安波礼《あはれ》

于レ時飢者、蒙レ賜二衣裳幷歌一、即奉二和歌一曰、

伊珂瑠賀能《いかるがの》　等美能乎何波能《とみのをがはの》　多延婆許曾《たえばこそ》　和賀於保吉美能《わがおほきみの》　弥奈和須良延米《みなわすらへめ》

数日後、皇太子遣レ使視二飢者一。使人還来、而曰二飢者既死一。爰皇太子興二悲哀心一。則因以葬二埋於当処一、固二封墓一。後、皇太子召二近習者一、謂レ之曰、先日臥二道飢一者、其非二凡夫一。必真人也。遣レ使令レ視。於レ是使者還来之曰、到二於墓所一而視レ之、封埋勿レ動。乃明以見、屍骨既空。唯衣服畳置棺上。於レ是、

皇太子更返二使者一、令取其衣、如レ常且服矣。時人太異之曰、聖之知レ聖、其実乎哉。彼飢者、蓋是達磨歟。

(27)　この点に関し、話者の主体性を含意する「爰ニ知ヌ、行基ハ是文殊ナリケリト」（圏点筆者）という表現に、為憲における当該譚採用の積極的な意志を読み取る荒木浩の指摘は重要である（荒木浩「三宝絵」、『岩波講座日本文学と仏教9　古典文学と仏教』一九九五年）。

(28)　『三宝絵』では、東大寺盧舎那仏建立に功績のあった六名（行基菩薩・良弁僧正・婆羅門僧正・仏哲・フシミノ翁・コノモトノ翁）を「アトヲタレタル人々」即ち垂迹と見なし、「或ハ我国ニ生レ、或ハ天竺ヨリ来テ、御願ヲタスケタリ」と（下巻二十二「東大寺千花会」）と述べている。うち、行基・良弁（六八九～七七三）・菩提僊那に聖武天皇を加えた四名は「東大寺四聖」と称され、それぞれが文殊・弥勒・普賢・観音の各菩薩の垂迹と見なされており（久野修義「中世東大寺の寺院と社会」初出一九九一年。『日本中世の寺院と社会』塙書房、一九九九年。藤巻和宏「東大寺四聖本地説の成立」、『伝承文学研究』五四号、二〇〇四年）、この四名を「四聖」として特記する史料上の初出は、建久二年（一一九一）成立の『建久御巡礼記』とされる（久野「中世東大寺の寺院と社会」）。『三宝絵』の記述は、古代から中世にかけて東大寺縁起が整備されていく過程で、「四聖」以外の人物が除外されていったことを示すものといえよう（藤巻和宏「東大寺縁起と『三宝絵』――「東大寺四聖」成立前史」、小島孝之・小林真由美・小峯和明編『三宝絵を読む』吉川弘文館、二〇〇八年）。

仏哲（生没年未詳）は菩提僊那と同時に来日した林邑僧（のち、林邑楽の将来者に擬せられる）、「フシミ（伏見・臥身）ノ翁」は行基と菩提僊那が難波津から平城京へと向かう道中、菅原寺で遭遇した聴唖の老人のことと考えられる。「コノモトノ翁」については不詳だが、山田孝雄は『東大寺要録』供養章第三「化人講師事」や『今昔物語集』巻第十二「於二東大寺一、行二花厳会一語第七」に見える「売鯖翁（買鯖翁・鯖翁）」、また藤巻和宏は良弁のことかとする（山田「三宝絵詞の研究」。藤巻「東大寺縁起と『三宝絵』」）。三者はいずれも『三宝絵』には登場しないものの、仏哲・フシミノ翁の両名については、虎関師錬『元亨釈書』（一三二二年成立）巻十五「方応八」にてそれぞれの伝記が、菩提僊那（後掲）の直後に配されている。

釈仏哲、林邑国人也。有二大慈一、愍二衆生貧乏一、欲下入レ海索二如意珠一行中賑済上。便乗レ舟泛二南海一。以二咒力一召二龍王一、龍王出二波上一。乃咒縛索レ珠。龍解二髻珠一欲レ授レ哲。哲、右手結二剣印一、舒二左手一受レ之。龍紿曰、昔、娑竭女献二宝珠釈迦世尊一、世尊合掌受レ之。痛哉、像末弟子、双手受レ之。哲聞已解レ印、合掌乃欲レ受レ珠。龍見二印解而縛脱一、乃没レ海。哲空手、舟又破。時、婆羅門僧菩提、適赴二震旦一、海中逢レ之。哲語二此事一、伴二菩提一来。天平八年七月也。本朝楽部中、有二菩薩抜頭等舞及林邑楽一者、哲之所レ伝也。

伏見翁者、不レ知二何許人一。或曰、従二竺土一来。翁臥二和州平城菅原寺側崗一、三年不レ起。人呼為二唖者一。時時挙レ首見二東方一。天平八年、行基法師迎二婆羅門僧菩提一、帰二菅原寺一設レ供。二人甚歓。乃、執レ箸為二拍板一、二比丘互舞。于レ時、翁俄起入レ寺、又作レ舞而歌曰、時哉時哉、縁熟哉。三人相共舞、如二故旧一。蓋、頃年作二唖態一者、為レ発二此言一也。時時擡レ頭望レ東者、見二東大寺営構一也。

本説話には様々なバリエーションが存在しており、その中には行基文殊化身説の展開を考える上で示唆的な内容も存在する。しかし、ここでは紙幅の都合上、仏哲と伏見翁は菩提僊那と、また伏見翁は菩提僊那・行基の両名とそれぞれ接点を有しているという点、本説話の類話が平安時代成立と目される「相承記」（註（14）参照）の段階で既に存在しており、そこでは老翁（「伏見翁」ではなく「大倭国看」）が前世において菩提僊那の童子であったと説明されている点の二点を指摘するのみに留める。

（29）　前田雅之「三国意識と自国意識――本朝仏法伝来史の歴史叙述」（初出一九八四年。『今昔物語集の世界構想』笠間書院、一九九九年）、荒木「三宝絵」。

（30）　奥健夫「生身仏像論」（長岡龍作編『講座日本美術史4 造形の場』東京大学出版会、二〇〇五年）、長岡龍作「古代日本の「生身」観と造像」（『美術史学』二九号、東北大学大学院文学研究科美術史学講座、二〇〇八年）。

また、傍線④部分に見える三身と「生身仏」との関わりについて、前掲長岡論文は、無念無相である真身＝法身と仏像＝応身とを対置した上で、「木や石の仏像を例にあげながら、像の前で行をなす行者がそれを木石と思えばただの木石に過ぎないが、仏と想い励むことで仏徳を得ることができる。……誠ある恭敬心や信仰心に応える仏像の利益は、生身の利益に匹敵する」と説明する無住『沙石集』の一節が、「能度二十方世界衆生一、受二諸罪報一者、是生身仏」（『大智度論』巻第九。『大正蔵』第二五巻、一二二頁A三・四）をふまえたものであると述べる。

この点に観して、『三宝絵』下巻一六「比叡舎利会」の以下の内容は注目される。

抑《そもそも》、①仏ハツネニマシマス御身《おほむみ》ナリ。命ヲハリアルベカラズ。仏キヨクムナシキ御カタチ也。②ホネノトヾマレルモアルベカラネドモ、カクレ給事ハ機縁ニ随ヒ、ノコシ給ヘル事ハ慈悲ニヨレリ。③末ノヨノ衆生ハ善根ヲウヘシ（ママ）メ給ハムタメニ、大悲方便ノ力ヲモテ、金剛不壊ノ身ヲクダキ給ヘル也。

ここでは、久遠常住（＝ツネニマシマス・命ヲハリアルベカラズ）無念無相（＝キョクムナシキ）の法身（傍線①部分）に対し、末世の衆生に善根を植えさせようという釈迦の慈悲心によって遺された（傍線③部分）のが仏舎利（＝ホネ。傍線②部分）だということになる。仏像に霊性を与えることを目的として、その胎内に仏舎利や仏牙を納める行為はインド以来の風習であり（奥「生身仏像論」）、『三宝絵』における右の言説も、仏舎利＝応身と見なすことによって、『大智度論』巻第九の所説に即したものと理解することができよう。

以上の議論を『三宝絵』下巻十七へ敷衍すると、「空《ムナシ》キ」法身と「相好」を具備する「生身」の釈迦如来像＝応身とが対置され、後者を至心に供養することで「マコトの仏」と同等の功徳が期待される（なお、本話では如来像の影像＝報身についても語られるが、ここでは言及しない）。

（31）後に述べるように、正暦二年（九九一）、僧仁康は河原院において五時講を開催するにあたり、大安寺釈迦如来像を模刻した（『続古事談』巻第四）。講会に際し、大江匡衡が作成した「為二仁康上人一修二五時講一願文」（『本朝文粋』巻第十三）では、模刻像を目の当たりにした大衆が「或垂レ涕曰、我等不レ図、今日奉レ見二霊山釈迦一。衆心歓喜、得二未曾有一」と感激したといい、「嗟呼、衆生慈父、今已在レ此。三界何子、不レ蒙二教化一」と述べている。願文ゆえの誇張表現を考慮する必要はあるものの、『三宝絵』成立に近接する時期、大安寺釈迦如来像が「生身仏」として道俗貴賤の帰依を集めていた事実を窺うことができる（中野聰「霊験仏としての大安寺釈迦如来像」、『仏教芸術』二四九号、二〇〇〇年。皿井舞「模刻の意味と機能――大安寺釈迦如来像を中心に」、『京都大学文学部美学美術史学研究室 研究紀要』二二号、二〇〇一年）。

（32）「公主〔尊子内親王〕、春秋十有五、初入内。……不下以レ受二〔円融帝〕恩寵一為上レ栄、唯以レ逃二俗塵一為レ志。晨昏所レ誦者提婆品、造次所レ念者弥陀尊」（慶滋保胤「為二品長公主四十九日願文」、『本朝文粋』巻十四）。

（33）稲本泰生「奝然入唐と「釈迦信仰」の美術――南京大報恩寺址出土品を参照して」（GBS実行委員会編『ザ・グレイドブッダ・シンポジウム論集15 論集 日宋交流期の東大寺――奝然上人一千年大遠忌にちなんで』東大寺、二〇一七年）。

(34) 大江匡衡「為二仁康上人一修二五時講一願文」(『本朝文粋』巻第十三)。
(35) 註(31)参照。
(36) 上川通夫は、為憲の『空也誄』執筆を源信の『往生要集』執筆(九八四～八五年)および保胤の『日本往生極楽記』執筆(九八三～八五年)と同時期のことと想定し、彼らによる一連の執筆活動が、奝然の行動に刺激され「浄土教の社会的興隆事業へと駆り出させた」一環であると述べる(上川『平安京と中世仏教』)。
保胤は奝然の入宋に際し、日本に残される母親のために催した七七日忌逆修供養の願文「奝然上人入唐時為レ母修レ善願文」(『本朝文粋』巻十三)を撰述するほか、入宋前の奝然本人とも詩作を介した交流を行っている(吉原浩人「慶滋保胤「奝然上人入唐時為母修善願文」考」、林雅彦・小池淳一編『唱導文化の比較研究』岩田書院、二〇一一年。同「慶滋保胤の奝然入宋餞別詩序考——白居易・元稹詩文との交響」、河野貴美子・王勇編『東アジアの漢籍遺産——奈良を中心として』勉誠出版、二〇一二年)。為憲においても、保胤を介した奝然との交友関係があった可能性は否定できない。
(37) 「応下重遣二唐嘉因一大唐供二養五臺山文殊菩薩一兼請中新訳経論上事」(『続左丞抄』第一。『宋史』日本伝、『仏祖統記』巻第四三・端拱元年条)。
(38) 本像は奝然の後援者であった藤原兼家建立の東三条邸に安置、のちに道長の手に渡り、最終的に平等院経蔵へと転蔵された(荒木計子「奝然将来の五台山文殊の行方」、『学苑』六六八号、一九九五年。金子啓明編『日本の美術』三一四号、至文堂、一九九二年。小島裕子「五台山文殊を謡う歌——『梁塵秘抄』より、嵯峨清涼寺奝然の五尊文殊請来説を問う」、真鍋俊照編『仏教美術と歴史文化』法藏館、二〇〇五年)。
(39) 荒木「奝然将来の五台山文殊の行方」、小島「五台山文殊を謡う歌」。
(40) 「此沙門〔菩提僊那〕於二天竺一、祈三願値二遇文殊一。忽然有二化人一、告曰、此菩薩居二住震旦之五臺山一、即欲レ尋二詣彼山一」(『東大寺要録』巻二)。
(41) 慶滋保胤「奝然上人入唐時為レ母修レ善願文」(註(36)参照)。
(42) 松尾剛次『忍性——慈悲ニ過ギタ』(ミネルヴァ書房、二〇〇四年)。
(43) 『空也誄』本文は、石井義長『『空也上人誄』の校訂』(同『空也上人の研究——その行業と思想』法藏館、二〇〇二年）に拠る。

（44）「昔者、大花厳寺設二大斎一、凡俗男女、乞丐寒窮者、尽来受レ供。施主憎嫌云、遠渉二山坂一、到レ此設レ供。意者、只為三供二養山中衆僧一。然、此塵俗乞索児等、尽来受レ食、非二我本意一。若供二養此等色一、只令二本処設一レ斎。何用三遠来到二此山一。僧、勧令三皆与二飯食一。於二乞丐中一、有二一孕女一、懐妊在レ座。備受二自分飯食一訖、更索二胎中孩子之分一。施主罵レ之不レ与。其孕女再三云、我胎中児、雖レ未二産生一、而亦是人数。何不レ与二飯食一。施主曰、儞愚癡也。肚裏児、雖二是一数一、而不二出来一。索得二飯食一時、与レ誰喫乎。女人対曰、我肚裏児、不レ得レ飯。即我亦不レ合得一レ喫。便起出二食堂一、纔出二堂門一、変作二文殊師利一。放レ光照曜、満レ堂赫奕、皓玉之貌、騎二金毛師子一。万菩薩囲遶、騰レ空而去。一会之衆、数千之人、一時走出、忙然不レ覚倒レ地、挙レ声懺謝、悲泣雨レ涙。一時称二唱大聖文殊師利一、迄二于声竭喉涸一、終不レ蒙二廻顧一、髣髴而不レ見。大会之衆、飡レ飯不レ味。各自発願、従レ今已後、送供設斎、不レ論二道俗・男女・大小・尊卑・貧富一、皆平等供養。山中風法、因レ斯置二平等之式一。……今見二斎会一、於二食堂内一、丈夫一列。女人一列、或抱二孩児一、児亦得レ分。童子一列。沙弥一列。大僧一列。尼衆一列。皆在二床上一、受二供養一。施主平等行レ食。有レ人、分外多索、亦不レ恠之。随二多少一、皆与之也」（『行記』巻三、開成五年〈八四〇〉七月二日）。

（45）木下文彦「源為憲と『空也誄』――空也研究の方法的前提として」（『仏教史研究』二二号、二三号、一九八六年）。石井「『空也上人誄』の校訂」。増尾伸一郎「源為憲と初期天台浄土教――慶滋保胤との対比を通じて」（初出二〇〇八年。『日本古代の典籍と宗教文化』吉川弘文館、二〇一五年）。

（46）小原仁「摂関時代における「日本仏教」の構想――『三宝絵』と『空也誄』を素材にして」（紫式部学会編『源氏物語の背景 研究と資料』武蔵野書院、二〇〇一年）。

（47）一方、『空也誄』では「少壮之日、以二優婆塞一、歴二五畿七道一、遊二名山霊窟一。若睹二道路之嶮艱一、預レ歎二人馬之疲頓一、乃荷レ鍤以鑱二石面一、而投レ杖以決二水脈一。曠野古原、毎レ有二委骸一、堆二之一処一、灌レ油而焼、唱二阿弥陀仏名一焉」と、若年期の空也が各地を巡礼しつつ、①道路の開削や井戸の堀削、②火葬を伴う死者供養、を行っていたことを記す。特に、①の利他行が行基の活動を髣髴とさせる点は注目される。

（48）勝浦令子「源為憲と『三宝絵』の世界――仏教のエクリチュール」（河添房江他編『叢書 想像する平安文学2――〈平安文化〉のエクリチュール』勉誠社、二〇〇一年）。

（49） 宮坂和枝「三宝絵の文章に就て――個別的文章研究の一つの試み」（初出一九五三年。日本文学研究資料刊行会編『日本文学研究資料叢書 説話文学』有精堂出版、一九七二年）、荒木「三宝絵」。

（50） 荒木「三宝絵」。

（51） この点に関して、為憲が円仁の師・最澄による日本天台宗開創（九世紀初頭）を〈昔〉と〈今〉の画期であるとみなしているという、出雲路修の指摘は重要である（出雲路「《三宝絵》の編纂」）。

（52） 註（14）参照。

（53） 拙稿「毘盧舎那如来への〈みち〉――空海の言語観をめぐって」（『日本思想史学』四五号、二〇一二年）。

（54） 拙稿「文殊の導く求法巡礼」。

付記 本稿は、平成二十七年～令和元年度科学研究費補助金（基盤研究C・課題番号一五K〇二〇六九、課題名「日本古代仏教史上における異言語受容の思想史的研究」）による成果の一部である。

II　対立と調和

◆宗教と社会1

民衆宗教、あるいは帝国のマイノリティ

永岡　崇

とにかくマイナー文学の第一の特性は、言語が脱領土化の顕著な要因に影響されることである。この意味で、プラハのユダヤ人が文章を書くことを妨げ、彼らの文学をなにかしら不可能にする袋小路を、カフカは明らかにしている。つまり書かずにいることは不可能であり、ドイツ語で書くことは不可能であり、別の仕方で書くことも不可能なのだ(1)。

——ドゥルーズ／ガタリ『カフカ』

はじめに

日本思想史学が語るべき対象のリストに〝民衆〟が書きくわえられたのは、一九五〇年代のことである。民衆史といえば、六〇年代初頭の色川大吉による自由民権運動研究から語り起こされることが多いが、その時点ですでに、佐木秋夫・乾孝・小口偉一・松島栄一『教祖——庶民の神々』（一九五五

年）や村上重良『近代民衆宗教史の研究』（一九五八年）といった仕事によって、民衆宗教史の分野が切りひらかれつつあった。中谷いずみが指摘するように、五〇年代には――柳田民俗学が本格的に展開し、『綴方教室』が人気を博した三〇年代とともに――「文壇や論壇から遠く離れた周縁的場所にいた人びとが、まさにその立場ゆえに価値ある存在とされ、表象され」ていったのであり(2)、民衆宗教研究もまた、そうした時代的要請の産物であったということができる。

中谷は、五〇年代の〝民衆〟表象が社会運動の展開に寄与したことを認めながらも、政治色や党派性とは無縁の、素朴で無力な〈無色〉の主体として「プリミティヴ化」された〝民衆〟イメージが生産されることで、結果的に多数派《マジョリティ》の価値観を追認し、強化するにいたるメカニズムを厳しく追及している。他方、村上重良らが描く民衆宗教の教祖たちは、神がかりを契機に独自の思想表現を生みだした例外的な民衆であり、その意味で〈無色〉の主体などではない。だが、その思想は「変革期の民衆の救済の要求を反映する(3)」ものとされたのだから、彼ら・彼女らは〈無色〉の民衆の正統的な代表＝表象者として表象されたのだといえる。やがて――保守化が進行する七〇年代以降の社会のなかで――変革主体や批判原理として表象される民衆宗教もまた、左派知識人がみずからの願望を投影したフィクショナルな構成物にほかならないのではないかと、辛辣な批判を受けることになった(4)。

こうした状況に積極的に応答してきたのが桂島宣弘である。桂島は変革主体としての民衆という問題設定への批判を受け入れたうえで、「「他者」としての徳川日本の「民衆」の「社会的意識諸形態」の様相を明らかにし、十八～十九世紀の政治文化をめぐるヘゲモニー関係を記述することに今後の「民衆」思想史研究の一つの可能性はあるのではないか(5)」と、新たな民衆宗教研究の課題を提起している。すなわち、「国民」ではないという意味での「他者」としての民衆を参照点に、近代以降の「自己」像の歴史的被構築性を浮き彫りにすることをめざすべきだとするのである。

桂島の提言は九〇年代以降の国民国家論や宗教概念論を基礎とした立論で、幕末維新期の民衆宗教研究の課題として傾聴に値するものだ。だがここでは逆に、民衆（宗教）を近代の外部に位置づける彼の議論では見えにくくなってしまう問題をとりあげてみたい。端的にいえば、近代化する社会のなかの民衆（宗教）の経験をどのように理解するのか、という論点である。桂島は近年の論考で、教派神道化して「国民」へと統合され、「内面」の世界を扱う近代的な〝宗教〟へと変容していった天理教や金光教に、〝宗教〟への包摂を拒絶して活動し、大正・昭和期に国家の弾圧を受けた大本を対置して論じている。[6]村上以来の民衆宗教研究が採用してきた二項対立――天皇制国家への服従か、抵抗か――を、べつのかたちで反復しているのである。しかし、両者をこのように区分してしまうと、天理教や金光教が近代的な〝宗教〟になる／であることの困難さ、また大本が経験した近代との連続性と断絶のニュアンスがとらえられなくなってしまうのではないだろうか。

たとえば第二次大本事件（一九三五年）の後に司法省で作成された「宗教類似教団」についての報告書『宗教類似教団に随伴する犯罪形態の考察』をみると、そうした単純な区分は不適当であることがわかる。

> 本研究の宗教類似教団と云ふは字句の上よりすれば、所謂類似宗教と同意義に解すべきものならんも、……敢て形式的の区分による非公認宗教たる類似宗教に限局せらるべき性質のものではな

い。／寧ろ公認たると非公認たるとを問はず擬似宗教、邪教と認めらるべきもの即ち宗教の仮面を装い宗教の本質に違ひ、世を惑はし人心を害し公序良俗に反するが如き行為を為すものを対象とせなければならぬ。[7]（／は改行。引用文以下同）

ここでは「公認たると非公認たるとを問はず」、「宗教の仮面を装い宗教の本質に違ひ、世を惑はし人心を害し公序良俗に反するが如き行為を為すもの」が「宗教類似教団」として監視の対象とされる。この報告書において、天理教は行政カテゴリー上では文部省管轄の公認教でありながら、皇道大本、天理研究会、ひとのみち教団、天津教、神政龍神会、生長の家とともに「邪教」として取りあげられている。そうであれば、これらの民衆宗教が経験した近代を横断的にとらえなおす視点が必要になるのではないだろうか。

私は、天理教や金光教の〝宗教〟化・〝国民〟化が戦前期を通じて未完のプロジェクトでありつづけたという事実こそが重要だと考える。〝民衆宗教〟から〝近代宗教〟への過渡的状態が持続していたということを単純に確認するだけでは充分でない。むしろそこにこそ、近代を構成する諸力が出会う焦点としての民衆宗教の存在性格が凝縮されていると考えるべきなのだ。そのための試論として、本稿では民衆宗教を帝国日本のマイナー宗教としてとらえるという戦略を提示してみたい。新たな文脈へと開くことで、民衆宗教研究が喪失した批判的潜勢力をふたたび蘇らせ、帝国日本の構造的矛盾を照射するための視角を確保しうるのではないだろうか。

一　民衆宗教、あるいは帝国のマイノリティ

民衆宗教をマイナー宗教（minor religions）という概念でとらえることがはたして適切なのか、やや奇異に思われるかもしれない。近代日本における民衆宗教の位置づけを表すことばとしては、むしろ異端（heresy）のほうが馴染み深いだろう。ここで、異端概念との差異にも留意しながら、マイナー宗教をめぐる問題系を提示してみよう。

民衆宗教がもつ異端性が論じられるとき、対立項としての正統の位置には、国家神道や国体論、そしてそれらを宗教的・思想的基軸とする天皇制国家が置かれることになる。もちろん、民衆宗教の本質的な異端性・外部性を強調する村上重良のような立場から、国体論と民衆宗教の複雑な交錯・変態のあり方を問う安丸良夫の議論まで、〈民衆宗教＝異端〉論の多様性を看過するわけにはいかないが、ここでは共通性の方に目をむけておきたい。そもそも異端は、教義や世界観をめぐって正統と対立するものとされる。異端は秘かに、あるいは公然とみずからの思想を醸成し、正統は強大な権力を背景にこれを叩き潰そうとする。取締りの法的根拠や内容、程度に変化はあるものの、明治初期から敗戦にいたるまで、官憲による民衆宗教の弾圧・迫害が断続的に行われた事実が、こうした語りの信憑性を支えてきた。

たしかに、近代天皇制国家の宗教的性格とその暴力性を分析するうえで、〈民衆宗教＝異端〉論の有効性は否定できない。しかしこの枠組みは、いわば正統と異端を両極とした同一平面上に国家と民

衆宗教を並列させ、両者の反発や接近のありようを問うことに関心を集中させる働きがあり、より立体的な民衆宗教の近代経験を包括的に理解するという課題には適さない。ここに、私がマイナー宗教という概念を導入する理由がある。

ここで論じるマイナー宗教とは、当該社会で宗教的・文化的・政治的に周縁化もしくは劣位化されながら、その社会の宗教的・文化的・政治的価値観や状況との交渉をつうじて自己形成・自己変容をおこなう宗教運動である。この概念は部分的に異端と重なりあっており、彼らがメジャーな価値観と対立する場合もあるが、むしろそれを積極的にとりこんでマジョリティの承認を求めることもある。他方、その正統性を認めるか否かの判断はマジョリティに委ねられ、状況しだいで限定された承認が与えられることもあれば、端から彼らの声が聴きとられず、負のレッテルだけがおしつけられることにもなる。

この概念は、文学研究者のクォン・ナヨンが提唱する「マイナー作家」から想を得たものである。少し遠回りをすることになるが、東アジアの植民地近代《コロニアルモダニティ》を批判的に分析する彼女の議論を簡単に紹介することで、私自身の視点を明確化してみたい。[8] クォンは、ジル・ドゥルーズとフェリックス・ガタリの『カフカ――マイナー文学のために』を参照しながら、植民地期における朝鮮半島出身作家たちの困難な近代経験を理解しようとする。この本でドゥルーズとガタリは、プラハのユダヤ人作家であるフランツ・カフカのドイツ語作品を「マイナー文学」と呼ぶ。そして「マイナー文学とは、マイナー言語の文学のことではなく、むしろメジャー言語のなかにマイノリティが生み出す文学のことである」としたうえで、①言語が脱領土化の顕著な要因に影響されること、②その作品のなかのすべてが政治的なものとなること、③あらゆることが集団的価値を帯びること、という三つの特徴を指摘した。[9]

　クォンは、マイノリティ（彼女のいう「マイナー作家」）がメジャー言語を横領して生み出す作品に内包された権力作用を明るみに出すものとして、マイナー文学の概念の有用性を評価する。だが他方で彼女は、それを政治的・集団的な価値に還元することの暴力性に警戒しなければならないと論じている。マイノリティによる作品のなかに、強引に植民地支配への「抵抗」を読み込もうとするポストコロニアルの批評家の恣意性は、それ自体が表象の暴力になるというのである。クォンはむしろ、「マイナー作家」のアイデンティティが断片化される創作・流通・消費のプロセスを問う必要があるとして、朝鮮語への抑圧政策のなかで文学的表現を志すマイナー作家たちの経験をたどっていく。東京の日本語文壇に仲間入りすることへの彼らの欲望が一方にはあり、他方にはマイナー作家を取りこみつつ差別しつづける宗主国の文壇の欲望がそこに絡みつく。東京の作家たちは、朝鮮人や台湾人の作品を個人の文学作品としてではなく、民族的特性を象徴する集合的表現として歓迎し、消費していったのだ。さらにマイナー作家たちは日本語での主体化に向けて自己投企するなかで、朝鮮語や同胞へのアンビヴァレントな関係も抱えこんでいた。クォンの分析によって、朝鮮人にも日本人にも同一化しえない、マイナー作家の引き裂かれた生が浮き彫りにされるのである。

　クォンの議論は植民地支配という状況に置かれた人びとの近代経験に焦点をあわせたものだが、それらは民衆宗教の近代経験を理解するうえでも有益な視角を提供するものと考える。近代の民衆宗教は、〝迷信〟〝邪教〟の名のもとに政府やメディア、知識人による抑圧と蔑視にさらされていたが、組織化の過程で〝宗教〟のカテゴリーへと接近し、近代的なるものへと自己変革を試みる。だがそのなかで、みずからの出自としての民俗社会とのアンビヴァレントな関係を避けることはできなかった。一方、政府は国民統合のために民衆宗教を活用しながらも、〝迷信〟〝邪教〟というレッテルを手放すことはなく、抑圧的な介入も辞さなかった。民衆宗教が経験する〝近代化〟〝国民化〟への欲望、また社会のマジョリティによる包摂と差異化などといった論点は、ある程度まで被植民者と重なりあっているのである。じつのところ、クォンは colonized と minor というカテゴリーを互換的に用い、とくに不平等なグローバル状況のなかで従属的な地位に置かれた人びとの窮状を横断的に思考するための概念として、minor の有効性を主張している。

いうまでもなく、被植民者とマイナー宗教の近代経験を単純に同一視することはできない。近代における宗教の信仰は、少なくとも理念的には個人の自由意思によって選びとられるものだったし、民衆宗教には帝国の尖兵として被植民者を抑圧するという側面もあった[10]。被植民者との差異に注意を払いつつ検討を進めることで、帝国日本における民衆宗教の歴史的な位置づけを理解するための手がかりを得ることができるのではないだろうか。

そこで本稿では、二十世紀前半における民衆宗教のナショナリズム思想に着目して、マイナー宗教の近代経験の一端を浮き彫りにしてみたい。ドゥルーズとガタリは、カフカの書簡から「書かずにいることは不可能であり、ドイツ語で書くことは不可能であり、別の仕方で書くことも不可能なのだ」というマイナー文学の命題を引きだしている。そこで語られているように、マイノリティの作家は幾重にも重なった不可能性のなかでみずからの作品を生みださざるをえないのだが、帝国日本の民衆宗教もまた、困難な袋小路のなかでみずからの思想を展開させることを宿命づけられていた。ここでとりあげる天理教のナショナリズム思想が生成し、変容する過程は、そうした民衆宗教の表象の困難を明瞭に示す事例なのである。

二　『泥海古記』の近代と〈民衆宗教ナショナリズム〉

いくつかの民衆宗教は教祖による独自の創世神話をもっており、そこには記紀神話から素材をとって構成された部分も少なくない。天理教で語り継がれてきた『泥海古記』と呼ばれるテクストは、その代表的なものである。中山みきは明治初期の『おふでさき』において、「このよふの元はじまり」についての一連の歌を書き記した。さらに明治十年代には口頭で集約的に「こふき」を語り、それを信者が書きとった複数のテクストが伝えられている。彼女が「こふき」ということばをどのような意味で用いているのかは確定できないが、戦前の天理教では「古記」という字があてられていた。これら数種類のテクストは同一でなく、細部には少なからず相異した要素をふくんでいるものの、一般に『泥海古記』の名で広く流布していたのである。(11)

その名が示すとおり、神（「月日」）が泥の海から人間を創造していく物語で、男女の性的な交渉と稲作農耕儀礼、擬人化された動物のイメージなどから構成されている。そして本稿の関心からみて重要なのは、この物語で人間世界を創造するために働いた「道具衆」（「十柱の神」）を表すのに、既存の神仏の名を積極的にとりいれている点である。たとえば「たいしょく天のみこと」は仏教の帝釈天に由来するし、「くにとこたちのみこと」「いざなみのみこと」「いざなぎのみこと」「くもよみのみこと」といった神名が記紀神話を下敷きにしていることは明らかだろう。如来教の教祖・きのが語った創世神話にも共通するが、みずからが馴染んできたさまざまな神仏の名を動員することによって、壮大な世界観が構築されているのだ。

『泥海古記』が語られた時期、政府は神宮を頂点とした神々のヒエラルキーを着々と整備していたが、みきの人間創造神話はこうした近代国体論的神秩序とはかかわりなく生みだされていったと考えてよいだろう。吉本隆明は、『泥海古記』と『古事記』の重要な差異として「天理教の創造神話が〈人間創造〉神話であるのに、大和教（天皇制）の創造神話が〈国土創造〉神話であること」を指摘している。そして『泥海古記』の「教義的な時間性がしめしているものは、大和教（天皇制）よりも古く、また土俗的である」として、両者の原理的な異質性を強調するのである。[12] 吉本の解釈は典型的な〈民衆宗教＝異端〉論だといえるが、ここでより重要なのは、この『泥海古記』とともに、天理教の人びとがどのように近代を生きたのか、という論点である。

一八八七年（明治二十）にみきが〝現身を隠し〟、彼女の信仰共同体が教派神道として布教合法化路線をとるようになると、政府との折衝のなかで『泥海古記』の異端性が問題視されていく。そこで説かれる独自の神観念、また人間創造の過程は公的に認められず、変容を余儀なくされた。それを象徴的に示すのが一九〇三年（明治三十六）に裁定された『天理教教典』である（戦後に裁定された現行の『天理教教典』と区別するため、以下では『明治教典』という通称を用いる）。国学者の井上頼圀と逸見仲三郎が中心となって起草されたもので[13]、編纂過程で政府からの修正要求を受けいれながら、国家主義的色彩の濃厚な文書として完成した。

「緒言」において、「本教は由来筆墨の教にあらず教祖至誠求道を以て第一の要諦となし生前御神楽歌十二下りの製作ありしのみにして敢て文字の窺ふべきものあるなし」としたうえで、この教典は「天理の玄妙に参じ神明の恵福を全うする」ためのよすがとして「教祖の徒弟数氏と共に教祖平生の教旨を文字上に編述」したものだと説明している。実際には、みきは「御神楽歌十二下り」（『みかぐらうた』）のほかに『おふでさき』も著しているのだが、ここではふれられていない。

『明治教典』は、前半の数章で国土創造神話に言及している。天神の生成からはじめて「万有の祖」としての伊弉諾・伊弉冉による修理固成を語り、天孫降臨、そして「神統を継承し天佑を保有し国土綏撫の天職を帯び給へる」皇室による統治の正統性を説く。公定的な国体論の立場が確認されているのだ。

だが、みきに由来するオリジナルな神話的要素が完全に消失しているわけではない。伊弉諾・伊弉冉の二霊によって生成されて世界万物を分掌する八百万の神のうち、「霊徳妙用の最も顕著なるのみならず教祖の本教を発揮せらるゝ」ものを「十柱の神」と呼び、「天神地祇の霊徳妙用を統称して天理大神と崇め奉」るのだという。教典作成にいたる政府との折衝過程で、記紀神話を基準として神名の変更などがなされたとはいえ、みきの教えと公定的国体論との接合が試みられていることはたしかだ。

他方、『泥海古記』の中心をなす人間創造神話はまったく採用されていない。したがって、『明治教典』にある（『日本書紀』に依拠した）「天地未だ剖判せざるの時」と「どろのうみばかり」だったという元始まりの時が同じなのか、異なっているのかも不明である。こうした点については、信者の間でも早くから意識されていたようだ。一八八八年（明治二十一）に筆写された、『泥海古記』のヴァリアントと思われる文書には「皇国には人皇以来乃書記わあれども　人間始りし実の親様の御苦労くださる源をしらずして[14]」とあり、『泥海古記』で語られている内容が記紀神話の物語よりも古く、より根源的であるという認識が存在していたことがわかる。こうして、みきの教えのうち、記紀神話の構造に変更を迫る、あるいはそれを相対化するような内容は、『明治教典』から排除されていく。

逆に強調されたのが、尊皇・愛国の人としての教祖像である。教典のなかで、みきは「我皇上を天定の君主なりと確信し神恩を神に報ずると同一の至情を以て誠忠を皇室に尽さゞるべからず」と語っていたと記されている[15]。ただし、それがどういった典拠にもとづく記述なのかは示されておらず、みきの教えとの説得的な接合がなされているとはいいがたいだろう。

『明治教典』は裁定後、教団内で長らく棚上げの状態となり、布教や信仰の現場ではほとんど用いられなかった。後述する総力戦体制下の教団改革でこの教典の使用普及が徹底されることになるが、このとき布教師たちは「新しい教典は普通の倫理、道徳を示したもので何の魅力も無く修身の教科書も同じ[16]」とか「私の教会の信者は無学者が多く上品な言葉では判らない[17]」と不満を漏らし、「私は教典如きものには一瞥も呉れた事はありません[18]」と語る者もいた。漢文訓読体の硬質な文章、また「修身の教科書も同じ」だという内容は、天理教の信仰世界とは異質な、よそよそしいものと感じられていたのだ。他方で台湾伝道庁長の紺屋金彦が「泥海古記に依る行事は地方教会よりも寧ろ本部に於て多い、又此の教説は本部発行の凡有出版物に一句乃至数句挿入、引用して無いものはない、全国の信徒より之等の文献を取上げる事は至難な事である」[19]と語るように、『泥海古記』の教説は教団の出版物から全国の信者にいたるまで、広く親しまれていた。物語に現れる人間創造の過程や十柱の神は天理教の救済論の根拠となっており、信仰の現場では欠くことができなかったのである。

だがこのことは、天理教の信仰が公定的国体論とまったく相容れず、それとは無縁のまま営まれていたということを意味するわけではない。教祖の教えと公定的な国体論を接合するためのアプローチはほかにも存在したからだ。たとえば一派独立後の教義形成に貢献した廣池千九郎は、『明治教典』と同様に愛国者としての教祖を前面に出しているが、廣池の議論は『おふでさき』の文言を根拠に置いている点で、教典と一線を画す。

……教祖は熱烈なる愛国者であらせられました。／「日本見よ小さいやうにおもたれど、根が現はれれば恐れ入るぞや」／「おなじ木の根と枝とのことならば、枝はをれくる根はさか江でる」／とは教祖の我が祖国に対して之を賞揚せられたる讃嘆の歌であつて、日本を以て世界の根本であると見て居られたのであります。[20]

教祖自身のことばと近代的ナショナリズムが明確に結びつけられている。ここで引用されているものをふくめ、たしかに『おふでさき』には「から」（唐）と対比させながら「にほん」の優越を説く歌が複数存在する。他方、明治政府は中山みきの宗教活動にたいする弾圧をくりかえしたし、『おふでさき』にも「高山」（権力者を指すと考えられ、「谷底」＝民衆に対置される）[21]批判のことばが書き連ねられているように、近代国家と彼女との関係には不和や対立の要素が色濃いのだが、廣池がそうした点にふれることはなく、「我が祖国」にたいする親密な讃美だけが強調されるのである。

このころ、金光教では神（および教祖）にたいする「信」と、国民道徳としての「忠孝」とが一本に連なるものだとする「信忠孝一本」の教義を形成していたし、(22)大本の出口王仁三郎もまた、出口なおの教えに皇典・国家神道を並列・接合して皇道主義・日本主義を主張していた。(23)日露戦後の状況のなかで、近代の公定的国体論と教祖の著作・教えを接合させた〈民衆宗教ナショナリズム〉が、主要な民衆宗教教団のなかで形成されていったのである。

〈民衆宗教ナショナリズム〉の存在性格をより正確に理解するために、その言語的特徴に注目してみよう。「両義性の宗教」として大本を論じた栗原彬は、一九三〇年代における出口王仁三郎の著作のなかに、天皇制の護持や対外膨張主義を論じる「国体言語」と大本の神による立替え立直し、「みろくの世」の実現を謳う「生活言語」が併存しているとし、前者が後者の生存をはかるための「予防装置」の機能を果たしていたと主張している。(24)大本にかぎらず、帝国日本のマイナー宗教としての民衆宗教は、この二種類の言語を併用することによって新たに主体化をはかることになった。こうしたプロセスは、帝国の言論空間に参入すべく支配者の言語へと自己翻訳をおこなう「マイナー作家」と通底する経験だったといってよいだろう。マイナー作家はみずからの〝母語〟と帝国の言語を自在に使い分け、自己イメージをコントロールすることができたわけではない。むしろそのどちらにも安住することができず、引き裂かれたアイデンティティをテクストに刻みこまざるをえないのである。(25)栗原の議論では〈民衆宗教＝異端〉論の枠組みで生活言語の根源性が強調されるのだが、クォンの分析をふまえるなら、民衆宗教における国体言語の導入はたんなる「予防装置」だったとするよりも、それが生活言語とわかちがたく混淆し、民衆宗教の世界認識や自己理解を不可逆的に変容させていった構成的契機であったと考えるべきではないだろうか。

天理教についていえば、大和地方の方言で綴られた中山みきの『おふでさき』や『みかぐらうた』、あるいは彼女の語りを信者が書き取ったとされる『泥海古記』が生活言語、そして漢文訓読体の『明治教典』が国体言語の範型になるが、そのいずれかに〈民衆宗教ナショナリズム〉を還元することはできない。機関誌などで展開される論達・論説・教話といったテクスト、また教会や布教の現場での説教や談話において、そのつど二種類の言語が翻訳され、再配分されることで、このナショナリズム言説は生起する。あとでみるように、時局の展開のなかで国体言語と生活言語の間のギャップや緊張関係が問題化されることにもなるのだが、両者を静態的な二項対立構図でとらえることには慎重であるべきだろう。そうした枠組みでは、場や状況に応じて両者の配分を変化させつつ民衆宗教とその信者たちの思考・行動様式に影響を及ぼしてきた、〈民衆宗教ナショナリズム〉の動態的性格が不可視化されてしまうからだ。

そして天理教の〈民衆宗教ナショナリズム〉は、単純に国家を讃美する言説によってのみ形成されていたわけではない。もうひとつの重要な側面について、つぎに検討してみよう。

三　民衆宗教の活力と現代性

民衆宗教は、既成宗教への批判を通じて現代的宗教としての存在意義を強調していた。たとえば出口王仁三郎は、仏教の現状について「檀家と寺との関係はあつても、人間と寺との関係は絶縁」になっており、「宗教本来の価値は、内容は既に死滅して大殿堂のみが残つてゐる」、彼らは「弔祭仏事と功利的信心と過去の惰力に命脈を保つのみ」だと激しく論難している。(26) 金光教や天理教をふくむ教派神道も、「〔文部省〕宗教局に隷属して(27)」活動を大幅に制限され、思想界の混乱に対応できないでいる点では同断とされる。そして「既成宗教の何ものにも囚はれず、思きつて不合理の点を大胆に改善して現代人の要求に満ち足るべき活宗教の建設を計つてゐる、否実行宣布してゐるのが本教であつて、天下唯一の真宗教であるのだ(28)」とのべて、「死滅」した既成宗教／現代人の要求に適合する「活宗教」という対立構図を描くのである。

民衆宗教として最大の勢力を誇っていた天理教の場合、「ひのきしん」という教義・実践をつうじて現代的宗教としての地位を確保しようとした。これは中山みきの「みかぐらうた」を典拠とし、神恩感謝の奉仕行為といった意味を担わされてきたことばだが、一派独立以降の天理教で国策協力の教義的根拠としてクローズアップされ、のちの総力戦体制のなかでも大いに強調されることになる。(29) さきにふれた廣池千九郎は、「ひのきしん」について論じるなかで、「天理教徒は常に自己を捨てゝ、同胞社会の為に労働する事を吝まないのであります(30)」と、その犠牲的精神を強調している。

この「ひのきしん」運動の画期となったのが、一九三二年（昭和七）にはじめて開催された「全国一斉ひのきしんデー」である。樺太・台湾・朝鮮といった植民地、さらに「満洲国」を含む帝国日本の勢力圏で天理教の信者による清掃、道路修繕などを実施したもので、各種新聞でも広く報道された。

天理教青年会がまとめた「ひのきしんデーに関する歴史的報告」によると、企画段階で「対外的に立教以来最初の試みであり且又全国的に挙行せられるのであるから其の成功すると否とは教内教外に少なからざる影響を与へるものとして慎重に考慮し協議[31]」された。主催した天理教婦人会・青年会は、参加する信者に「団体トシテ秩序アル行動ヲトリ本教ノ名ヲ恥シメザルヤウ[32]」指示し、外部からの視線に細心の注意を払っていたのである。

実施後、青年会では冊子『教団の力』を作成し、収集した全国七五紙の新聞報道を転載している。「老若男女は何れも身支度甲斐々々しく一燈園の連中そこのけの心からなる奉仕をなし賞讃を受けた[33]」などと各紙で好意的に紹介され、青年会は「今回の社会の反響は立教以来熱烈なる信仰を持するため返つて誤解せられ勝であつた我が天理教が漸く正しく理解認識せられ始めたことを物語つてゐると云ふべきではなからうか[34]」と、大きな手応えを感じ取っている。収録された『台南新報』の記事に「敬虔観念の普及とか思想問題がどうのと他の精神団体や宗教団体が聞ゐたやうなことを言ふけれど未だ其実行を見た事がない、少し天理教徒の真似でもしたら……[35]」とあるように、思想に行動が伴わない既成宗教や精神団体と対照されるかたちで、「実行」の宗教としての存在意義が認められたのである。

興味深いのは、「ひのきしんの挙行に就いては複雑な問題が之に伴ふ関係上種々議論が」出されていたという点である。それにつづく箇所で「田舎、山間部、島嶋では都会に於ける様な労働者脅威の問題も起らぬので協議も簡単に済まし」たとあるところから、[36]右の「複雑な問題」とは都市部における「労働者脅威の問題」を指しているものと推測できる。屑拾いなどで生計を立てる下層労働者にとって、無償の街頭清掃を謳う「ひのきしん」は「脅威」とみなされたのだ。実際、滋賀県では労働組合が「ひのきしんデー」に抗議を行っている。

天理教彦根分教会の信者約百名が社会奉仕のため出動して彦根城及公園の除草掃除を無料で引受け美化作業に活動せんと志したところ失業者洪水時代に僅かの賃銭を求めんとする屋外労働者の職を奪ふものだと激昂した県織維労働組合の澤勘四郎君等が同分教会へ厳談横やりを入れた為め天理教信者もそれを見合せ彦根町内の塵芥掃除を手伝つて街頭の美化をすることに変更した等は失業時代の生んだ新現象だと云はれて居るが同労働組合は更に大津分教会へも抗議を申込み労働者の生活を脅かす様な社会事業奉仕の中止を迫る事になつた。(37)

また、大阪では同様の批判を見越して勤労奉仕を避け、「各信者が街頭又は戸別訪問等によつて貧困者救助の資金を募集して之を以てルンペンへの施米をなす」こととしたようだ。(38)世間から「誤解せられ勝であつた」天理教は街頭での勤労奉仕に活路を求めたが、そこで「失業者洪水時代」の「屋外労働者」と出会うことになる。一九二〇年代以降、天理教の機関誌では「労働」を宗教的に価値づけることで深刻化する労働問題を精神主義的に解消し、階級闘争を否定する論調が主流をなしていた。(39)この「ひのきしんデー」での「労働者脅威の問題」は、労働の宗教化＝反政治化を掲げる天理教と労働者との緊張関係――天理教側は正面衝突を避けるべく苦慮していたとはいえ――を象徴するものだったといえる。

「ひのきしん」運動のイデオロギー的性格は、植民地での実践においてより明確になる。京城での清掃活動にふれて、『教団の力』はつぎのようにその意義を強調する。

而して今回の此の結構なる計画に対して社会的の反響の上から云へば教勢の殆んど及ぼされてゐる内地各地方よりも諸海外の方がより効果的であつたと思ふ。我朝鮮に於いては精神的にも大いなる影響を与へたではあらうが更に永き朝鮮の過去の歴史の中に識らず識らずを遊惰な国民と化せられ、金銭はなくとも悠よう迫らざる者の如く公園に、或は路傍に虚栄の一日を遊び暮らす朝鮮遊民に対して相当の反省を与へたことと思ふ。……又一面に遊惰な朝鮮の人々を前に置いて斯様した行ひは非常に結構なことであつたと為政者の心中の一端を語つてゐたのも尤もな次第である。(40)

ここに如実に表れているように、「ひのきしん」は公園や路傍での労働倫理・規律のデモンストレーションとなり、それは「遊惰な朝鮮の人々」に対置され、彼らを教導する植民者としての自己意識・表象につながっている。「ひのきしんデー」は多数の信者を動員した勤労奉仕による有用性を呈示し、街頭を舞台とする大衆的・身体的なパフォーマンスを通じた社会的認知の獲得に成功したのだといえる。天理教徒は、下層労働者を「救助」の対象として組み込みながら、資本主義・植民地主義を推進する臣民＝主体として自己形成していくのである。そして「ひのきしん」は、天理教における〈民衆宗教ナショナリズム〉の構成要素として定着していった。「にほん」と「から」をめぐる「おふでさき」がコスモロジカルなレヴェルで国家を聖化するものとして読み出されたとすれば、「ひのきしん」

はその国家への忠誠を誓う教えとして語られ、実践されたのだといえる。

四　差異化の力学

マイナー宗教が提起するナショナリズム思想の歴史的位置を見定めるためには、それが帝国の言論空間のなかでどのように受容され、あるいはされなかったのか、マジョリティの視線を検討する必要がある。従来の諸研究が論じてきたように、民衆宗教は戦前期をつうじて〝淫祠邪教〟、また〝愚夫愚婦〟の信仰として蔑視されていた。こうした差別の主体は政府・既成宗教・ジャーナリズム・知識人・大衆の広範囲にわたっており、怪しげな病気治しによる医薬妨害・寄付の強制・性的ないかがわしさなどといった定型的なイメージが民衆宗教をとりかこんでいたのである。さらに、大正期以降に変態心理学が勃興すると、教祖や信者は精神病という範疇に閉じこめられることにもなった。

そして思想面では、しばしば『泥海古記』が槍玉にあげられた。明治二十年代から多く出版された天理教批判文書ですでに、泥鰌や蛇などから人間が生み出されるその物語が「妄誕不稽の浅間しき譫語」と嘲笑され、「我邦皇祖の神体を以て物もあらふに汚らはしき鱗魚龍蛇の変化せしものなりとは抑も無礼極る不敬千万の中条」だと糾弾されている(41)。愚民観と異端視が結びつくことによって、マジョリティによる『泥海古記』批判の言説が形成されたのである。

同工異曲の『泥海古記』批判はその後も断続的に繰り返されていたが、やがてそこに新たな局面が現れることになった。一九三〇年代は、昭和恐慌や満洲事変を背景とする〝非常時〟のかけ声のもと、

「宗教のファッショ的国粋主義化[42]」の奔流とともにはじまる。それは日本主義・日本精神主義の一翼を担い、教派神道・仏教・キリスト教・〝類似宗教〟こぞっての趨勢だった。天理教や大本などもみずからの〈民衆宗教ナショナリズム〉を高唱していくが、むしろその異端性を問われ、窮地に追い込まれることになる。大本が三五年（昭和十）に不敬罪・治安維持法違反などの容疑で大弾圧を受けたことは周知のとおりだが、その余波は天理教にも及んでいった。

三六年五月、真宗大谷派僧侶の木津無庵が、金光教・ひとのみち教団・天理教の本部を訪問している。当時、全国の師範学校を巡回して宗教について講じる活動を行っていた彼は、巡講先で〝新興宗教〟についてのさまざまな質問を受けてきたといい、訪問を機にこれらの教団の「祭神及其内容を明確にし、これが正しき批判を行ひ、国民の心に健実たる宗教的信念を涵養」したいとのべる。木津によるなら、「所謂宗教の祭神たる神は、同じ神の名であつても神社の神とは全く趣を異にするもの」で、祈禱や祈願の対象となり、その宗教の信者だけに利益を授けるなどと説く。そして「かゝる神にかりそめにも神社の神様と同じ名称を附するは、国民全体が仰ぎ奉る国家の神を潰すもの」だというのである[43]。こうした立場から天理教本部を訪れた木津は、対応した幹部の梶本宗太郎とつぎのような問答を交わしている。

……

木津氏「さうすると、教典の神と、現に実際におまつりする神と違ふ訳ですか」
梶本氏「違ふのです」

木津氏「……文部省の方の手前もあり、その辺を明確にして置き度いと思ひますが、祭神が違つて居るのでは大問題でせう。……」
梶本氏「こちらでは、又の名はと申して居ます。つまり別名ですな」
木津氏「師範では明確に話さねばなりませんから、一つそれをはつきり御示し願ひ度い」(44)

たしかに木津が指摘するとおり、『明治教典』の神名と信仰の現場で用いられる神名のあいだにはずれがあった。だが、「又の名はと申して」二種類の神名の両立を主張する梶本と「祭神が違つて居るのでは大問題でせう」と詰問する木津の認識は、決定的に隔たっている。

内務省警保局によるなら、三〇年代における天理教排撃論は「国体明徴運動の徹底乃至時局の進展に伴ふ国家意識、国体観念の昂揚に拍車せられて一層熾烈を加へ」、さらに天理本道など天理教系分派教団の〝不敬〟言辞が世間の耳目を集めるなか、「天理教本部を目して反国体思想の一大根源なりと為して之が禁絶を叫ぶ者漸く多きを加へ」ていた。木津と梶本の問答は、天理教を取り囲むこうしたコンテクストのなかで読まれなければならないだろう。国体言語と生活言語が翻訳・再配分させられることで存立してきた〈民衆宗教ナショナリズム〉は、その混淆性への疑義に応答することを余儀なくされていくのだ。

『おふでさき』の釈義で重要な役割を果たした上田嘉成は、一九三七年（昭和十二）に『日本精神と天理教』を刊行した。題名が表すとおり、日本精神主義と天理教を繋ぎ、時局に呼応しようとする著作だが、このテクストにも〈民衆宗教ナショナリズム〉の危機が刻印されている。

同書で上田はまず、国際情勢が複雑化するなかで「我が大日本帝国の地歩を世界に確立」するためには、「天皇陛下が、日本及日本人の存立の根本であるといふ……国体観念を明徴ならしめる事こそ、刻下の最大急務」だとしたうえで、「我等教信徒八百万の魂に燃え上つてゐる本教の信条たる皇室中心、日本精神の教理を振りかざして、この日本精神を国民各自の魂に徹底せしむる事」が天理教徒の受けもつべき任務だとのべる。(45) 上田によるなら、天理教は幕末維新期という「目覚ましい日本精神活躍の時代に当り、而も国民信仰の底流をなして来た神道的信仰を集大成して(46)」生まれた忠君愛国の宗教であり、『おふでさき』は「外来の思想信仰を総て一掃して日本精神によつて、国民の精神生活を善導育成するといふ事(47)」を眼目としている。さらに「消極的な外来思想の防止と言ふが如き姑息なる手段に止まらず進んで日本精神を世界中に徹底せしめ」ることを説くところに、天理教の真面目をみることができるのだという。(48)〈民衆宗教ナショナリズム〉の基本構造を踏襲しつつ、さらに対外膨張主義が強化されているのだ。

他方、上田は『おふでさき』と公定的国体論との危うい交錯にも言及する。「いざなぎといざなみいとが一の神　これ　天照皇の大神宮なり」（六号五二）の歌は、伊勢神宮の祭神が天照大神でなく伊弉諾命・伊弉冉命であるとしているように読め、神宮にたいする不敬ととられかねない箇所である。(49) ところが上田は、こうした記述は『おふでさき』に「皇大神宮尊崇の信仰が、如何に熾烈に流れてゐるか」を表すものだという。(50) どういうことか。

慎んで按ずるに、本書即ちおふでさきに於ては、人間の創造身の内守護、その他卑近に亘る委細の話を説かねばならぬために、／皇大神宮の御神名を申し上げるのは申すも畏きにより、御父母神の御神名を称へて遥かに／皇大神宮を尊崇し奉るの意を明かにせられて居るので御座います。[51]

神宮の祭神との矛盾を、天照大神にたいする畏敬の表現として処理しようとするのだが、これはいかにも苦しい弁明だろう。「人間の創造身の内守護、その他卑近に亘る委細の話」に密接なかかわりをもつ神名が、公定的国体論との緊張状態にさらされていることを示しているのである。

上田は最後の節で、『泥海古記』（ここでは『元始りのお話』と呼ばれている）にもふれている。「今迄の陰惨な人間の頭を洗ひかへて、朗かな明るい頭とするために[52]」語られた物語だとされるが、ここに人間を造った存在として現れる「親神様」と天照大神との関係は明確にされていない。結局のところ、『泥海古記』を国体神話と厳密にすり合わせることは不可能であり、つぎにのべる「革新」での禁止措置へとつながっていく。

日中戦争下の一九三八年（昭和十三）十二月、天理教管長・中山正善は教内に向けて指令「諭達第八号」を発した。文部省宗教局の圧力のもと、「革新」と呼ばれる天理教の戦時体制を開始したものとして知られる文書である。このとき文部大臣に宛てて提出された「上申書」には具体的な改革の項目が列挙されているが、ここでは教義・儀礼にかかわる㈠「教義儀式及行事は凡て教典（『明治教典』）に依拠し、苟も之に違背せざらんことを期す」、㈡「泥海古記、元始りの話、人間宿し込みの話に関連ある教説は自今一切之を為さず」の二点に注目しておこう。[53]国体言語で構成された『明治教典』へと教義・儀礼を収斂させる一方で、独自の人間創造神話を説くことを禁止し、さらに生活言語で書かれた『おふでさき』や『おさしづ』といった教義書類を回収したうえ、『みかぐらうた』についても一部を削除させるといった措置がとられることになったのである。

そもそも〈民衆宗教ナショナリズム〉は教祖による原典と国体論ナショナリズムの結合によって成り立つが、両者の間の矛盾を突きつめず、最大公約数的な共通項、たとえば愛国的心情や〝神〟——その内実には差異が孕まれていたとしても——への信仰によって共存させられていた。同時に、コスモロジーや救済論を包摂しつつ、国家的課題と担い手としての教団・信者を繋ぐ論理ともなっていたのである。昭和期の国体明徴運動のなかで両者の異質性が厳格に摘発され、殲滅・変形が起こっていくのだが、こうした帰結は民衆宗教研究が論じてきた、民衆宗教と天皇制国家との原理的・本質的対立の顕れだと理解すべきなのだろうか。

おそらくそれは論理の転倒であり、この厳格な二項対立は、それが問い質されることではじめて生起する経験と考えるべきだろう。そこにおいて、民衆宗教の当事者たちがみずからそれを生きてきた〈民衆宗教ナショナリズム〉がまがいもののナショナリズム、いわば〈非‐国民主義〉として他者化されていくのである。

五　植民地的他者との出会い（損ね）

教祖の著作・教えを重要な源泉とする〈民衆宗教ナショナリズム〉は、ナショナリズムとしての真正性・正統性を公的に否定されたのであり、民衆宗教は日本をコスモロジカルに意味づける権利を否認された。大本の〈民衆宗教ナショナリズム〉は完全に叩き潰されたが、天理教ではその再編が課題となっていく。

「革新」開始後、天理教では『泥海古記』や『おふでさき』が封印される一方、「ひのきしん」の教え・実践の重要性がさらに増していった。機関誌には「ひのきしん」についての論説があふれ、農村・工場・鉱山などでの勤労奉仕を担う「ひのきしん」運動が展開されたのである。そこにおいて〈民衆宗教ナショナリズム〉は、コスモロジカルな世界像の提示を放棄した臣民＝主体のナショナリズムへと切り縮められ、「滅私奉公の権化ともいふべき我が天理教」(54)と自称するところにまで到達する。〈民衆宗教ナショナリズム〉は屈折しながらも総力戦を支える民衆宗教の活力を生み出しつづけていったのだ。そこに、帝国日本のマイナー宗教のひとつの帰結をみることができるだろう。

こうした戦時期「ひのきしん」運動の高揚点として、一九四四年（昭和十九）から敗戦まで続けられた「いざ・ひのきしん隊」の活動があった。政府の要請に応えるかたちで、毎日約一万人の教師・信者が全国の炭鉱に入り、石炭増産活動を行ったのである。(55)ここでは、天理教の近代経験を他のマイノリティ・グループの経験と接続させて理解するために、炭鉱での「いざ・ひのきしん」隊員たちと朝鮮人や中国人との接触について考えてみよう。

日中戦争開始以降、炭鉱労働者の大量応召や生産力拡充方針による労働力需要の増大などにより、朝鮮人労働者の動員が強化されていく。後には中国人や俘虜の動員も行われ、たとえば福岡・熊本の三池炭鉱では、四五年五月時点で労働者の三割以上が朝鮮人・中国人・俘虜で占められていた。(56)戦争末期の炭鉱に入った「いざ・ひのきしん隊」隊員たちも、彼らとともに作業を行うことになる。

教団の機関紙『天理時報』に掲載された隊員による座談会では、朝鮮人労働者にも言及されている。(57)ここで徳永枝隊長が「私たちはこの機会に内鮮一体を実行の上でやらして頂き度い。この人たちとしつかり手を握つてお救けもさして頂き度いと思つてゐるんです」といえば、柳井枝隊員も「私の先山さんは半島出身ですが皆とても真面目ない丶人たちですよ。先日淋巴腺が腫れたといつて休んでゐましたので私は御供をもつて見舞つて神様にお願ひして来ましたところ、間もなくよくなつたといつて私の部屋を訪ねて来てくれました」と語る。みずからが〝内鮮一体〟の最前線に立っていることを意識しつつ、「お救け」（救済活動）をつうじた情緒的なふれあいが強調されているのである。

しかしそればかりでなく、彼らは朝鮮人労働者が置かれた劣悪な環境にも目を向けていた。当時の座談会では「この人たちは私たちより寮の待遇でも決してい丶とはいはれません。むしろ我々より不味い御飯を食べて、我々の三倍も働いてゐます。実際頭が下りますよ」といったことが語られているだけだが、一九八〇年代に当時の経験を手記に綴った元隊員は、つぎのようにのべている。

彼ら〔朝鮮人労働者〕は十分な衣服もなかったのでしょう。手足も凍る寒さの中を、靴下も穿かず素足のまま地下足袋を履き、寮から作業場まで相当の距離のところを白雪の中につけられた馬の背の路を何事か口ずさみ、身体で調子をとりながら走って行く後ろ姿がとても哀れに映りました。遠く離れた異郷にあって、毎日が命懸けの重労働です。そのうえ日本人からはあまり親しみをもって接してもらえない彼らにとって、我々ひのきしん隊員のわずかな親切が、どれほど喜ばれたか知れません。／その中に、南鮮の慶尚北道から来ていた純朴な人なつこい青年がいました。

……昼食後の一時など、私は彼に度々神様のお話をさせて貰いました。……とくに一列兄弟という教えに感動したようです。だんだん彼は神様のお話に関心をもつようになり、やがて彼の方から求めて聞いてくれるようになりました。(58)

さきの座談会と同じように、「いざ・ひのきしん隊」と朝鮮人労働者の交流が語られている。「日本人」一般とは異なり、天理教の信仰者たちは朝鮮人にたいして「親切」に接し、機会をみつけて「神様のお話」を聞かせていたという。他方、中国人労働者の状況はより厳しく、「そこには地獄変さながらの悲惨な情景」が広がっていたといい、彼らはやせ細って「生きた屍のよう」で、「私の目には、ちょうど屠場に引かれて行く牛の群れのように見え」たと書きつけている。(59)

私はいかに戦争のためとはいえ、こんな残酷なことがあっていいのだろうか、一列兄弟とお教え頂く道の者として、この気の毒な人たちに少しでも助かって貰わねばと思わずにいられませんでした。我々隊員の思いは誰でも同じでした。監視の目を盗んでは彼らに弁当を削いて与えたりもしました。彼らはおそらく我々ひのきしん隊員を「地獄で神様」のように思っていてくれたのでしょう。我々の姿を見ては、遠くから手を合わせて拝んでもいました。(60)

この元隊員は、「一列兄弟」ということばをくりかえして用いている。『おふでさき』に由来するこの教語は、天理教の人間平等思想を象徴するものとされ、朝鮮人や中国人の労働者を「兄弟」として遇し、「監視の目を盗んでは彼らに弁当を削いて与えたり」する「いざ・ひのきしん隊」のヒューマニズムが表現されているといえる。隊員たちの誠意は中国人側にも伝わっていたとし、「遠くから手を合わせて拝んで」いた彼らの姿が思い起こされている。

マイナー宗教による〝宗教〟化プロジェクトの行きついた果てに総動員体制という状況があり、それを象徴する空間である炭鉱という場で、彼らはエスニック・マイノリティと出会った。「ひのきしん隊」の人びとのなかにも、炭鉱での食事の劣悪さに耐えかねて脱落した者や、「何の仕事をさせるにも強制的で、それが出来ぬと殴る。朝鮮人が逃げるのは当然だ」と漏らすなど、炭鉱労働の過酷さ、労務管理の非道さへの不満を抱いていた者もいた。[61] 炭鉱での朝鮮人や中国人との出会いにおいては、帝国の差別構造への直面、戦争空間の不条理への気づきがあるのだが、しかし、彼ら天理教徒の姿勢は宗教的普遍性の意識による救済者としてのものでしかなく、マイノリティの位置からの連帯や差別構造への問い直しにつながっていくことはなかった。そこにあったのは、「地獄で神様」としての地位に自足するナルシシスティックな宗教的主体だったのである。さきに全国一斉ひのきしんデーに即して検討したように、天理教の「ひのきしん」は国家のために犠牲的精神を発揮するものであると同時に、植民地主義的な支配者意識を内包したものであり、ここにもその側面が表れていたのだと思われる。動員の経験のなかでの批判性の萌芽と、疑似普遍主義的立場からの「哀れ」の感傷に留まったまま、帝国日本の全体性を問題化しえなかった限界性の双方をみつめる必要があるのではないだろうか。

おわりに

〝民衆宗教〟という名づけは、〝迷信〟〝淫祠邪教〟〝インチキ宗教〟と呼ばれ、貶められてきた諸宗教についての私たちの態度や思考を、根本的に転換させることを要求している。戦後歴史学が主導した民衆宗教研究において、その転換は近代を告発する教祖たちの生涯を追い、その語りに耳を澄ませることによってなされた。だが、主体概念が脱構築され、〝民衆〟をめぐる表象のポリティクスが問題化されてきた現在の地点において、相も変わらず〝抵抗する民衆宗教〟のイメージを再生産することは、たんなる知的怠慢でしかない。〝民衆宗教〟という名に籠められた批判精神を継承しながら、べつの問い、べつの権力論を構想することが求められるのである。

こうした観点から、本稿では帝国のマイナー宗教という概念で民衆宗教の近代経験を考える方法を模索してきた。そこにおいて、民衆宗教は自己充足的な主体ではなく、つねにすでにマジョリティや他のマイノリティとの関係のなかに投げこまれているのであり、その葛藤に満ちた接触領域《コンタクトゾーン》こそが、民衆宗教をめぐるポリティクスが生起する場なのである。

重要なのは、このコンタクト・ゾーンがマジョリティとマイノリティの静態的な二項対立によって成り立つものではないということだ。本稿で論じた天理教の〈民衆宗教ナショナリズム〉は、国体言語と生活言語、また公定的な国体論と教祖の語る神話的世界を混淆させ、その配分を調整することによって可変的に構成されたのであり、「にほん」をコスモロジカルに聖化するマイナーなナショナリズム思想として教団内で流通させられた。他方、生活言語で語られた『泥海古記』の荒唐無稽さや異端性を論う声が〈民衆宗教ナショナリズム〉と並行しており、一九三〇年代の国体明徴運動のなかでそのヴォルテージは高まっていく。〈非 - 国民主義〉として他者化され、応答を迫られた天理教はみきの神話を封印し、「ひのきしん」に象徴される臣民的ナショナリズムへと〈民衆宗教ナショナリズム〉を切り縮めていくことになった。そのプロセスには、メジャーな宗教的・文化的・政治的価値観や状況との交渉を繰り返しながら歩むマイナー宗教の困難な近代経験が凝縮されているだろう。

他方、その臣民＝主体のナショナリズムが、他者への抑圧とともに機能していたことを見落とすわけにはいかない。マイナーな位置から他者への奉仕というエートスが説かれ、それが資本主義や帝国主義の時代精神と結びつくとき、それは容易に資本家や国家的課題への〝滅私奉公〟へと収斂していく。「ひのきしん」の言説は失業者・下層労働者や被植民者を救済・啓蒙の対象として客体化し、みずからを近代的主体として表象しようとする力学も働くことになるのだ。とりわけ独自のコスモロジーを放棄させられた「革新」期においては、国体言語で固められた〝聖戦〟の大義への従順な奉仕を可能にする心性を培うものとなった。そして帝国のマイノリティが集められた戦時下の炭鉱では、マジョリティによって周縁化・劣位化されながら、同時に救済者／植民者としての自意識に支配された天理教徒の引き裂かれたアイデンティティが浮かびあがるのである。

民衆宗教は語られなければならない。だがそれは、そこに内在するとされる〝民衆思想〟を掘り起こすことではもはやない。民衆宗教に集う人びとと、彼らがかかわりあう人びととの間に生じる無数の出会いに目を凝らし、そこにどのような権力関係が働き、どのような思想が生成変化していくのかを見極めていくこと、そしてそれが帝国日本の全体性を補完し、同時にその綻びを生じさせていくプロセスを剔出すること、いわばコンタクト・ゾーンの思想史として、近代民衆宗教研究は再想像されるべきではないだろうか。

註

（1）ジル・ドゥルーズ、フェリックス・ガタリ『カフカ――マイナー文学のために 新訳』（宇野邦一訳、法政大学出版局、二〇一七年〈原著一九七五年〉）二八頁。
（2）中谷いずみ『その「民衆」とは誰なのか――ジェンダー・階級・アイデンティティ』（青弓社、二〇一三年）二〇頁。
（3）村上重良『近代民衆宗教史の研究 改版』（法藏館、一九七二年）八九頁。
（4）たとえば子安宣邦「「民衆宗教」観の転換――桂島宣弘「幕末民衆思想の研究」」（『思想』八一九号、一九九二年）、島薗進「民衆宗教か、新宗教か――二つの立場の統合に向けて」（『江戸の思想』一号、一九九五年）、渡辺順一「民衆宗教運動の再発見――歴史資料からのアプローチ」（宗教社会学の会編『宗教を理解すること』創元社、二〇〇七年）を参照。
（5）桂島宣弘「「他者」としての民衆へ――岐路に立つ「民衆」思想史」（『江戸の思想』一〇号、一九九九年）一五九頁。
（6）桂島宣弘「迷信・淫祠・邪教」（『シリーズ日本人と宗教6 他者と境界』春秋社、二〇一五年）参照。
（7）三木晴信「宗教類似教団に随伴する犯罪形態の考察」（『司法研究』二八輯八、一九三七年）一八頁。
（8）Nayoung Aimee Kwon, *Intimate Empire: Collaboration and Colonial Modernity in Korea and Japan* (Duke University Press, 2015) 参照。
（9）ドゥルーズ、ガタリ『カフカ』参照。
（10）ただし、クォンも指摘するように、被植民者もまた、宗主国民を頂点とする帝国の序列を内面化していたのであり、自分よりも下位に列せられた人びとを差別する心性から逃れることは困難だった。近代日本における差別の心性については、たとえばひろたまさき『差別の視線――近代日本の意識構造』（吉川弘文館、一九九八年）を参照。

(11) 天理教二代真柱の中山正善は戦後、みきのいう「こふき」とは本来「口記」のことであると主張し、従来広く採用されていた「古記」という解釈を斥けている（『こふきの研究』天理教道友社、一九五七年参照）。それを受けて、現在の教団内では「泥海古記」の名は用いられず、この人間創造神話は「元初りのお話」や「元の理」と呼ばれている。だが本稿では、戦前期に教団内外で普及していた「泥海古記」を歴史用語として使用する。

(12) 吉本隆明「新興宗教について」（『高橋和巳著作集』四、河出書房新社、一九七〇年）六五六頁。

(13) 松村吉太郎『道の八十年』（養徳社、一九五〇年）参照。

(14) 「神代の古語記」（安井幹夫『天理教教理史断章――地方に所蔵されている教理文書考』天理大学おやさと研究所、二〇一四年）一六六頁より引用。

(15) 中山新治郎編『天理教教典』（一九〇三年、緒言）五頁。

(16) 内務省警保局編『社会運動の状況一一　昭和十四年』（三一書房、一九七二年）一一二二頁。

(17) 内務省警保局編『社会運動の状況一二　昭和十五年』（三一書房、一九七二年）三九七頁。

(18) 同前、三九六頁。

(19) 内務省警保局編『社会運動の状況一一　昭和十四年』一一二二頁。

(20) 道友社編輯部編『三教会同と天理教』（道友社、一九一二年）五二頁。

(21) 村上重良・安丸良夫校注『民衆宗教の思想』（日本思想大系67、岩波書店、一九七一年）参照。

(22) 渡辺順一「「信忠孝一本」教義の成立とその意味」（『金光教学』三〇号、一九九〇年）参照。

(23) 安丸良夫『出口なお』（朝日新聞社、一九七七年）、川村邦光『出口なお・王仁三郎――世界を水晶の世に致すぞよ』（ミネルヴァ書房、二〇一七年）参照。

(24) 栗原彬「一九三〇年代の社会意識と大本――社会不安と両義性の宗教」（『思想』六二四号、一九七六年）、栗原彬「郷の立替え立直し――出口王仁三郎」（『年報政治学』三三号、一九八二年）参照。

(25) Kwon, *Intimate Empire* 参照。
(26) 出口王仁三郎「没落期に直面した既成宗教」（一九三二年、『出口王仁三郎全集』第二巻、高木鉄男、一九三四年）二三頁。
(27) 出口王仁三郎「公認教と非公認教」（一九二〇年、『出口王仁三郎全集』第二巻）四頁。
(28)「没落期に直面した既成宗教」二三頁。
(29) 永岡崇『新宗教と総力戦――教祖以後を生きる』（名古屋大学出版会、二〇一五年）参照。
(30) 道友社編集部編『三教会同と天理教』四五頁。
(31) 天理教青年会本部編『第十四回総会記念 教団の力』（一九三二年）六頁。
(32) 同前、一〇頁。
(33)『東京朝日新聞』一九三二年五月十九日付（天理教青年会本部編『第十四回総会記念 教団の力』一九三二年、一三七頁）。
(34) 天理教青年会本部編『第十四回総会記念 教団の力』一一六頁。
(35)『台南新報』日付不明（『第十四回総会記念 教団の力』一七二頁）。
(36) 天理教青年会本部編『第十四回総会記念 教団の力』八頁。
(37)『大阪毎日新聞』滋賀版、一九三二年五月一九日付（『第十四回総会記念 教団の力』一四二―四三頁）。
(38)『中外日報』一九三二年五月五日付（『第十四回総会記念 教団の力』一二八頁）。
(39) 大谷渡『天理教の史的研究』（東方出版、一九九六年）参照。
(40) 天理教青年会本部編『第十四回総会記念 教団の力』九三―九四頁。
(41) 越南子『天理教退治』（護法館、一八九四年）二二―二四頁。
(42) 秋沢修二・永田広志『現代宗教批判講話』（白揚社、一九三五年）二四一頁。
(43) 木津無庵『金光教・ひとのみち・天理教本部訪問記』（破塵閣書房、一九三六年）二頁。
(44) 同前、一四―一五頁。
(45) 上田嘉成『日本精神と天理教』（天理教道友社、一九三七年）一―五頁。

(46) 同前、一一頁。
(47) 同前、二二頁。
(48) 同前、二三―二四頁。
(49) 『泥海古記』のなかには、「伊邪那岐の命」が伊勢の内宮、「いざなみの命」が外宮だとし、「いざなみの命」の魂がみきに宿っていると主張するテクストもある。中山『こふきの研究』一二四―一二六頁。
(50) 上田『日本精神と天理教』一四頁。
(51) 同前、一五―一六頁。
(52) 同前、二七頁。
(53) 「上申書」(内務省警保局編『社会運動の状況一一　昭和一四年』)一一〇一頁。
(54) 天理教教庁総務部総務課編『天理教教庁集会議事録』(一九四二年)五八頁。
(55) 永岡『新宗教と総力戦』参照。
(56) 広瀬貞三「戦前の三池炭鉱と朝鮮人労働者」(『福岡大学人文論叢』四八巻二号、二〇一六年)参照。
(57) 「生ける信心④」(『天理時報』一九四四年十一月十二日付)。
(58) 田中正重「赤平炭鉱の思い出(Ⅶ)」(『大森町月報』五九号、一九八三年)五頁。
(59) 田中正重「赤平炭鉱の思い出(Ⅷ)」(『大森町月報』六〇号、一九八三年)二頁。
(60) 田中正重「赤平炭鉱の思い出(Ⅷ)」(『大森町月報』六一号、一九八三年)二頁。
(61) 『特高月報』一九四二年一月分、四五頁、『特高月報』一九四三年七月分、一五八頁。ただし、これらの事例自体は「いざ・ひのきしん隊」の前身にあたる「ひのきしん隊」のものである。

付記　本稿は、二〇一七年十月二十九日に東京大学で行われた日本思想史学会創立五〇周年記念第一回シンポジウム「対立と調和」、および同年十二月二日に國學院大學で行われた神道宗教学会第七一回学術大会シンポジウム「昭和戦中期の行政と宗教・神社」での報告を基にしている。なお、本研究はＪＳＰＳ科研費一八Ｈ〇〇六一四の助成を受けたものである。

幕末期における宗教言説の展開——僧・龍温の自他認識をめぐって——

オリオン・クラウタウ

はじめに

一九九〇年代以降、近代日本における概念としての「宗教」の歴史をめぐって、多くの成果が発表されてきた。羽賀祥二『明治維新と宗教』(筑摩書房、一九九四年)から、近年では奥山倫明『制度としての宗教——近代日本の模索』(晃洋書房、二〇一八年)に至り、"religion"の訳語としての「宗教」の複雑な定着プロセスにまつわる様々な側面が明らかにされてきた。その根底に流れる物語は次のようなものである——すなわち、一八五〇年代以降、いわゆる「不平等条約」が締結されるコンテキストで、日本側の知識人は欧州諸言語共通の"religion"なる言葉に直面し、それを如何に表現すべきか、困惑した。当初は制度的な性格がやや強く窺える「宗旨」や「宗門」、思想や教学が重んじられる「教法」や「教門」、そして「神道」や「聖道」、さらに実践面を中心とする「神仏の礼拝」や「奉教礼拝」など、幕末期から明治中期に至るまで様々な訳語が試みられるが、一八七〇年代以降、いわゆる「文明開化」の枠組で、「宗教」は他の候補を圧倒していく。[1]

しかし、明治中期において訳語としての「宗教」がある程度ながら定着したとはいえ、「宗教」なるものと、ならざるもの――すなわち、いわゆる「世俗」という領域――の形成過程はむしろ、その時点から最も本格的に展開し、新天皇の即位に伴う大嘗祭の合憲性が問われた令和初期の今日までも続くのである。この「宗教」なる領域に関して、その境界線が常に引き直されていく複雑なプロセスは、「国家神道」の課題との密接な関係において、政治史・法制史・学問史のあらゆる側面から検討され、プロテスタントを型とするこの言説がキリスト者の語りを通して如何に定着していったのかも、例えば星野靖二『近代日本の宗教概念』（有志舎、二〇一二年）のような貴重な成果から、知ることができる。このように近年、我々は「宗教 religion」の成立をめぐって、日本の国内外の研究業績に多くを学ぶことができるようになったが、しかしその成立のプロセスを理解する上で大きな課題が残されている。それは幕末期における「他者」としてのキリスト者との「再会」の叙述とその思想史上の位置づけである。

もとより、江戸期からの伝統を念頭に置き、これと明治期の「宗教」なる領域の形成との関係についての成果や、安政五ヵ国条約を始めとする外交交渉の際に、“religion”が如何に表現されたかといった研究はある。しかし、一八五〇年代から日本列島に流入していった新知識としての“religion”に関して、宗門側の仏僧が如何にそれを受容し、自身を語る型として使用していったかをめぐっては不明な点がまだ多く、更なる検討が必要である。つまり、「排耶」を宗門の存在理由のひとつとしてきた仏僧が、それまでヴァーチャルな敵であったキリスト者と実際に「再会」し、「耶蘇」の「教」をめぐる新知識も書物などを通して獲得すると、「排耶」を語る方向性も変わる結果に至った。そこから生み出されていく「排耶論」をめぐっても様々な視点からの研究がなされてきたが[2]、型としての“religion”の導入との関係においてその問題を考察したものは、皆無に等しい。

しかし、幕末期において、キリスト教をめぐる新知識の流入に伴い、間接的ながら“religion”というカテゴリーをも学んだ仏僧たちは、「耶蘇教」なる領域に対して「仏法」の優位性を語るようになるのであり、こうした彼らにおける「自他認識」の転回過程は、近世から近代への仏教思想の変容を理解する上での不可欠な課題となろう。つまり、幕末思想史研究者である桐原健真がこの時期の思想空間をめぐって教えるように、それまで単に「夷狄」や「異人」と認識されていたようなものが具体的な「他者」として現れ、そのように認識されていくプロセスに、客体としての「夷狄」の変質よりも、むしろ、それを捉える主体の意識変遷が窺えよう[3]。この指摘を踏まえ、筆者は実際の「他者」としてのキリスト教と相対した仏僧の一事例を取り上げ、幕末期における仏僧の自己認識の変質――換言すれば、それまでの「仏法」が「宗教」として語られていく過程の前史――について考察したい。

以下、一八六〇年代前半において、「排耶」への姿勢が極めて積極的であった真宗東派の僧・龍温（一八〇〇～八五）の言論活動に着目して、その思想史的な意義を考えたい。具体的には、幕末期における龍温とその思想的課題を次節で概観した上で、当時の排耶論に対するその位置づけと、後世への彼の影響も提示するように努めたい。

一　龍温のキリスト教への視座と新たな世界像

香山院龍温（姓・樋口）は、寛政十二年（一八〇〇）四月に、陸奥国耶摩郡見頃村の西光寺（現・福島県喜多方市）に生まれる。十四歳で会津城下の若松に出て、児島宗悦（生没年不詳）に儒学を学び、その際に初めて排仏思想に出会ったと言われる。十九歳から、越後国の無為信寺（現・新潟県阿賀野市）の住職となった香樹院徳龍（一七七二～一八五八）のもとで学ぶ。徳龍は、真宗東派教学の最高機関たる高倉学寮で香月院深励（一七四九～一八一七）に師事し、また近世の同派における教化体制の確立に大きく貢献した人物である。龍温は越後において宗乗・余乗を修めた後、二十四歳で京都に赴き、高倉学寮に入門、この時期から同じ東派の芳英（一七六三～一八二八）に華厳をさらに学び、唯識、天台、倶舎、因明などの研究も深めたのみならず、日本古典や天文に至るまで幅広い知識を修めている。三十九歳の時に京都・円光寺（現・京都府京都市左京区北白川）の住職となり、『成唯識論』や『阿毘達磨倶舎論』の講義などの業績が認められ、嘉永二年（一八四九）に、学寮の「擬講」に任ぜられた。文久元年（一八六一）には「嗣講」に昇格し、慶応元年（一八六五）に、学寮の最高責任者たる「講師」となった。(4)

龍温は安政五年（一八五八）三月に、法主厳如（大谷光勝、一八一七～九四）の父親で、前法主の達如（一七八〇～一八六五）に「耶蘇教」の調査を命ぜられ、それに従って排耶書を著している。(5)文久二年（一八六二）には「耶蘇防禦掛」となり、翌年には『闢邪護法策』および『急策文』といった排耶論のテキストの元となる法話や講義を展開していく。こうした龍温の活動は、薩摩藩士が「夷狄」たるイギリス人を殺傷した生麦事件（一八六二年）やこれを契機のひとつとする薩英戦争（一八六三年）の勃発という時代状況をよく反映したものであったと言える。

龍温は『急策文』で、開港後の時勢を目の当たりにしても無関心な仏教徒に対して強く警鐘を鳴らし、仏教の「四方ノ敵」である「儒者輩」「神学者」「耶蘇教徒」「天文者」からの批判に応える必要を講じている。(6) これら「四方ノ敵」のうち、とりわけ「外国西洋」から侵入する「耶蘇教徒」「天文者」に関して龍温は次のように言及している。

図1　左：明治初期に撮影された晩年の龍温（圓光寺住職・樋口浩史氏提供）。右：左の写真を踏まえたと思われる松斎敬（生没年不詳）による大正期の肖像画（大谷大学図書館提供）。

サテソノ上ニ外国西洋ノ邪説、其一ハ地球団円ノ説明ノ万暦年中〔一五七三〜一六二〇〕ニ初テ中夏〔中華〕ニ渡ルモノニテ、モト天主教ヲ弘メンガ為ニ、先天文ノ気功ヲ以テ人ノ目ヲ驚シ、ソレヨリ邪教ニ誘フタルモノ也。コレニ新旧両説アリテ、明ノ嘉靖二十年〔一五四一〕ニアタリテ西洋ヨリ起リシ新説ハ、地動ノ義ニシテ地球ヲ一ノ行星ナリト云……。然ルニ今時仏法ヲ信ジ、学ブ僧徒ヲ除テ、余ハ儒者神道者、己ガ古ノ教ニ背馳シ却テ我道ヲ害スルコトヲ知ラズシテ、口ヲ開ケバ皆地球五大洲ヲ談ズル……。西国ノ有ル藩中ノ者江戸ニ於テ天文ヲ学ビ、国ヘカヘリテ真宗一派ノ学名アル人ヲ尋テ、喧ク地球ヲ押シ立テ、須弥山ヲ愚弄ス。然ルニソノ学者、タヾ宗学ノミニテ一向ニ他事ヲ知ラズ、一言モナク赤面セリトイフ。箇様ナル輩処々ニ紛起セバ、コレハイカンガセン。カノ不染居士〔森尚謙、一六五三～一七二一〕モ、来世仏法ノ大難必天文地理ノ説ヨリ起ラントイヒシホドノ事ナレバ、コレ一方ノ強敵ナリ。外国交易已後追々ニ『地球説略』『地理全志』『譚天』等ノ書世ニ行ハル、コトナレバ、各々ニ学ビ知ズンバアルベカラズ。(7)

ここで龍温は明らかな印象操作を行っている。すなわち彼は、単に「天文ノ気功」は「邪教」への入口であるから注意せよとは言わない。むしろ、地球を宇宙の中心とするプトレマイオス的な天動説が否定され、地球が太陽の周りを公転しているとするコペルニクスの地動説が立てられたという西洋天文学の歩みを述べつつ、「天文ノ気功」は「天主教」の世界たる「外国西洋」においても、不動の事実ではなく、まことに不確かなものなのだと印象づけようとしているのである。(8)

とはいえ新旧のいずれにせよ、世界を「地球」として捉える西洋の天文学は日本従来のコスモロジーを否定するものであることは確かである。したがって龍温は、「地球五大洲」のモデルを信じるような近年の儒者や神道家に対しては、「古ノ教」から乖離しているのだと批判を加える。その意味で龍温は、儒神両道の「教」を本質的に否定するのではなく、地球などの「邪教」へと導くような世界観を受け入れている特定の儒者や神道家に対して、彼らが守るべき本来の「教」に逆らう者として批判する、といういわば、三教一致的な姿勢を示していたと言える。(9)

そして、「排耶」の作業が存在理由のひとつである江戸期の宗門人に関しては、西洋の天文論に反駁する責任が確かに強調されるのである。つまり水戸藩士の儒者で、十巻にわたる『護法資治論』（一七〇七年）の著者である「不染居士」の森尚謙もかつて警鐘を鳴らした如く、「天文地理ノ説」は仏法を大難に陥らせる危険思想であり、特に意識しなければならないものである。[10] 宗学以外に関心を寄せることのない多くの仏僧に対し、仏教的世界観の中心要素たる須弥山を弁護するためには、天文や地理をめぐる最新情報の獲得も必要なものとして、龍温は勧めている。そこで具体的に推薦の対象となるテキストは、例えば『地理全志』『地球説略』『譚天』など、当時清国の伝統に従事するような欧米宣教師によるものである。

天文学者のジョン・ハーシェル（一七九二～一八七一）による『天文学概要』（*Outlines of Astronomy*, 1849）の要約漢訳である『譚天』[11]（『談天』一八五九年）を除き、龍温が挙げる他二点の著作は欧米で最新の自然地理的な情報に加え、各域の文化や人口などの地誌記述を示すものである。『地理全志』はウィリアム・ミュアヘッド（中国名・慕維廉、一八二二～一九〇〇）によって、一八五四年に発表されたテキストであるが、儒者・塩谷宕陰（一八〇九～六七）が訓点を施したものが一八五九年に和刻され、広く日本の知識人の間に流布するに至った。もうひとつの『地球説略』は、ミュアヘッドと同じくロンドン伝統協会宣教師のリチャード・クォーターマン・ウェー（中国名・褘理哲、一八一九～九五）による一八五六年の書物で、その日本版は蕃書調所教授の蘭学者・箕作阮甫（一七九九～一八六三）が訓点を施し、一八六〇年に刊行されたものである。これらのテキストは、情報源や訳語選択に関して差異はあるにせよ、いずれも地動説を掲げ、かつ後二著は「地球五大洲」のモデルを踏まえて記述されている。

なお龍温は、地球説を否定しながらも、五大洲のモデルは受け入れていたようである。というのは、彼自身が参照すべき思想家として取り上げる森尚謙は、地理学史で知られる海野一隆が指摘しているように、おそらく宗覚律師（一六三九～一七二〇）の影響下で、仏教的な要素を尊重しつつも西洋的モデルを導入、すなわち須弥山を五大洲のひとつとして再表現する世界像を提供しているからである[12]。宗教学者の岡田正彦が僧・円通（一七五四～一八三四）の思想の分析を通して指摘しているように、近世後期において日本の仏僧たちは、次第に西洋的な地図作成法や天文学思想の枠組で、自らのコスモロジーを再編成していったのであり[13]、龍温もまたこうしたコンテキストにおいて行動していることがわかる。ただし龍温は、『地理全志』や『地球説略』から、新世界像に関わる地理的な知識のみならず、「教門」をめぐっても新知識を得て、その枠組で自分自身の「宗門」認識を再編成することになる。このことを次節でみていこう。

二　世界の「教門」と日本

龍温は「耶蘇防禦掛」を命ぜられた文久期以降、「護法」と表裏一体となる「排耶」の活動を積極的に展開し、清国で刊行された漢訳洋書の知識を踏まえた「護法」の姿勢を徹底させた。しかし、『地理全志』といったテキストから龍温が獲得したのは地動説や宇宙論など、当時ヨーロッパの学界における自然科学的な知識のみならず、人類の共通課題としての“religion”をめぐる新情報も含まれていた。いな、それは幕末日本においてのみ「新情報」であったわけではなく、世界史的な意味においても「新しい」ものであった。

そもそもディドロらの『百科全書』が発表された十八世紀後半以降のヨーロッパでは、社会における特定領域としての“religion”の理解が大きく変わりつつあった。すなわち、キリスト教以外の“religion”に対するまなざしの誕生であり、それは十九世紀に入ってから盛んとなる世界各地の“religion”をめぐる博学的なデータの収集に強く影響したのである。(14) 後述のように、龍温自身はかつての「キリシタン」と当時の「耶蘇教」の相違を強調したが、その見解はキリスト教の「新旧」のみならず、十六世紀と十九世紀の西洋社会における“religion”の性格そのものの変遷も反映していると言えよう。

ウェーやミュアヘッドの著作は、西洋社会における“religion”概念の展開を極めてよく象徴している。すなわち新大陸からの宣教師の報告や、サミュエル・パーチャス（一五七七～一六二六）のような、キリスト教圏外の宗教を概観したテキストは、宗教学者のティモシー・フィッツジェラルドが指摘するように、近世ヨーロッパで“religion”や“religions”の具象化（reification）および複数化（multiplication）の過程を後押しすることに貢献したのであり、(15) ウェーやミュアヘッドはこうしたコンテキストのなかで、自らの世界地理書の上に“religion”を描き出したのである。例えば、ミュアヘッドの『地理全志』は、世界を「亜細亜」「欧羅巴」「阿非利加州」「亜墨利加」「大洋群島」の五つに分け、各々に「教門」の項目が設けられている。(16) そこでは、ヨーロッパは「耶穌聖者を奉ずる者」が大多数であって他教の信徒が少なく、アジアでは「儒教」「釈教」「道教」「回教」の複数の「教門」を信奉し、アフリカや「大洋群島」（東南アジアやオセアニアを含む領域）では、「偶像」など不特定なものが奉じられているとある。

　こうした叙述の構成は、世界各州における「教門」の多様性を読者に知らしめる一方、キリスト教を範型とする“religion”なるものを“civilization”の象徴へと化していく働きをなすこととともなった[17]。すなわち『地理全志』等の著作はヨーロッパで常識となりつつあったアジアの宗教事情を清国さらには日本まで知らしめる役割を果たし、それによってこれら地域の「アジア人」は初めて世界における自分たちの「教門」の位相を認識することができるようになったが、その一方で「釈教」のような彼らの「教門」は、キリスト教を範型とする“religion”という枠組に位置づけられ得る相対的な存在ともなったのである。

　「キリスト教＝文明」という発想は、特にプロテスタント宣教師が中国で伝えた宗教論において喧伝され、「教門」概念の土台を築いていった。例えば、当該期の宣教活動を代表するウィリアム・A・P・マーティン（丁韙良、一八二七～一九一六）のベストセラー『天道溯原』（一八五四年）は、「耶蘇を崇ぶの国、最も強盛」であると説き[18]、非キリスト教地域であるアフリカやアジアの一部はイギリスやフランスなどのキリスト教国に支配されていることが特筆されている。なかでもプロテスタント国はなおさら「強盛」とされ、文明の頂点に立たせるものとしてのプロテスタンティズムは、次のように説明されている。

　　明の中興に至って、賢儒〔ルターやカルヴァン〕有り。諸国の土語を以て聖書を譒訳し、板印広く布き、民、始めて、教王の非を知って之に背き、遂に蒸蒸として日に上り、民風、丕に変ず。蓋

図2　樋口龍温の自坊・圓光寺（京都市左京区）で2017年に発見された最初期の漢訳聖書（倉田明子氏撮影・提供）。

し、既に明かに聖教を弁じ、即ち引き伸べ、類に触れて、上、天命を知り、下、国政を修め、傍ら、物理を参す。天命既に知りて自り、人、本分に安んじ、国政、既に修まって、民、太平を楽しみ、物理、既に参して、国、愈々富み足る。故に、天主教、教王に服するの邦は、雑はりて純ならずと雖も、而も尚、道に近し。其の国、未だ教を被むらざるの邦より勝れり。(19)

このようにカトリック国はキリスト教の広がっていない地域より〝まし〟であるが、プロテスタントを奉じる国は明らかに「国政」および「物理」のレベルで、それらより優越しているとマーティンは断ずる――ちなみに龍温自身はこれを内面化する形で、「西洋ハコノ〔耶蘇〕教ニヨリテ国家ヨク治リ、ヨク栄エテ乞食貧人モナシ」と述べている。(20)なお、この時期における「教門」という言葉は、宗教学者の李志鴻が説明するように、明から清にかけての中国では、仏教・儒教・道教のみならず、いわゆる異端的な信念体系も包括するもので、(21)〝religion〟の訳語のひとつとして上記のような宣教師のテキストに使用されるのである。(22)蕃書調所による出版事業のためポピュラーな書物となった『地理全志』や『地球説略』を通して、日本列島の知識人は、僧俗を問わず、かかる形で「教門」言説を受容していったのである。

例えば、安政年間から調所教授手伝を務め、上記のような宣教師の手になる著作の和刻にも関わった西周（一八二九〜九七）が、維新後、明六社の枠組で「教門」を“religion”の訳語として使用し続けた事実から、幕末期におけるこのタームの位相を推察できよう。龍温もまた、こうした幕末の漢訳洋書での知見を共有し、「教門」を語っていったのである。ただし龍温自身は、宣教師のテキストから借用した「教門」とほぼ同義で「法教」も使用し、一七回にわたる講義の記録である『闢邪護法策』中の「汎挙諸教」において、「五大洲万国」の「アラユル教門」を概観している。いわく、「私ニ惣ジテ法教ノ名ヲ列ルニ、釈教・天主教・耶蘇教・回教・中華ヘ来リテハ儒教・老教、コレラハ諸教ノ中ニ於テ、其由来明ナルモノナリ。日本ノ神道ト立ルモノハ尊キ教ニシテ、仏法ノ古徳モミナ尊信シテ学レタルコトナレドモ、是ハ日本キリノコトナリ」と、「日本」の独特な状況に言及しつつ、自らの解釈も加えている[24]。

キリスト教を型としつつも、世界の各地に見出せる、普遍的なものとしての「教門」を土台に、龍温はさらに、日本の問題に取り組んでいく。彼の仏教理解が、キリスト教との衝突によって如何に再構築されていったかということについては以下に確認していきたいが、その際に注意すべきなのは、彼のプロテスタント観である。すなわち龍温は、こうした漢訳洋書を通して、キリスト教の「新旧」を強く自覚しており、「此度渡来ノ耶蘇教ハ、古ヘ日本ニワタリテ切支丹ト号セシ天主教トハ別ナリ」といった主張はテキストの至るところでみられるからである[25]。

古ヘ日本ヘ渡リタル天主教、彼モ天主ヲ拝シ耶蘇ヲ信ジ乍ラ、彼ハ後ニ教ヲ行ズル者ガイロ／＼ノ法ヲ私ニ加ヘテ耶蘇ノ正意ヲ失フタルコトナリ。例セバ仏法ノ上デモ経文ノ儘ヲ用ヒズニ人師ノ判釈ヲ加ヘタルガ如ク、此般ノ耶蘇教ハ「旧新約書」ト云聖教ノ儘ヲ伝ヘル。古ヘノ天主教ハ日本ニ於テ禁制シ玉フモ御尤ナルコト、邪術ヲモマジヘ、外ノ国ヲモ奪ントスル。此度ノ耶蘇ハ不レ爾。何卒此度ノ正意ヲ弁別シテヨク／＼聖教ヲモ読ミ玉フベシト云ガ、此度ノ耶蘇ノ大意ナリ。故ニ種々ノ現益誠ニ広博ナレドモ、是ハ全ク邪術ニハ非ズ。例セバ仏法ニ於テ云何ナル神変不思議ヲ顕シテモ邪法ニ非ズト云ガ如ク、貧者ガ福ヲヱテモ、病ガ忽チイヘテモ、死者ガ活シテモ、全ク邪術ニアラズ(26)。

以上、龍温は一種の原典主義を掲げつつ、「人師」による「判釈」をそのまま信じる姿勢でなく、「聖教」の言葉を重視していく。そして、「禁教」の政策を正当化する形で「天主教」を「邪術」として批判しながらも、一方の「耶蘇教」を「正意」として評価する。こうした「天主教」と「耶蘇教」との峻別を通して、彼の自他認識が如何に転回していったのであろうか。

三　耶蘇の「正意」と日本の「在家」

前節で紹介したような龍温による「正意」としての「耶蘇教」理解は、言うまでもなくプロテスタント宣教師自身のプロテスタンティズム理解——そして彼らのカトリックの語り方——に依拠しているものである。例えば、「耶蘇教」は「倫常徳行ノ道」を儒教よりも丁寧に伝え、かつ「死後究竟ノ賞罰」を仏教よりもわかりやすく説明するという発想や、「天主教」に対して、「耶蘇教」は「耶蘇ノ正意」であるからこそアフリカやアジアなどへ広まったという龍温の見解は、(27)上記に紹介したマーティン著『天道溯原』の内容を強く想起させるものである。すなわちマーティンは、「耶蘇教」の伝播力——世界中に流布していること——をその真実性の証左としているのであり、(28)龍温はこの書を確実に通読していたのである。(29)

以上のように、「耶蘇教」に対して否定的であるとも言い難い姿勢を示す龍温は、一方で興味深いところにおいて、マーティンのレトリックを応用する。すなわち前節で取り上げた、悪しき「邪術」と真なる「神変不思議」という対立を踏まえつつ、龍温は次のように、「耶蘇教」を自身の真宗と比較し、日本列島における「他宗」へのやや厳しい批判を加えていく。

〔耶蘇教は〕元来出家ノ法ニ非ルユヘニ、在家ノ者ニハ十人ハ十人ナガラミナ勤ラル。今日仏法デ云ヘバ八宗九宗ノ仏法ノ本意ハ更ニ在家ニ施スコト不レ能、今日仏法ノ上ニオヒテ在家ニ施スベキハタヾ他力念仏ノ法門斗リ。故ニ他宗デハ今日唯葬祭ノ為ニ立ヲキ玉フ仏法トナリテ、在家ノ心ハミナ无人ノ空家ノ如ク、其上現世ヲ祈ル心、或ハ天道ヲ恐レル心ナドハモトヨリ人ニアルモノユヘニ、若此耶蘇教、公ヨリ許ザルトキハ、八家九家ノ空家ヘイリテ自由自在ニスヽムベシ。彼ガ現世ノ利益ヲ説クコト日蓮ノ徒ノ類ニアラズ、故ニ現世斗リヲ本トスル日徒ハ喜ンデ改宗スベシ。近頃ノ神道者平田ガ著シタ、「鬼神新論」ナドハ、天ニ主宰ノ神アリト云処、全ク耶蘇ニ合ス。依テ神道者モ落付テ一ツニナルベシ。或ハ此耶蘇教、古ノ信長公ノ如ク、仏モ天竺ノ法故ニ此一宗モ許スベシト云ヤウナコトニナリナバ、仏法立処ニ亡ブベシ。爾レバ仏法ノ危キコト、一線縷ニカ、レリ(30)。

新しく日本に渡来しようとしている「耶蘇教」は、かつての「天主教」やその「邪術」と異なってイエスの「正意」であり、「在家」を中心とした日常の教えであるため、形式上、仏教各宗に属している檀家のみならず、「神道者」の心までも奪う危険性を内包しているのであると、龍温は指摘する。ここで改めて確認しておきたいことは、龍温が、「耶蘇教」が虚偽の教だから許すべきでないと説くのではなく、それが多くの「在家」の人々の実際問題に応えられるからこそ脅威なのだと主張した点である。すなわち、このままでは国家を害する「夷狄」の「妖教」である「耶蘇教」に国内の仏者は対抗できないであろうという現状認識に基づき、その脆弱性の自覚に立って、いっそうの準備を整えることで、キリスト教の蔓延を阻止すべきなのだ、と彼は結論する。

ただし、ほとんどが「空家」である日本の仏教界に対して、特に「在家」に「仏法ノ本意」を伝えることができる点で、「他力念仏ノ法門」たる真宗は異なるのだと龍温は言う。ここでは「葬祭」を中心とした「他宗」のあり方が否定され、むしろ「在家」に重点を置く自宗と「耶蘇教」との共通点が強調されていくこととなる。さらに龍温によれば、真宗とプロテスタントとの類似点は「在家」への視座のみならず、「偶像」をめぐる姿勢についてもみられるという。当時のキリスト者が仏教を

「偶像教」と位置づけて批判していたことに彼は強い関心を寄せている。なぜならば、「此度ノ耶教」すなわちプロテスタントは「偶像ヲ嫌フ」[31]ことを特徴としており、そうしたスタンスが、真宗における「雑行ヲ嫌フ」[32]態度に近似しているからであった。

また龍温は、「耶蘇教」が「海内」に広がる三つの必然性があると考え、これを「三嘆」と呼んだ。具体的には、①「仏法の高遠にして衆人に施し難きこと」、②「僧徒の放逸にして、護法の心なきこと」、③「国俗の利に走りて、反覆心多きこと」の三つであり、これらの克服に中心的役割を担うべきなのはやはり「浄土真宗」なのだと彼は主張するのである。

龍温はこれらの「三嘆」は、僧俗ともに共通する危機意識や倫理観の低さに起因していると考えていた。すなわち、「仏法」は「高遠」であるため「在家」に施すことが難しいだけではなく、「出家」ですらこれを修められず、結局、「現世ノ利益ナドヲ喜ブ仏法」に陥り、「在家ノ法」である「邪教」に勝つことができず（①）、また「僧侶」は真宗を含めて「仏法」を真摯に学ぶ者が少なく、「執政ノ人」から「天下ノ遊民素飡ノ罪人」と批判されていることに反省の色もないのだ（②）と、龍温は批判する。そしてさらに彼は、「利ニ走リ」また「新奇ヲ好ム」という日本の「国風」が、かつての切支丹を受容した所以であり、それは今も変わらないのだと指摘するのである（③）。かかる「三嘆」の克服は、「高遠」を説かぬ「在家ノ法」である真宗だけが可能であり、真宗僧侶はその使命を自覚すべきなのだ、と龍温は主張する。[33]

こうした「三嘆」を克服するために、龍温は具体的な「策」として、「真俗」の「二門」における「防禦」を説く。これはいうまでもなく真宗教学における中心テーマのひとつたる「真俗二諦」を踏まえたもので、彼は「真」と「俗」とを分けつつ、次のように語っている。まず、「真諦門ノ防禦」とは「護法ノ心」で「仏法ノ正意」を学び、「在家ニ施シ」ていくものであり、これに対し「俗諦門ノ防禦」は、「仏門ノ徒ハ日頃ノ牆鬩ノ論ヲ止メテ」、「会議」の上で「上疏」し、「本寺本山等モ奏達シテ何国迄モ此邪ヲ禦ガネバナラヌ」、ということである。すなわち「天地栽剖判已来神姓一統ノ国体ヲ穢サヌヤウ」、「儒仏神」の「三道ヲ合シテ、日本ノ王法トシ玉フ故実ヲカヽゲ」つつ、「仏法王法双輪両翼ノ道理ヲモテ」当面の「邪教」を排斥しなければならないのである[34]。

この「王法」と「仏法」との関係は、開祖以前から存在する問題でもあろうが、真宗では親鸞曾孫の存覚によってこれが整理され、戦国期には「中興の祖」と呼ばれる蓮如以降、「王法為本説」へと展開していく。ただし、中世後期までは「世間通途の義」と同枠に語られていた「王法」は[35]、特に近世中期以降、次第に「支配権力への接近を意識するような」ものとなり、「王法・仏法共存論と同内容の二諦共存論」が定着する[36]。柏原祐泉は、当該期の「俗諦」の内容を「世俗生活の規範的解説[37]」とするが、龍温もまたこうした認識を踏まえつつ、やや異なる姿勢を示す。すなわち、彼の「俗諦」は、幕府に代表される世俗権力を受動的に尊重するのではなく、その一端を担う形で積極的に世俗権力に対し意見を述べるような一種の政治活動として捉えられているのである[38]。

このように龍温は「在家」の概念を中心として自身の仏法の可能性を見出し、「二諦」を踏まえた護法策も示す。さらにその上で、今後の防邪活動において、「在家」を趣旨とする「此度ノ耶教」に最も対抗し得るのは、同じく「在家」の存在を重んじる自身の真宗だけであると説くと同時に、他宗には厳しい批判を加えたのである。無論、真宗とプロテスタントとの共通点を見出したのは龍温が初めてではなく、十六世紀においてアレッサンドロ・ヴァリニャーノ（一五三九～一六〇六）などの宣教師がその話題に触れている(39)。しかし日本側の仏僧自身が、その新来の「耶蘇教」を否定しながらも、「在家」への姿勢や「偶像ヲ嫌フ」などのところにおいて自身の「真宗」との共通点を見出していくプロセスは、思想史的にも大きな転換点と言うべきであろう(40)。

四　仏法の批判者に応える――『総斥排仏弁』の思想史的意義

以上みたように、龍温は二諦の「真俗」に関しては、明治に展開していく「宗教」と「倫理」のような領域の区分でなく(41)、宗門のいわば〝内部〟と〝外部〟への取り組みのレベルで説明したが、本節ではその具体的な実践論として講じられた『総斥排仏弁』（一八六五年頃成立）の内容を考えたい。「講師職」――東本願寺の高倉学寮における最高責任者――に就く慶応元年（一八六五）から、彼はすでに高齢であったにも拘わらず、以前にも増して旺盛に活動し、それまでの研究の成果として、『総斥排仏弁』の基礎となる講義を京都や大坂、そして江戸など各地で行っている。

『総斥排仏弁』は、僧侶の勉学を促しつつ、儒者や国学者など、幕末期の当時において「排仏家」と認識された論者全体に対する総合的護法書で、すなわち上記で示したような「真俗二門」における「防禦」を図る具体的な実践書である。大乗が栄えるのに最も相応しい地である日本の仏教徒、なかでも特に浄土真宗を信じる者こそ、現況を自覚して排仏家に抵抗すべきであり、龍温はその行動に資する道具として同書の内容を講じたと述べる。そして彼はさらに、次のように指摘している。

……仏菩薩ヲ塵埃ノ如ク誹リ、経法ハ悉ク世ヲ誑惑スル邪道、僧ハミナ国賊ナリト罵ル声、道路ニ溢ル、ヲ知ラズ、憂ザル者、豈ニ釈門ノ遺弟ト謂ツベケンヤ。故ニハ今ソノ時勢ノ然ラシムル謗徒ノ勃起スル由来ヲ示シ、聊カ厳護法城ノ用心ヲ予メ論ゼント欲スルノミ。(42)

こうした「厳護法城ノ用心」のための具体的な方法として、龍温は「四門」を挙げている(43)。すなわち、①仏教の破壊を企てるような論者を列挙すること、②就中、近年の排仏家を取り上げること、③排仏家を斥ける必要がある理由について述べること、④排仏家の方策を簡潔ながらも考察すること、である。そして一国に限らず、インド・中国・日本における仏法全体に対して障害を生み出す思想、すなわち上記の①を次のように、さらに「四種」に大別している――「一、地球円体ヲ建ル天門（ママ）家、二ハ、辺海入港ノ耶蘇ノ徒、三ハ、局見排仏ノ儒者、四、臆説ヲ張皇スル神道者。今日眼前ニ吾仏法ヲ仇ノ如ク視ルハ、此四類ニスギズ」、と(44)。すでに確認したように、この四敵説は龍温の護法論の土台にあるものであろうが、ここで改めて着目したいのは、儒学および神道の捉え方である。龍温はこの二つの「道」について、以下のように主張している。

四類〔の排仏家〕ノ中、初ノ二ハ外国ヨリ起レリ。サテ後ノ二類ハ、若シソノ道ヲ論スレバ、本邦ニオキテ専ラ用ヒ玉フ儒神二道、別シテ神道ハ吾国ノ大道、儒ハ世間聖人ノ立ルトコロ、吾仏教ニオキテ、世間教ト同一体ナレバ、聊カソノ道ヲサシテ邪ナリト云フニ非ズ。ソノ道ノ正意ヲ伝ズシテ、熾ニ仏法ヲ憎嫉スル徒類ハ、則チ吾ガ法城ヲ破ントスル怨敵ナリト謂ベシ。[45]

本論の第一節で取り上げた『急策文』においても同様の立場がすでに示されていたが、龍温は「儒神二道」をその本質から否定することはない。自身の「道」の本質を正しく理解していない「儒者」や「神道者」こそが、「仏法」を誹謗しているのだというモチーフは『総斥排仏弁』で繰り返されており、「儒神二道」に対する龍温の認識を考える上で、着目すべき要素のひとつでもある。彼は儒者の排仏家として、林羅山や中井竹山、そして富永仲基や服部蘇門などを挙げ、後者二人、なかでも仲基は、仏教をめぐる高い知見があるため、その排仏論に関して殊に配慮すべきであるとしている。[46] 龍温によれば、各々の排仏家はそれぞれの動機から仏教批判を試みたものの、彼らに通底するのは歴史に関する知識不足であるという。ただしこれは儒者のみならず、山崎闇斎や本居宣長、そして平田篤胤などの神道者に関しても同様だとも彼は言っている。だからこそ龍温は、僧侶が史書に拠る「暦代ノ事実」の詳述を通して、仏法が国家に対して利益をもたらしてきた様々な具体例を挙げることで、儒者や神道者への反論を提示できると主張するのである。[47]

龍温はさらに、こうした一連の排仏論者について、その全員が徳川の世に現れていることも、偶然ではないという。日本は、「神国」であるとした上で、[48] 仏教を誹謗する論者は伝統的に存在しなかったことを述べるが、江戸期の展開について、次のように説明している。

然ルニ御当代ニ至リテ、徳化四海ニ普ク、天下大治トナリテ、学問ノ道大ニ開ケ、諸ノ芸道モ盛ニ起リタルコトナリ。ソノ学問開ケタル故ニ、仏ヲ謗ルト云ニハ非ズ。古ノ如ク人心手厚クシテモノヲ学ブニ非ズシテ、学問ノ開ケタルニ付テ、己ガ邪ナル見識ヲ増シ長ズル故ニ、仏法ヲ誹謗スルニ至ル。是又時哉。弊風ノ然ラシムル処、御太平久シテ奢ニ長ズルト、儒者等モ常ニ申スコト、是モ御太平ヲ怨ムベキ事ニ非ズ。イヨイヨ可喜コトナレドモ、ソノ弊ヲ生ズルコトハ止ムコトヲ不得勢ナリ。[49]

龍温は排仏論が惹起する理由として、さらに「僧徒流二弊風一故」などとも指摘し、上記とほぼ同じ内容、すなわち「泰平ナルガ故ニ」、僧侶が「奢ニ長ズル」ことになったのだと繰り返し強調する。[50]周知の通り、こうした江戸仏教の語り方は後の思想界の主流となり、辻善之助（一八七七〜一九五五）が示したとされる「近世仏教堕落論」という言説枠の形成と直接つながっているのである。[51]ここに、『総斥排仏弁』にまつわる思想史的意義の一部分を見出すこともできるが、今日の我々が用いるタームとしての「排仏論」も、龍温の成果に大きく依拠しているに違いない。

『総斥排仏弁』は同時代的な意義を有することは無論であるが、昭和期の学界におけるその再発見もまた、有意義である。『維新政治宗教史研究』（目黒書店、一九三五年）などの著者で、大谷大学教授を務めていた徳重浅吉（一八九三〜一九四六）は、一九三〇年に龍谷大学図書館所蔵の『総斥排仏弁』を検討の上、龍温を著者として認定し、[52]同年、同書の謄写版を発表している。[53]このテキストは、一九三五年に刊行された『明治仏教全集』に収録されて、徳重の下で史学を修めた柏原祐泉（一九一六〜二〇〇二）が校注者の一人となった『近世仏教の思想』（日本思想大系57、岩波書店、一九七三年）にもまた翻刻された。柏原は、この一冊の解説の一部として「近世の排仏思想」という論考を掲載しており、彼がそこで展開する分析用語としての「排仏論」は、龍温がカテゴライズしたものに大きく依拠していることが明らかである。神道や儒教に関する広範な知識を有して、異なるジャンルからの数多くの著作を踏まえつつ「排仏」のあらゆる形態と、それが起きる所以についてもまとめた龍温は、徳重や柏原のような近代的な歴史家によって、一定の共感をもって捉えられた、と考えることもできよう。

『総斥排仏弁』を構成する一連の講義で、龍温は「真俗」という二つの〝戦線〟を念頭に置きつつ、外学の知識を広く深く修め、それを踏まえてこそ有効な護法活動ができると主張した。このことは、本来「方外」であった僧侶が、国の内外における仏者への批判を「排仏論」として捉え、これに対し積極的に応えようとした点で、幕末宗教史上における意味は極めて大きいものがある。しかのみならず、ここで示された「排仏論」という語りの型は、この時代を超えて、再編成されながら、今日の学界において機能しているのである。以上、思想のレベルで「護法」を実践した龍温の活動の歴史的意義の様々な側面は確認できた。最後に彼を中心として「幕末仏教思想」というフィールドの可能性を示し、本稿を締めたい。

おわりに

龍温は一八六〇年代を通して外学教育の必要性を訴え続け、それをやがて認めた本山は明治元年に、「国学」「儒学」「天学」「洋教」の四学科を提供する「護法場」なる機関を学寮の枠外に設けた(54)。このとき龍温がその最高責任者の一人となったことは、決して驚くことではない。そしてこうした彼に師事した小栗栖香頂（一八三一～九七）、石川舜台（一八四一～一九三一）、関信三（安藤劉太郎、一八四三～八〇）などが[55]、維新後の比較的初期段階で海外留学を経験し、のちに教団の改革派となったことも見逃すことはできない。

すなわち、伝統的な教育を受けながらも幕末のコンテキストで海外事情を意欲的に学習しようとした龍温のような僧侶が、その知識の枠組において如何に「仏法」を捉え直したのかは、近代日本における宗教言説の定着を理解する上で重要な事件となるものである。キリスト教の「新旧」を強く意識し、「天主教」を対象として構築されてきたそれまでの排耶論から脱し、「耶蘇教」を念頭に置きつつ、この新たな相手に相応しい視座を生み出す必要性を唱えた龍温の語り方は、日本における“religion”の重要な展開を意味している。本論の冒頭でも触れたように、宗教言説史をめぐっては一定の研究蓄積があり、外交や翻訳、大学制度、キリスト教、法体系の形成、といった様々な側面からアプローチされているものの、幕末期に関しては、外交以外の問題を取り上げるものが少なく、検討すべき余地は多々ある。就中、一八五〇年代後半からすでに、欧米の宣教師などの手になる漢訳書を読破しており、キリスト教およびイスラムと並ぶものとしての「仏法」を構想した龍温のような仏教徒はとりわけ着目に値しよう。

桐原健真が指摘するような「自他認識の転回」は政治思想のみならず、龍温の思想的変容から窺えるごとく、仏教においても歩まれた。すなわち「夷狄」からの脅迫に対し、新たな「護法」の立場を示した龍温は“civilization”の「教門 religion」たる「耶蘇教」と並ぶ自宗の位置づけへの道を開いた。

無論、日本列島において、「キリシタン」と同じ枠組のものとしての「仏法」という理解は龍温に始まったわけでない。しかしその護法活動にみられるようなキリスト教に対する学究的な態度や、当時最新の世界宗教に関する知識の枠組で仏教を位置付けようとした思考には大きな思想史的意義があろう。

以上は当然ながら、一種の「研究序説」に過ぎない。今後、龍温とその周辺の護法僧を中心に、ある程度の蓄積がすでにみられる排耶論研究を、宗教言説論との関係においてより密接に捉え直すことで、日本思想史における仏教の「近世から近代へ」という展開を、さらに明らかにしていきたい。

註

（1）羽賀や奥山の二点の他、例えば山口輝臣『明治国家と宗教』（東京大学出版会、一九九九年）、磯前順一『近代日本の宗教言説とその系譜――宗教・国家・神道』（岩波書店、二〇〇三年）のような国内の成果や、Jason Ā. Josephson, *The Invention of Religion in Japan* (Chicago: The University of Chicago Press, 2012)、Trent E. Maxey, *The "Greatest Problem": Religion and State formation in Meiji Japan* (Cambridge, MA.: Harvard University Press, 2014)、そして Hans Martin Krämer, *Shimaji Mokurai and the Reconception of Religion and the Secular in Modern Japan* (Honolulu: University of Hawai'i Press, 2015) など、日本国外の研究者による業績も近年、発表されている。

（2）「排耶論」というジャンルに着目した研究はそれなりの蓄積があり、例えばもはや「古典」とも言うべき同志社大学人文科学研究所編『排耶論の研究』（教文館、一九八九年）を参照のこと。その他に、より最近の Kiri Paramore, *Ideology and Christianity in Japan* (Abingdon: Routledge, 2009) や、仏教との関係を考えるものとして、三浦周「養鸕徹定の排耶論研究」（二〇〇八年度大正大学提出博士論文）を参照のこと。

（3）桐原健真『吉田松陰の思想と行動――幕末日本における自他認識の転回』（東北大学出版会、二〇〇九年）一一—一二頁。

（4）龍温に関する伝記的情報は、岡村周薩編『真宗大辞典』第三巻（真宗大辞典刊行会、一九三七年）を参照のこと。なお、数少ない先行研究として、例えば川添泰信「近代真宗思想史研究——樋口竜温の社会的対応について」（『真宗研究会紀要』五号、一九七四年）、織田顕信「香山院龍温社中名簿について」（同『真宗教団史の基礎的研究』法藏館、二〇〇八年〈初出一九七六年〉）、山本幸規「邪教をみる眼——幕末仏教界における破邪論の形成と『闢邪護法策』」（『季刊日本思想史』一五号、一九八〇年）、そして近年の狭間芳樹「維新期における反耶蘇論とナショナリズム——樋口龍温の護法論を中心に」（『アジア・キリスト教・多元性』一六号、二〇一八年）を参照されたい。龍温関係の資料紹介として、東舘紹見「円光寺文庫と香山院龍温師のこと——学寮関係の蔵書をめぐって」（『大谷大学図書館・博物館報』三六号、二〇一九年）も見よ。

（5）大谷大学百年史編集委員会編『大谷大学百年史〈通史編〉』（二〇〇一年）三九頁。

（6）樋口龍温『急策文』（一八六三年頃成立。常磐大定編『明治仏教全集 第八巻 護法篇』（春陽堂、一九三五年）三三二頁。

（7）龍温『急策文』三三三頁。なお〔 〕内はクラウタウによる補足である。以下同。

（8）コペルニクス『天球回転論』（*De revolutionibus orbium coelestium*）の刊行自体は龍温が示す一五四一年（嘉靖二十）でなく一五四三年であるが、その土台となるものは一五四〇年の時点ですでに発表されており、龍温はそれを指している可能性もある。

（9）近世仏教の伝統における「三教一致」の問題は、森和也『神道・儒教・仏教——江戸思想史のなかの三教』（ちくま新書、二〇一八年）を参照のこと。

（10）森尚謙をめぐっては、前田一良「森尚謙と護法資治論」（同『日本近世思想史研究』文一総合出版、一九八〇年）一〇一—〇九頁（初出一九三六年）、そして三友量順「仏教の政治論——森尚謙『護法資治論』における治世の理念」（『東方』七号、一九九一年）および同「森尚謙の神仏一理論」（『東方』九号、一九九三年）を参照されたい。

（11）同書については、吉田寅「『閑邪存誠』の一考察 付校註——幕末期仏僧の中国語医学書批判」（『立正大学文学

部研究紀要』五号、一九八九年）一―一四頁を参照。

(12) 海野一隆「宗覚の地球儀とその世界像」（同『東洋地理学史研究――日本篇』清文堂、二〇〇五年）四八八―五〇五頁（初出一九七六年）。

(13) この過程を広く描いたものとして、岡田正彦『忘れられた仏教天文学――十九世紀の日本における仏教世界像』（ブイツーソリューション、二〇一〇年）を参照されたい。

(14) この宗教概念の世界化過程をめぐっては、例えばジョナサン・Z・スミス「宗教（諸宗教、宗教的）」（宮嶋俊一訳、マーク・C・テイラー編『宗教学必須用語』奥山倫明監訳、刀水書房、二〇〇八年〈原著一九九八年〉）、そして増澤知子『世界宗教の発明――ヨーロッパ普遍主義と多元主義の言説』（秋山淑子・中村圭志訳、みすず書房、二〇一五年〈原著二〇〇五年〉）を見よ。

(15) Timothy Fitzgerald, *Discourse on Civility and Barbarity: A Critical History of Religion and Related Categories* (Oxford: Oxford University Press, 2007), pp. 193-230.

(16) 慕維廉輯訳『地理全志』（上海：墨海書館、一八五三～五四年）「巻之一　亜細亜」六丁裏、「巻之二　欧羅巴」二丁裏、「巻之三　阿非利加」二丁表、「巻之四　亜墨利加」三丁表、「巻之五　大洋群島」二丁裏。なお龍温が使用したであろうものは、本文でも示したように塩谷宕陰の訓点が施され一八五九年に和刻された爽快楼蔵版で、当該箇所はその上編の「一　亜細亜志」十丁裏、「二　欧羅巴志」五丁表、「三　阿非利加志」三丁裏―四丁表、「四　亜墨利加」五丁表、「五　大洋群島」四丁裏である（国会国立図書館デジタルコレクションよりアクセス、二〇一九年九月三十日閲覧）。

(17) 本論における中国でのキリスト教と"civilization"をめぐっては、郭亜珮の研究に貴重な示唆を受けた。Kuo Ya-pei, "'Christian Civilization' and the Confucian Church: The Origin of Secularist Politics in Modern China" (*Past and Present*, 218/1, 2013, pp. 235-264) を参照のこと。

(18) 丁韙良『天道溯原』中巻（華花印書房鉛印、一八五八年）三十丁表。書き下しは吉田寅『中国キリスト教伝道文書の研究――『天道溯原』の研究・附訳註』（汲古書院、一九九三年）一八九頁。

(19) 丁韙良『天道溯原』中巻、三十一丁表裏。書き下しは、吉田『中国キリスト教伝道文書の研究』一九一頁。なお、本引用での「賢儒」はルターおよびカルヴァン等の宗教改革者を指すという情報は吉田寅によるもので、氏はさらに「明の中興」に関して、それは「神宗万暦帝の時代（一五七一—一六一〇）であり、ヨーロッパで宗教改革が起こった時期よりやや遅れている」とも加える（二五七頁）。

(20) 龍温『急策文』三四頁。

(21) 中国宗教史における「教門」という言葉の意味展開を検討する貴重な成果として、李志鴻「〝教門〟考」（馬西沙編『当代中国宗教研究精選叢書・民間宗教巻』民族出版社、二〇〇七年）を参照されたい。

(22) 早いものとして、Robert Morrison, *A Dictionary of the Chinese Language, in Three Parts*, Part III (London: Black, Parbury, and Allen, 1822), p.358 の例がある。なお、モリソンを取り巻くコンテキストについては、倉田明子『中国近代開港場とキリスト教——洪仁玕がみた「洋」社会』（東京大学出版会、二〇一四年）の第一章「プロテスタント布教の開始と展開」二一—七五頁（初出二〇〇九年）を参照のこと。

(23) 西周「教門論 一」（『明六雑誌』四号、一八七四年）。

(24) 香山院龍温『闢邪護法策』（一八六三年述。『明治仏教全集 第八巻』）一四三頁。

(25) 龍温『急策文』三四頁。

(26) 龍温『闢邪護法策』一四八—四九頁。

(27) 龍温『急策文』三四頁。

(28) マーティンは「釈道両教」を否定しつつも、儒教的な諸概念は生かし、他教に対して正しいものとしての「耶蘇教」を論証しようとする。『天道溯原』中巻の第四章「以道之行為証」において彼はまさに、キリスト教の世界的発展はその正しさの故であると述べ、同巻の第五章「以教化為証」は、前節でも説明したようにカトリックとプロテスタントの区別を説明し、西洋の中で、後者を奉ずる国は前者に従う国よりも優れていると指摘する。前掲『天道溯原』中、二十八丁裏、三十三丁表を参照。当該箇所の書き下し文および訳注として、前掲吉田『中国キリスト教伝道文書の研究』一八八—九三頁を参照のこと。マーティンの事業全体をめぐる紹介は、上記の吉田および森中章光訳注『「天道溯原」を読む』（かもがわ出版、一九九六年）の他、例えば Ralph Covell, *W. A. P. Martin, Pioneer of Progress in China* (Washington: Christian University Press, 1978) を参照されたい。

（29）『圓光寺蔵 西洋耶教書目録』（龍温自筆、大谷大学図書館圓光寺文庫、外大・六二一六）によれば、『天道溯原』は『新旧両約〔聖〕書』およびサミュエル・N・D・マーティン（孟丁元、一八二五～一九〇三）の『天道鏡要』（一八五八年）に続き、龍温が参照した「耶教書」のひとつである（二丁表参照）。
（30）龍温『闢邪護法策』一四九頁。
（31）同前、一八〇頁。
（32）同前、一四八頁。
（33）同前、一八八頁。
（34）同前、一八九頁。
（35）大桑斉『戦国期宗教思想史と蓮如』（法藏館、二〇〇六年）一八五―九〇頁。
（36）柏原祐泉「浅井了意の教化思想」（同『真宗史仏教史の研究II――近世篇』法藏館、一九九六年）一八八頁、一九四頁（初出一九七六年）。なお近世における「王法」と「仏法」との関係をめぐっては、とりわけ宗教思想史の視点から、さらなる検討が必要である。宗派間の差は言うまでもなく、その問題は宗門外でも語られていたことは、注目に値する。例えば、荻生徂徠（一六六六～一七二八）など、儒者の仏教観を検討した森和也は、江戸期における「王法」と「仏法」を「公」と「私」の問題として捉えている（『神道・儒教・仏教』九〇―九九頁）。
（37）柏原「浅井了意の教化思想」一九四頁。
（38）なお、「上疏」や「奏達」は、通常、天皇に対して用いられるような言葉であろうが、これをもって、龍温が孝明天皇や朝廷を具体的な政治権力者として想定していたと結論できるものではない。幕末真宗東派の僧侶を取り巻くコンテキストを考えると、幕府を中心として広く世俗権力を念頭に置いた使用であろうが、この点は今後の課題としたい。
（39）例えば、Alejandro Valignano S. I., *Sumario de las cosas de Japon*（1583）; *Adiciones del sumario de Japon*（1592）（Jose Luis Alvarez-Taladriz ed., Tokyo: Sophia University, 1954）, p. 66-67 など。この問題を考察したものとして、Galen Amstutz, *Interpreting Amida: History and Orientalism in the Study of Pure Land Buddhism*（Albany: State University of New York Press, 1997）, pp. 43-53; Giuseppe Marino, "La sombra de Lutero en Japon. Acerca

del nembutsu de acuerdo a la vision de los misioneros en el siglo XVI" (*Dicenda: Estudios de lengua y literatura españolas*, 36, 2018), pp. 267-280.

(40)「……教部ノ所用ハ開帳・祈禱・卜占等ヲ仕事ニスル。宗旨ハ真ノ宗旨ニ非ザレバ、真言デモ法華ニテモ叩キツブス工夫ガ肝要也。朝威デヤレバマダ日本デハ行ハル、也。扨、禅宗・天台抔ハ学問ナリ、人民ノ宗旨ニハ非ズ。宗旨ト云ハ死生不移者ヲ云、抵抗力アル者ヲ云。真宗ノ外日本ニテ宗旨ラシキ者ハナシ……」（島地黙雷「洋外漫筆 三」、大洲・木下・妙覚宛書簡、明治五年〈一八七二〉十二月十六日付、二葉憲香・福嶋寛隆編『島地黙雷全集』第五巻、本願寺出版協会、一九七三年、一八三頁）。島地の"religion"の語り方をめぐっては、註(1)前掲のクレーマ著の他、同「近代日本における「宗教」概念の西洋的起源——島地黙雷のヨーロッパ滞在を中心に」（森恵実訳、『宗教研究』三八〇号、二〇一四年）を参照のこと。

(41) 例えば、龍温にも師事した村上専精による『真俗二諦弁』（大日本仏教徒同盟会、一九〇一年）を参照のこと。

(42) 竜温『総斥排仏弁』（一八六五年頃成立。柏原祐泉・藤井学校注『近世仏教の思想』日本思想大系57、岩波書店、一九七三年）一〇七頁。

(43) 同前、一〇七—一〇八頁。

(44) 同前、一〇八頁。

(45) 同前、一〇八頁。

(46) 同前、一一三頁。

(47) 同前、一三七頁。

(48) 同前、一一九頁。

(49) 同前、一二〇頁。

(50) 同前、一二三頁。

(51) この語り方の近代的展開に関しては、拙著『近代日本思想としての仏教史学』（法藏館、二〇一二年）第二部（一八三—二九八頁）を参照。

(52) 徳重浅吉「解題」（『明治仏教全集 第八巻』）二一一頁。

（53）龍温『総斥排仏弁』（大谷大学国史研究会、一九三〇年）。
（54）『大谷大学百年史〈通史編〉』四二—四三頁。
（55）織田「香山院龍温社中名簿について」五二三—六九頁、および中西直樹「明治前期・真宗大谷派の海外進出とその背景——北海道開拓・欧州視察・アジア布教」（『龍谷大学論集』四八一号、二〇一三年）九七頁を参照。

付記　本論を構成する際、桐原健真氏を始めとして、キリ・パラモア氏、ジェイソン・ジョセフソン＝ストーム氏、三浦周氏、呉佩遙氏、そして名和達宣氏や松金直美氏に、多くのご意見・ご指摘を賜った。記して深甚なる謝意を表する。なお、資料を提供して下さった真宗大谷派圓光寺の樋口浩史氏および東京外国語大学の倉田明子氏、そして東舘紹見館長を始めとする大谷大学図書館職員の皆様にも、お礼申し上げる次第である。

蘭学と西洋兵学――比較と連鎖の政治思想史――

大久保　健晴

一　問題の所在

本稿は、十九世紀日本における西洋兵学論の展開を中心に、江戸と明治を繋ぐ「蘭学の政治思想史」の新しい叙述を試みる。

従来の近世日本の政治思想史研究は、主に儒学と国学を対象としてきた。その一方で、「窮理の学」と呼ばれた蘭学は、専ら西洋の医学や天文学、数学など自然科学の領域の学習にとどまると考えられてきた。しかし徳川期において自然科学と人文社会科学との区分は明確ではなく、蘭学者のオランダ語を媒介とした学問活動も狭義の自然科学に限られたものではない。窮理の語は、『易経』説卦伝の一節「理を窮め性を尽くして以て命に至る」[1]などに由来し、儒学、とりわけ朱子学では、窮理と居敬を通じて人格を完成させた人物が、人々を導き、その徳が天下に及ぶとき、仁政が実現すると考えられた。蘭学者もまた当初より、決して狭い意味での「物」の理の探究だけではなく、それを支える西洋の学校制度や政治にも関心を寄せていた。『解体新書』翻訳に携わった前野良沢は、十八世紀後半の作品『管蠡秘言』のなかで、オランダの「窮理学校」に触れ、「その教を立つるや、三才万物に即いてその本原固有の理を窮」め、「是を以て天を敬ひ神を尊び、政を秉り行を修め、事理に明らかに術芸に精しく、物品を正し器用を利す。而して帝王徳教を布き、公侯社稷を保ち、四民業を安んじ、百工巧を尽す[2]」と説いている。果たしてそれでは、兵営国家として成立した徳川政治体制において、西洋の兵学や兵制はいかに学ばれたのか。その背景に横たわる十九世紀オランダ政治史を視野に入れた研究は、これまで十分になされていない[3]。

以上の問題関心のもと、本稿では同時代オランダの政治及び学問状況との比較と連鎖を視野に入れながら、高島秋帆や高野長英ら蘭学者による西洋兵学論との取り組みに光を当て、その学問的蓄積が神田孝平や西周、福澤諭吉など明治期の官僚・洋学者の国家構想や秩序像に与えた影響について考察する。オランダをはじめとしたヨーロッパの歴史的な動きとの接続に注目しながら、近世蘭学の豊饒な営みに立ち返り、その学問的鉱脈を掘り起こすなかで日本近代の源流を再考することを、本稿の最終目的とする。

二　近世蘭学の展開と十九世紀オランダ

蘭学の政治思想史を叙述するためには、日本で出版された蘭学書の分析だけでなく、背後にあるオランダの政治社会や学問世界にも眼差しを向け、その影響関係を含め、徳川日本とオランダ、双方の歴史的動向を両輪としてともに見据えた世界史／グローバル・ヒストリーの視座から検討がなされなければならない。一八四〇年に始まるアヘン戦争が徳川日本に衝撃を与え、西洋兵学への高い関心を喚起したことは、佐久間象山が記した「西洋諸国学術を精研し、国力を強盛にし、頻に勢を得候て、周公・孔子の国迄も是が為に打掠められ候[4]」という言説などに窺える。しかし同時にそこには、知識を提供するオランダの側の地殻変動があったことも見逃せない。

ベッケルス（Danny Beckers）らが指摘するように、十八世紀中葉のネーデルラント連邦共和国では、自然科学や数学の大衆化が進み、簿記官やエンジニア、学校の教師など多くの一般の市民が実践的な観点からこれらの学問に高い関心を示した。[5] アムステルダムをはじめ様々な都市で、一般の市民をも担い手とした学会・科学協会が設立されると、有用な科学の普及や初等・中等教育の改善を目的に、科学の入門書や解説書が多数刊行された。十八世紀後半から十九世紀初頭における蘭学者たちの学問的営為の一部が、こうしたオランダの学術世界の潮流と成果によって支えられていたことは、吉田忠の研究に詳しい。[6] 例えば、徳川期によく読まれたプリンセン（Pieter Johannes Prinsen）の地理書（*Geographische oefeningen, of Leerboek der aardrijkskunde*, tweede druk, 1817）や、箕作阮甫蔵版『和蘭文典』前後編の原著 *Grammatica, of Nederduitsche spraakkunst*（tweede druk, 1822）及び *Syntaxis, of woordvoeging der Nederduitsche taal*（1810）、あるいは青地林宗訳『気海観瀾』の主たる底本であるボイス（Johannes Buijs）の *Natuurkundig schoolboek*（1800）は全て、「一般の利益のために」協会（Maatschappij tot Nut van 't Algemeen）から出版された入門書である。これら蘭学の成果は、啓蒙の世紀である十八世紀後期オランダ市民社会に根ざした学術世界を背景に生まれた。

だが本稿で注目したいのは、その後、十八世紀末から十九世紀前半に訪れた、オランダ及びヨーロッパを取り巻く政治的変動である。一七九五年、フランス革命の影響のもと、折から国外に逃亡していたいわゆる愛国派とフランス革命軍の侵攻により、ネーデルラント連邦共和国は崩壊。新たにバターフ共和国が誕生した。一八〇六年、フランスの皇帝ナポレオンの命で、弟ルイ・ボナパルトがホラント国王となり、一八一〇年にはフランス帝国に編入される。しかし一八一三年のライプツィヒの戦いにおけるナポレオンの敗戦を経て、オラニエ・ナッサウ家のウィレム・フレデリックを国王とするオランダ王国が樹立されるに至った。そしてウィレム一世の統治のもと、オランダ王国は、憲法をはじめとする諸法典の編纂・制定、軍隊の再編、植民地官僚の養成など、中央集権的な近代国家化を目指した諸改革に着手する。このような政治的な変動は、学問の世界にも大きな影響を与えた。とりわけ重要なのは、ブレダの王立軍事アカデミーやデルフト王立アカデミーが設立され、実践的な諸科学の制度化が図られたことである。

オランダ王立軍事アカデミー（Koninklijke Militaire Akademie）は、一八二六年の勅令により、一八二八年、ブレダ（Breda）の地に創設された。その成立の歴史的過程については、ヤンセン（J. A. M. M. Janssen）の研究に詳しい(7)。同研究によれば、連邦共和国時代のオランダでは、それぞれの州で小さな軍事学校がささやかに営まれることはあったが、統一国家としての公的な組織は存在していなかった。フランス革命の余波を受け、一七八九年よりブレダ、ハーグ（'s-Gravenhage）、ズトフェン（Zutphen）に砲兵学校が建設され、バターフ共和国の誕生を通じて軍事教育の組織化が進められていく。一八〇九年、国王ルイ・ボナパルトの統治のもと、ハーグに王立軍事学校（Koninklijk Militaire School）が開設される。だが翌年のフランス帝国への編入により閉鎖。一八一四年、統一国家・オランダ王国として独立するなか、常備軍の再編が企てられ、デルフト（Delft）の地に砲兵・工兵学校（Artillerie-en Genieschool）が設立された。その後、国王ウィレム一世は一八二六年五月二十九日の勅令で、このデルフトにあった砲兵・工兵学校を廃止し、将来の全ての陸軍将校たちが、学問を基礎に軍事科学を身につけるための教育機関として、ブレダに統一的かつ本格的な「王立軍事アカデミー」を創立することを決定する。ブレダは、国王オラニエ家が所領してきた城壁都市であった。そして砲兵・工兵学校が立ち退いたデルフトの跡地に、植民地官僚の養成とシヴィル・エンジニアリング（土木工学）の発展を目的に建設されたのが、デルフト王立アカデミー（Koninklijke Akademie te Delf. 現在のデルフト工科大学の前身）である。こうして近代国家の統治の技法としてのエンジニアリング（Engineering）を巡って、ブレダにミリタリー・エンジニアリング（Military Engineering, 軍事工学、軍事技術）、デルフトにシヴィル・エンジニアリング（Civil Engineering, 土木工学）を基幹とする学術機関・教育組織が確立された(8)。

ブレダの王立軍事アカデミーの創設は、一面において、国家機構の近代化を進める同時代ヨーロッパの動きを視野に入れたものであった。イギリスは既に一八〇二年に王立士官学校を開校し、フランスはサン・シールに一八〇八年、プロイセンはベルリンに一八一〇年にそれぞれ士官学校・軍事アカデミーを設立していた(9)。フランス革命とナポレオン戦争を通じて国民軍が作りだされ、それを指揮する将校の脱貴族化が進むとともに、火器の発展などにより戦術が複雑化するなかで、高度な訓練を受けた新たな将校の育成が求められたことが、その要因として考えられる。

他方でそれはまた、十六世紀末から十七世紀初頭にかけてオランダ諸州の総督をつとめ、スペインとの八十年戦争において重要な役割を果たした、マウリッツ・ファン・ナッサウ（Maurits van Nassau）に遡る、歴史的起源をも有していた。マクニール（William H. McNeill）をはじめ、多くのヨーロッパ軍事史研究者が指摘するように、(10) 総司令官としてネーデルラントを率いたマウリッツは、戦場における火力の重要性を認識し、それを活用するために常備軍の充実と規律・教練の導入を企てた。彼は高度に統制された、約十列のマスケット銃手の横に細長い隊列を採用し、「反転行進射撃」として知られる部隊運動を確立した。さらにその戦術を円滑に実現するために、彼が絶え間ない教練と厳しい規律を軍隊生活に持ち込んだことは、「十七世紀ヨーロッパの戦争に現われた新しい現象」といわれる。(11) こうしたマウリッツの軍事改革は、ヨーロッパにおける近代的軍事制度の先駆とみなされ、時に「軍事革命」とも評される。(12) マウリッツは、軍隊を以前よりも小さな集団へと分割して、個々の部隊を指導する将校の数を増やし、将軍から将校及び軍隊への単一の指揮系統を確立するとともに、組織行動と規律を重んじ、兵士たちに常に軍事的な教練を強いた。その一環として、一六一九年、マウリッツは将校を訓練するための士官学校を、ジーゲン（Siegen）に設立。これは、直接のつながりはないが、王立軍事アカデミーの遠い源流にあたる。なお、この士官学校で学んだ卒業生の一人が「北方の獅子」国王グスタフ二世アドルフ（Gustav II Adolf）の軍制改革に寄与し、スウェーデンは大国としての地位を築いた。

加えて興味深いことに、マウリッツはライデン大学でリプシウス（Justus Lipsius）のもとで学んでおり、彼はリプシウスの学説、ならびにウェゲティウス（Flavius Vegetius Renatus）やアエリアヌス（Aelianus

Tacticus）など古代ローマの軍事教科書から大きな影響を受けるなかで、軍隊における規律を重視し、専門的な将校団の教練を行うことを決定するに至ったといわれる。エストライヒ（Gerhard Oestreich）は、このマウリッツの軍制改革とリプシウスの著作『政治学』との密接な関係について、精神史的分析を加えている[13]。同研究によれば、マウリッツの軍制改革の根底には、「義務の遂行、克己、節度、節制、敬虔」といった「ストア的倫理」と、軍事組織における規律との結合を図った、リプシウスの政治思想が存在した。他方、鈴木朝生は近年の研究で、このエストライヒの議論を批判的に検討し、むしろリプシウスの「規律」論の主眼は、従来の傭兵の習俗を打破することにあり、部隊の小規模化と「登録・監察制度」の導入を通じて兵の把握・統制を徹底し、そこから常備軍の創設を企図した点においてこそ、『政治学』はオラニエ・ナッサウ軍制改革と深い連関性を持つ、という卓越した洞察を導きだしている[14]。

むろん、マウリッツの事績やオラニエ・ナッサウ軍制改革と、十九世紀の王立軍事アカデミーの設立が、直線的に結びつくわけではない。しかしなお、ベラスケス（Diego Velázquez）の名画「ブレダの開城」でも知られるように、ブレダは八十年戦争を象徴する戦場の一つであり、オラニエ・ナッサウ家と所縁の深いこの城塞都市に王立軍事アカデミーが創設された経緯に鑑みても、その歴史的、思想史的な背景は少なからぬ重要性を持つ。

こうした十九世紀オランダにおける政治と学問の転換は徳川期の蘭学にも影響を与え、十八世紀末から日本が直面した国際環境の変化と連動する形で、西洋兵学研究の興隆を促すこととなった。文化元年（一八〇四）、信牌を持参したレザノフが長崎に来航。その際の徳川政権の対応が原因となり、文化三年（一八〇六）と翌四年に、文化露寇が勃発する。続いて文化五年には、オランダ国旗を翻したイギリス船フェートン号が突如、長崎港に侵入する事件が発生した。このフェートン号事件もまた、フランス革命の余波を受けたヨーロッパ世界の変動とネーデルラント連邦共和国の崩壊、オランダ東インド会社の解体を遠因とするものであった。

後に「火技中興洋兵開祖」とも呼ばれた高島秋帆は、寛政十年（一七九八）、長崎の町年寄の家に生誕。フェートン号事件をきっかけに、長崎で新台場の築造や砲台増設が進められるなかで、彼はナポレオン戦争に従軍した経験を持つオランダ商館長ステュルレル（Johan Willem de Sturler）と接触し、西洋砲術を学んだと推定される[15]。現在、オランダ・ハーグの国立公文書館には、高島秋帆がオランダとの脇荷貿易を通じて、武器とともに、西洋兵学書を購入していたことを示す書類が多数残されている。例えば既に天保五年（一八三四）の文書には、「Reglement der infanterie, soldaten, pelotons en bataillons school...」の購入を要請する記述が見られる[16]。高島はそこで、ブレダのオランダ王立軍事アカデミーにおける戦略学教官であるファン・ブーコップ（Ludovicus van Boecop）が翻訳した、C von Decker, vertaald door L van Boecop, *Taktiek der drie wapens: infanterie, kavalerie en artillerie*（Breda, 1831-33）などの兵学書を入手した[17]。

このようなオランダ王立軍事アカデミーを背景とする、西洋兵学に関する学問的蓄積があったからこそ、一八四〇年のアヘン戦争勃発という未曾有の事態にも、即座に対応することが可能となった。高島秋帆はアヘン戦争開始直後の天保十一年（一八四〇）九月、長崎奉行に建議書（「天保上書」）を提出したと伝わる。そのなかで高島は、「唐国の砲術は児戯に比しく候」と指摘するとともに、日本の軍事技術についても、「憾むべきは当時諸砲家の術は、西洋にて既に数百年前に棄廃仕候遅鈍の術、或は無稽の華法等を以て各門戸を立て、互に奇秘仕、徒に競観美候事共不少哉に奉存候」と批判する。「砲術」こそ「護国第一の武備」であり、西洋列強と対峙し「吾国」日本を守るためにも、「彼方の術」を採り入れ、「天下の火砲」を「一変」させなければならない。(18)

この建議書は、長崎奉行を通じて徳川政権に受け入れられ、高島は翌天保十二年（一八四一）に江戸・徳丸原にて、西洋式部隊による砲術演練の実施が認められる。演習を成功させ高島流砲術の卓越性を世に示した高島秋帆のもとには江川英龍や下曽根信敦が弟子入りし、彼らを通じてその学識と技術は佐久間象山や桂小五郎らに伝えられた。高島が元治元〜慶応元年（一八六四〜六五）に監修・出版した作品『歩操新式』は、オランダ語原書 *Reglement op de exercitien en manoeuvres der infanterie* (1861) の日本語訳であり、同書もまたオランダ・ブレダの王立軍事アカデミーが編纂した書物であった。

こうした状況のもと、徳川後期日本では、オランダ王立軍事アカデミーの教官たちが執筆した書物が数多く輸入され、競って読まれることとなる。例えば高野長英は、弘化四年（一八四七）にプロイセンの軍人であるブラント（Heinrich von Brandt）の戦術書 *Grundzüge der Taktik der drei Waffen* (1833) のオランダ語訳書 *Taktiek der drie wapens: infanterie, kavallerie en artillerie* (Breda, 1837) を、『三兵答古知幾』として翻訳した。同書のオランダ語訳者ファン・ミュルケン（Joannes Josephus van Mulken）は、一八三六年より王立軍事アカデミーの教官をつとめ、後の一八六八年にオランダ政府の戦争省大臣（Minister van Oorlog）に就いている。(19) 高野は嘉永元年（一八四八）頃、砲兵隊中尉のスティルチェス（G.

J. Stieltjes）が執筆し同じくブレダで公刊された、*Handleiding tot de kennis der verschillende soorten van batterijen*（Breda, 1832）も、『新撰砲家必読』として翻訳している。また王立軍事アカデミー教官のファン・ミュルケンが執筆した*Handleiding tot de krijgskunst*（Breda, 1845）は、佐倉藩出身で、徳川政権の老中首座に就任した藩主堀田正睦（正篤）のもとで働いた西村茂樹によって、『三兵用法』として翻訳された。さらに西村は安政七年（一八六〇）、『陸軍字彙字書』の草稿を残している。これはプロイセンの軍制改革に携わったシャルンホルスト（Gerhard von Sharnhorst）の著 *Militairisches Taschenbuch* のオランダ語訳本 *Militair zakboek tot gebruik in het veld*（1828）に依拠する。同書のオランダ語の訳者であるデルプラット（Isaäc Paul Delprat）とシーリグ（Hendrik Gerard Seelig）は、ともに王立軍事アカデミーの創設に貢献した軍人教官である。[20] 大坂・適塾で蘭学を学び、蕃書調所や講武所に勤めた後、長州藩に招聘され、日本陸軍の建設に尽力した大村益次郎もまた、王立軍事アカデミーで戦略学・戦術学・軍事史を教えたクノープ（Willem Jan Knoop）の *Kort begrip der taktiek*（Breda, 1847）を翻訳し、元治元年（一八六四）に『兵家須知戦闘術門』として出版した。[21] こうして徳川後期から末期にかけて、オランダ王立軍事アカデミーの教官たちが執筆・翻訳した書物が多数受容されることにより、近代黎明期の日本における西洋兵学の基礎は形づくられていったのである。

三　高野長英訳『三兵答古知幾』とオランダ王立軍事アカデミー

それではブレダのオランダ王立軍事アカデミーを起点とする西洋兵学受容は、徳川及び明治日本の政治思想にいかなる影響を与えたのか。ここでは、その代表的な作品である高野長英訳『三兵答古知幾』を取り上げ、高野の翻訳動機とそこで展開される taktiek「答古知幾」論の特質、ならびにその根底にある秩序論に焦点を絞って、検討を加えたい。

高野長英訳『三兵答古知幾』は、オランダ王立軍事アカデミーの歩兵科教官・大尉であるファン・ミュルケン（J. J. van Mulken）が、一八三七年にブレダで公刊した、*Taktiek der drie wapens: infanterie, kavallerie en artillerie* を原典とする。同書は、プロイセンの将軍ブラント（Heinrich von Brandt）が執筆した *Grundzüge der Taktik der drei Waffen: Infanterie, Kavallerie und Artillerie*（1833）を、ファン・ミュルケンがオランダ語に翻訳した書である。高野は蛮社の獄に連座し、脱獄、逃亡生活を続けるなか、弘化四年（一八四七）に同翻訳を完成させたと考えられる[22]。

なお、同書の翻訳は当初、田原藩の藩医で、渡辺崋山や高野長英らと親交の深い鈴木春山によって着手された。鈴木は天保十四年（一八四三）頃から弘化年間にかけて、水野忠邦より依頼を受け、『三兵活法』として同書の訳述を開始した。鈴木はその間、逃亡中の高野の世話をしており、あるいは当時から二人で翻訳に取り組んでいた可能性も指摘される。だが弘化三年（一八四六）五月に鈴木が病で死去したため、その翻訳作業は高野長英に引き継がれたと推定される[23]。ちなみに『三兵活法』自体、春山の門人らの手により「鈴木春山訳」の独立した作品として、安政四年（一八五七）に刊行された。

高野訳『三兵答古知幾』の冒頭には、蘭訳者ファン・ミュルケンの序文「訳三兵答古知幾叙」が置かれる。高野の訳文をもとに、ファン・ミュルケンの主張を辿れば、「用兵の基本」を明らかにしたブラントの同書は、「以て幼年初学の徒、兵道を学ぶ、好楷梯」であり、ベルリンにあるプロイセンの士官学校・兵学校（「別爾林（独逸中の一洲）の兵黌」de krygsschool te Berlyn）で「兵法の講本」として使用されている。ファン・ミュルケンはそう指摘した上で、自らの翻訳動機を次のように記している。

> 是を以て余忝なく、王国泥垤爾蘭土《ネーデルラント》和蘭を云兵学大黌（Koninklyke Militaire Akademie）の教授に除せられ、後進を教育する、職を受るに及て、其督事漏的南多、格魯涅爾官、舎理弗君（Luitenant-Kolonel der Artillerie, Seelig）、此書を授け、其兵家緊要の珍本たるを示さる、余是に於て、訳して、国語となし、一は以て、講本中に副加し、一は以て、諸方に頒て、同好に裨益せんとす。[24]

ファン・ミュルケンによれば、オランダ王立軍事アカデミー「王国泥垤爾蘭土和蘭を云兵学大黌」の教官に就任し、生徒を教育するにあたり、学長（Kommandant）を務める、砲兵隊中佐シーリグから同書を推薦され、授業のテクストとして使用するために翻訳に取り組んだという。先述のように、シーリグは王立軍事アカデミーの創設に携わった重要人物であり、彼の書も徳川末期に西村茂樹らによって熟読された。

高野長英は続いて、この蘭訳者ファン・ミュルケンの問題意識を受けて、自らの序文を記している。高野はまず本書の由来について、改めて「和蘭の兵黌教授官、般《ハン》・密爾縣《ミルケン》人名、此を得て、講本となし、以て生徒を教導し、且つ訳して、和蘭語となし、博く同志に頒つ者なり[25]」と説明する。ここからは、高野が翻訳を通じて、オランダ王立軍事アカデミーの存在にも意識を向けていたことが窺える。彼はその上で、「我東方首唱の学」、徳川日本の学問の状況について考察を加える。高野によれば、「本邦近来西蕃の学、大に行はれ、翻訳の業、日々新に、月々盛にして、天文地理の大より、理科、数科、医科、其他百芸衆技の細に至る迄、其書略備はり、科言既に耳目に習熟」してきた。ところが、「兵学の如きは否らす」。西洋の兵学書が日本に入ってくるようになったのは、「僅に七八年の間に過きず」、「故に其科言の如きは、固より論なく、其事に至ても、亦耳創て之を聞き、目創て之を見る、茫洋何の義たるを知らざる者、頗る多し、刻苦の久く経験研究の功を積み、遂に始て何の義たるを知る」[26]。『三兵答古知幾』の翻訳は、まぎれもなく、高野が苦しみながら西洋兵学と正面から格闘した先駆的成果であった。

それでは高野ら徳川期の学者にとって、西洋兵学研究の新しさはどこにあったのか。「答古知幾」とは、いかなる学問であったのか。『三兵答古知幾』はそのタイトルの通り、歩兵・騎兵・砲兵、三兵の戦術・用兵術について詳細な分析を行った、同時代十九世紀ヨーロッパにおける最先端の軍事研究書である。ブラント（及び蘭訳者ファン・ミュルケン）は、本論の冒頭で、「答古知幾」（taktiek）とは何か、その原義を歴史的に遡及しながら明らかにする。高野の訳文を用いれば、「位置を整るの義」であるギリシャ語の「答丢《タチュ》」から派生したこの語は、「諸法に従て、其運動法を調理する術」を意味し、現在では次のように定義される。

今世に至ては、答古知幾の言を以て、総定則に従て、其主要とする所に応して、諸兵を動すの学となす、然に其主意とする所、時の形勢に従て、常に一ならざれは、其運動も亦従て、変化せざることを得す、故に輓近に至ては、更に其変化する、所以の者も、亦併せて以て、答古知幾の学となす。（"Taktiek is de wetenschap om oorlogstroepen te bewegen, overeenkomstig een bepaald denkbeeld, volgens zekere algemeene grondregelen; doch met alle mogelyke vryheid in derzelver toepassing, in zoo verre die door veranderlyken invloed mogt gevorderd worden.[27]"）

「答古知幾」とは第一に、「総定則」（algemeene grondregelen）に基づいて、いかに軍隊を動かすかを解明する学である。そこでは、兵が従うべき命令を基礎づける根本原則「総定則」の解明が主眼となる。だが同時に、その運動は「時の形勢」に応じて、「其主意とする所」により変化する。「輓近」近年では、その変化のあり方や所以もまた、「答古知幾」の学問的探究の対象となる。

特筆すべきは、「其主意とする所」という表現である。原文に即して今日の翻訳語を用いて訳せば、ここでは、「時の形勢」に対して「できる限りの自由」（alle mogelyke vryheid）をもって対応することが説かれている。「主意」の原語は、**vryheid**（自由、vrijheid）である。高野長英はこの箇所に、「進退、離合、攻守等、皆其主意の欲する所に従ひ」と注釈を付け、さらに「辞義次第に浩く、其含蓄する所、甚た多し」と自ら解説を加えている。これは、近世日本における西洋の「自由」概念（vryheid）との極めて興味深い出会いの一つといえよう。

こうした「答古知幾」の定義は、フランス革命ならびにナポレオン戦争が十九世紀ヨーロッパに与えた衝撃と深く結びついていた。それは同書の「歩兵」論に、顕著な形であらわれている。そこではまず、「諸軍を製造する基本は、印受比細以《インジュビジイ》（Individuen）にして、即ち兵士是なり、而歩兵は、其魁たる者とす[28]」と記される。軍隊を構成するのは、兵士である一個人 individual であり、その活動の面積を確保し、そこから隊として横や縦に「排列」し、陣形を描くように空間を形づくっていく。その空間と動きを数理的に解析するのが、「答古知幾」の学である。

ただしそれは、一定の陣形へと兵を固定することを意味するものではない。「先つ一陣形を作り、機に臨み変に応して（de omstandigheden vorderen）、速に変化して、他形をなすへきの制を得せしめ、而衆寡の諸隊斉整併合して、以て一全隊となるを要とす」[29]。個々の小さな諸隊が、その「機」に臨んで流動的に動きながら、しかし同時に一つの全体として互いに一定の原理のもとに「斉整」「併合」しながら敵軍と対峙する。

この洞察の背景には、フランス革命とナポレオン戦争を契機とした、歩兵を巡る戦術の変化があった。ブラント（ならびにファン・ミュルケン、高野）に従えば、旧来の「古制」において歩兵隊は、「横隊」を中心に構成された。だがフランス革命戦争を通じて、むしろ「縦隊」が「陣を衝き、隊を破るの勢力強く、且つ敵に当り、捍拒する力も、亦大なるの隊」として再評価されるに至る。

> 其時の形勢に準して、此隊〔縦隊〕を制し、更に古制横隊を云と相合し、一横一縦、変化活動すれは、頗る大なる便利ありとす、故に大乱（omwentelings-oorlog）前按払朗西革命の大乱乎此隊を制して、此名を命してより以来、特り横隊を貴重固執して、其形を変化せさる者、少しとす[30]。（〔 〕は大久保注）

もはや今日では「横隊」に固執するのではなく、横隊と縦隊、火力に頼るか衝突力に頼るか、戦況や地理に応じて、両隊を複合的に用いた混合隊形を作り、陣営を変化させていくことが肝要である。

さらにもう一点、同書が同時代十九世紀の新たな戦略の傾向として指摘するのが、騎兵による「散隊」の導入である。

凡そ騎兵走馬の術、戦闘の芸、放銃の技、其自得通達する所を顕す者は、唯此兵の散戦に在るのみ、故に全軍は、固く一定の法を守り（rigtsnoer）、一様に事を行ふの令を布き、漫に進退、戦争することを、許さすと雖も、此隊には、各格外の法を許し、各自随意に進退して以て其力を奮ひ、其能を顕し、其功を完せしむへし、是を以て、散戦を為す者は、武芸極て練達し、性質驍勇の士（hoogst mogelijke geoefendheid en stoutmoedigheid）に、非されは、為すこと能はすとす。[31]

軍隊においては、基本的に、「一定の法を守り」「一様に事を行ふの令」のもとに戦争に従事することが求められる。みだりに自分勝手に動いてはいけない。しかしなお、武芸に熟達し、勇敢な精鋭部隊である「騎兵散隊」は、「格外の法」が許され、「各自随意」に力を振るうことが認められる。

ハワード（Michael Howard）ら現代の軍事史研究者によると、アメリカ独立戦争を端緒に、フランス革命及びナポレオン戦争が有する戦略上の画期的意義は、まさにこの歩兵における「縦隊」と騎兵「散隊」の導入にあったという。[32]先述のように、ヨーロッパでは十六世紀終わりから十七世紀初頭にかけて、ネーデルラント連邦共和国の総督マウリッツ・ファン・ナッサウが、運動の統制、火力の管理、兵士の自制、規範を重んじ、戦場にマスケット銃手の横に細長い隊列を導入した。こうして、十七世紀以降、従来の長槍兵による縦深陣形が改められ、当初は横隊を組んで前線を拡張させ、火力を活用しながら敵陣を包囲する作戦が主流になった。バルベーロ（Alessandro Barbero）は、このように線形陣形をとることによって、指揮官は兵士を完全に支配・統制し、その命令のもと、兵士は「自動的機械」のように行動することが求められるようになったと指摘している(33)。これが、ヨーロッパ近代の軍制の基礎となる。ところが、彼らの研究に従えば、アメリカ独立戦争からフランス革命戦争、さらにはナポレオン時代になると、そこに新たな要素が付け加えられた。第一に、兵士を集結させて、士気を高め、物理的に衝突させることの有効性が再認識され、歩兵を横列としてだけでなく「縦列」としても用い、防御火力よりも攻撃的衝撃を重んじた深い隊形が採用された。さらに、敵軍を錯乱させるため、散開して戦闘を行うよう訓練された騎兵「散隊」が導入される。歩兵は臨機応変に横隊や縦隊の混合的な隊形を用い、騎兵散隊は分散と集合を繰り返しながら自在に戦闘を展開した。これは愛国心によって団結した、高い士気を持つ国民軍の誕生によって可能となった戦術であった。とはいえ、指揮官は決して好き勝手に命令を下すわけではなく、個々の兵も自分勝手に動いて良いわけではない。むしろそれ故にこそ、そこでは高度な規律と訓練が必要とされた。「散戦を為す者」は、「武芸極て練達し、性質驍勇の士」でなければならないと記される所以である。

ブラントの『三兵答古知幾』はまさに、十九世紀西洋の用兵戦術の変化を鋭く考察した最新の軍事書であった。これらの検討をふまえ、同書では次のような卓越した軍事秩序像が提示される。

兵家或は諸軍を以て、器械（werktuigen）に比す、是れ其意に従て、進退運動する状、宛も器械の如く、其用内より起らす、悉く外の使令に随へはなり、然とも此説は、唯其接戦活動運転する所以を見て、其活物（bewerktuigde wezens）より製造する所以を見さるなり、軍の体たる、全く之に反し、其内に活器を具へ、神魂を蔵して（een innerlyk leven）、以て運動し、以て思慮し、以て諸物に感動す。(34)

ブラント（ならびにファン・ミュルケン、高野）は言う。旧来の兵学者のなかには、軍隊を「器械」に類比して捉えるものがいるが、それは誤りである。軍隊は、器械のように、外側からの命令によって一元的に動くものではない。軍隊は「活物」である。軍隊はまさに人間の身体と同様に、臓器を持ち、精神や魂を持ち、独自に運動し、思慮し、また外物との接触によって反応を示す。このような秩序イメージを基礎に、「活物」としての軍隊の動きとメカニズムを科学的に分析する学問こそ、「答古知幾」の学なのである、と。

こうした軍隊と人間の身体とのアナロジーは、原著の議論に基づくものであるが、それはまた十八世紀以来の近世蘭学、とりわけ『解体新書』にみられる医学研究との関連を想起させるものであろう。安易な飛躍や性急な結論は慎まねばならないが、しかしこれは、蘭学の展開において医学と兵学との関係をどう位置づけるか、という興味深い思想課題と結びつく。よく知られるように、杉田玄白は『形影夜話』（一八一〇年）のなかで、青年期に荻生徂徠の兵学書『鈐録外書』を読み、時代や土地によって変化する戦のうちに「軍理」を見定める徂徠の兵学に啓発され、自らも「真の医理」を求め蘭学を究めようという思いを強くしたと記す。(35) さらに杉田は病を敵軍になぞらえながら、「薬方は所謂兵器の如し」と定め、次のように説く。「其兵の強弱を考へ、器の利鈍を弁へ、其場に利あるものを撰用ひ、備を正し、隊伍をとゝのへ、早く敵を平ぐるを要」とするのと同様、医者もまた「其病に応じて何にも功の速なるべき薬を撰用ゆべし」である、と。[36]

むろん、こうした杉田の言説が、荻生徂徠の兵学思想の理解として的確なものであるかどうかについては議論がある。[37] しかしそれでもなお、近世蘭学の出発点から「軍理」が「医理」との類推のもとに捉えられていたことは、高野長英がシーボルトの鳴滝塾で学び、医学に深く精通していたことに鑑みても意義深い。ここに、一人の身体を対象とする医学と、人々が作りだす集団としての行動の原理を探求する西洋兵学の社会科学的思考とを架橋する、一つの思想的鉱脈が浮かび上がる。

ただし、それだけにその秩序像を巡って次のような疑問も残る。荻生徂徠は『孫子国字解』「九地第十一」のなかで、孫子の「運兵計謀」の語について、「軍兵を自由に使ふは手足のはたらきの如く、計策方便は心の思慮の如くにて、かたかたかけて叶はぬゆへ、運兵計謀と云へるなり」と記している。[38] また『鈐録』でも、徂徠は「扨軍法といふは節制の事なり。卒伍の組様より兵器を組合せ、人数の手配、備を立て、合戦の仕様、備の飾、号令の作法、行軍、営陣より兵糧の手遣、武器の仕形に至まて、習伝授有て畢竟の処士卒をよく修錬させて、如何程の大勢にても手もつれなく自由に取てまはし乱れさる様にする仕形なり。……節制は修錬にあり」「管轄の法を以て百千万の人数も一人の身を使ふごとく自在なりと云は、管轄は支配なり」と論じた。[39]

果たしてそれでは、高野長英ら蘭学者は西洋兵学と取り組む際、「軍兵を自由に使ふは手足のはたらきの如く」「節制は修錬にあり」と説く荻生徂徠の兵学論、さらには東アジアにおける兵学の伝統をどのように捉えたのか。高野が徂徠の兵学に強い関心を抱いていたことは、勝海舟の『氷川清話』

に窺える。勝によれば、脱獄し潜伏中であった高野長英は「その自殺する一ヵ月ばかり前に……夜中におれの家へ尋ねて来て、大いに時事を談論して、さて帰りぎわになって、おれにいうには、拙者はただいま潜匿の身だから別に進呈すべき物もないけれど、これはほんの志ばかりだといって、自分が謄写した徂徠の『軍法不審』を出してくれた」という。[40]当時、『鈐録外書』は『軍法不審』と呼ばれていた。実際に現在、国立国会図書館の「勝海舟文書」には、高野長英が徂徠の同書（『鈐録外書』）を写本し跋文を付した『徂徠翁遺牘 軍法不審 全』が残っている。高野はその跋文「徂徠先生の『軍法不審』を読むの跋」で、「其戦法に定法なし、須く時代の変化と軍器の制作に原き、之を立つべし」と定めた点などに同書の特質を見いだし、「卓然たる高妙の確論」と評している。[41]ただし、高野が徂徠の兵学論と『三兵答古知幾』に代表される西洋兵学との関係をどう考えていたのか、史料的にこれ以上の分析を行うことは困難である。

だが比較政治思想史研究の視座から、次の点は指摘することができる。第一に、徂徠の兵学論とブラント『三兵答古知幾』は、ともに軍隊を身体とのアナロジーで捉えている点で、共通性を持つ。さらに、オランダ語の“vryheid（vrijheid）”はその後、「自由」と訳されるようになるが、この箇所で徂徠も「自由」「自在」という語を用いていることは興味深い。ここには「自由」という翻訳語を巡る一つの磁場が存在する。しかし同時に、両者は近接する秩序像を部分的に共有しながらも、その概念の主体や方向性、意味内容は大きく異なっている。徂徠が用いる「自由」の主体は軍事指揮官であり、「自由」とは、その指揮官が「一人の身を使ふごとく」意のままに、上から「自在に」兵隊を使い動かし、支配することを意味した。[42]それに対して、『三兵答古知幾』に見られるように、ブラントやファン・ミュルケンが用いる“vryheid”の担い手は個々の部隊であり、そこでは一つ一つの部隊が個々の「主意」のもと、それぞれの論理に基づいて動きながら、厳正なる規律と統制が存在し、全体が一つの「活物」として躍動する状態が求められた。高野長英が両者の秩序像の連関と異同について、どこまで思索を深めたのかはわからないが、後述するように、ここには明治期に至るなかで顕在化する、政治秩序における自由と規律、自由と統制を巡る重要な思想課題が伏在している。

さてもう一度、『三兵答古知幾』に戻るならば、軍隊と身体のアナロジーに示されるように、「神魂」を有する軍隊において、隊列や進軍、射撃の訓練とともに重視されるのが、軍人としての規律とモラルの涵養であった。

兵卒の自然力（de physieke kracht）按筋骨に備る力を云ふは、勝敗の期に当て、算計の頼て成る所の者なり、而人の義気（de morele kracht der menschen）を激し、其力を増進する法を自得する者は、能く此自然力をして、非常に増進せしめ、而預算して既に成就し難きの事と雖も、往々速に之を完ふせしむることとあり。(43)

高野長英は、軍隊の「神魂」すなわち精神について論じている箇所に、「按 恐るるときは、則ち弱く、欣ふときは、則ち強く、恨むるときは、則ち背き、和せざるときは、則ち分る、進めんと欲して、進むること能はす、退んと欲して、退くること能はさるの類、皆是なり」という解説を付している。(44) そして、この「義気」モラルを最も体現するものこそ、兵士を指揮し軍隊を統括する、将軍ならびに将校であった。『三兵答古知幾』では、まさに同時代を生き、『戦争論』（*Vom Kriege*, 1832-34）を著したプロイセンの軍事戦略家クラウセヴィッツ（Carl von Clausewitz）の言葉を、次のように引用している。

> 総兵加老泄微都《カラセウイーツ》人名嘗て之を論して曰精神の運動毫も休憩なく諸形勢の変化遂に窮尽なし故に総将元帥なりは全力を尽して以て一心に習熟する諸件を湊合し一脈動毎に各処普く緊要の決断を定め之を行ふを要すと是なり是故に其習熟する所の諸事は能く其実用に適し此に因て活用して更に真の功力を顕はさんを要す。[45]

部隊を指揮する士官・将校は、戦術学を学び、用兵に関する科学的な学識を習得するとともに、それを実践する強い意志を持ち、軍を規律し統率するモラルを身につけなければならない。この書はまさに、そうした将来の将校となる若い学生たちによって読まれるべき作品としての性格を有していた。そしてそれを教授するのが、プロイセンのベルリン士官学校であり、オランダ・ブレダの王立軍事アカデミーであった。

　では果たして、徳川日本では、この書物の成立に深くかかわるオランダ王立軍事アカデミーについて、どのように学ばれたのか。その組織機構、教育システムを含む根本規則の総体を明らかにしようとした作品こそ、蘭学者・神田孝平による翻訳書『和蘭王兵学校掟書』である。

四 『和蘭王兵学校掟書』から『徳川家兵学校掟書』へ

徳川末期の文久元年（一八六一）、神田孝平は *Reglement voor de Koninklijke militaire akademie*（Breda, 1857）を翻訳し、『和蘭王兵学校掟書』として公刊した。同書は、一八五七年七月十三日のオランダ国王ウィレム三世による勅令に基づき、「軍事宰相」（Minister van Oorlog, 戦争省大臣）であるファン・ダンベノイ（B. Forstner van Dambenoy）の名で出された、オランダ王立軍事アカデミーの骨格に関する規則集である。神田は翌文久二年二月、徳川政治体制の洋学機関・蕃書調所に出仕しており、同書の翻訳は徳川政権の意向を受けた翻訳であったとも推測される。[46] 因みに蕃書調所には、後に神田とともに明六社を結成する洋学者、西周や津田真道、杉亨二、加藤弘之らも勤めていた。神田は維新後、明治政府の議事体裁取調御用掛、公議所副議長、兵庫県令、元老院議官など歴任したことでも知られる。

同書は、「生徒」の資格や選抜方法に始まり、全体の組織機構、軍事教官及び学術教官の職務規程、学科と授業科目、試験、休暇や退学に至るまで、王立軍事アカデミーの総合的な構造と根本規範を詳細に定めたものである。その第一条では、同アカデミーの目的について、「和蘭王兵学校之儀は生徒を教導し本国陸軍幷外国領陸軍之大将（Officieren）となすべき為に建置有之事」として、本国陸軍、ならびに外国領・植民地陸軍の将校を教育する機関であることが明記されている。[47] 全体の行政組織は、「軍事宰相」のもと、「奉行」（Gouverneur）と「頭取」（Kommandant）がアカデミーの具体的な活動の全般を統括し、そこに「軍職」「文学」双方の教官が属す。なお第七十九条では、授業のための「稽古本」の出版制度について定めている[48]。高野訳『三兵答古知幾』の原著をはじめ、この制度のもとブレダで出版された書物が、徳川後期の日本へと多く流れ込んでいたのである。

全体のコースは、「歩兵隊」「騎兵隊」「砲隊」「造営隊」と四つに区分され、さらに「本国」と「外国領」（植民地）とに分かれる。受験資格は、「和蘭出生」で「入学当日に十四歳より十八歳までの年齢」のもので、医師による「牛痘亦は天然痘」の証明書の提出が求められる。入学試験「吟味」は、「手跡」「和蘭仏蘭西語学之根本」「万国歴史之根本」「地理学」「算術」などからなり、応募の際には学科の第一から第三希望まで書くことが許される。また父親が「戦場」で「打死」した場合、その子供は入学に際し「修行金」が免除され、かつ父が「生前相勤候科業を受継」ぐならば、「諸芸之儀は吟味に不及」、年齢や身体が基準に達していれば入学できた[49]。

教育の内容についてはそれぞれの学科コースで異なるが、大きく二つの特徴が見られる。第一に、軍事にかかわる「節制学」「将師学」「軍律」「歩兵運動」から「博物学」「測量学」「代数」「幾何」「三角法」「民家建造学」（土木工学、de burgerlijke bouwkunde）に至るまで、実践的で有用な学問が科目として設置されている[50]。

第二に注目すべきは、『和蘭王兵学校掟書』を通じて、軍事アカデミーの規律とモラルが詳細に規定されていることである。そこではまず、アカデミー全体を貫く規律として、「尊敬従順之道（alle eerbied en gehoorzaamheid）」が掲げられる。「従順之儀は兵家の主務」である[51]。とりわけ同『掟書』は、まず教官や下士官に対して、軍人としてのモラルの遵守を求める。第二十四条によれば、教官は「兵学校中に於ても軍中同様」、「支配下之者を取扱」う際には、「威権を失はす温柔慈愛（zacht en vaderlijk）を尽し且正直剛毅を旨とし（op regtvaardigheid en standvastigheid）我意無理押ヶ間敷所置不可有之」。「生徒等」に対しては「恩愛和柔」な態度で接し、決して「非理（onregt）之所置」をしてはならない。慈愛と剛毅な精神を持ち、自分勝手な振る舞いを慎んだ教育・規律を行うことにより、生徒たちは自然と「功名を立て武徳（deugd）を成就し国家の誉（roem des Vaderlands）を顕すへき身分の者」としての自覚を持つようになる[52]。

教官は「礼義（beschaving）」を有し、「徳を貴ひ道を守り（deugd en Godsdienst）」、「殊更忠実を旨とし他の師表共相成正直好意信義の徳を以て生徒等自然と親愛尊敬の意」を起こすように心がけなければならない。「訓誡異見等を申聞せ候節」にも、「怒気を挿」むような「短慮之振舞」は慎まねばならない。「人間の大道」を教え、自ら「武士の作法、何をか功名、何をか恥辱たるを合点（in het bijzonder den krijgsman, tot eer of oneer strekt）」させるように陶冶しなければならない。生徒たちに「純粋なる武士の魂（een echt militairen geest）」を持たせ、「武士たる身分（militairen stand）の尊栄なることを知らしめ、殊更長上を尊敬」するように「自得」させる。そのときはじめて、彼らは「武官文官の無差別総て長上先達へ対し敬礼を尽し命令に従順」な態度を醸成するようになる[53]。

こうして十九世紀オランダの士官学校である王立軍事アカデミーでは、軍事的な調練と実践的な諸科学の講義を通じて、学問的な知識や技能とともに、将来の軍人将校としての道徳と規律を身につけることが重んじられた。それはまた、『三兵答古知幾』で描きだされた、リプシウスを媒介にストア派哲学を淵源とするマウリッツの軍制改革をはじめ、フランス革命やナポレオン戦争など、ヨーロッパの歴史のなかで形づくられてきた、「運動」「思慮」「感動」する「活物」としての軍隊の秩序像に合致するものでもあった。

神田孝平は、信心・信仰を意味する"Godsdienst"を「道を守り」と意訳し、「武士たる身分」「武士の魂」という訳語を用いるなど、武士が規律や調練に励む姿を実体として捉え、日本の文脈に引きつけて訳述した。西洋列強と対峙する時代状況のなか、神田が翻訳を通じて、徳川日本における武士を中心とした「兵学校」設立を思い描いたことは明らかであろう。

そして、この神田孝平訳『和蘭王兵学校掟書』との関係で無視できないのが、『徳川家兵学校掟書』を掲げた「沼津兵学校」の存在である。沼津兵学校は、鳥羽伏見の戦いから江戸城無血開城を経て、新政府より存続を許された徳川家が、駿府七十万石へと移封されるなかで沼津に開いた兵学教育の陸軍学校であり、明治二年（一八六九）正月に開校された。旧徳川政権の蕃書調所で神田孝平の同僚であった西周が、その「頭取」に就き、同じく蕃書調所（及び開成所）や長崎海軍伝習所で活躍した赤松則良（大三郎）、塚本明毅、杉亨二、乙骨太郎乙ら蘭学者・洋学者が、教授を勤めた。特に西と赤松は、徳川政権初の欧州留学生として文久二年（一八六二）より一緒にオランダに留学しており、沼津兵学校においても、西が不在の際には赤松が頭取並を兼務した。その西周が明治元年（一八六八）十二月、沼津兵学校の設立にあたり、根本規則・規範を記したのが、『徳川家兵学校掟書』であった。

沼津兵学校について詳細な研究を行った樋口雄彦は、この『掟書』について、「沼津兵学校にとって最も大きな影響を与えたのが西周・赤松則良という二人のオランダ留学経験者であった。……『掟書』の条文に盛り込まれた内容には、西らが彼の地での学習・見聞から得たものが少なくなかったと想像される」と説明する。[54] また教育史研究の熊澤恵里子は、「学校規則の作成に当たった頭取西周や一等教授方赤松大三郎はオランダ留学の経験があり、『沼津兵学校掟書』の教育内容は文久二年（原文ママ）（一八六二）に神田孝平が翻訳した『和蘭王兵学校掟書』との共通性が認められる」と指摘する。[55]

むろん、沼津兵学校（『徳川家兵学校掟書』）では、「騎兵」は独立した科とはならず、入学者は「其父より徳川家御家臣之列に相違無之候事」、すなわち徳川家の家臣及びその子弟に限られ、入学後も四年間の「資業生」と三年間の「本業生」を経て、「得業生」となってはじめて「陸軍士官」の道が開かれるとされた。[56] このように、西周起草の『徳川家兵学校掟書』と、オランダ王立軍事アカデミーの *Reglement*（神田訳『和蘭王兵学校掟書』）との間には相違点も存在する。だがそれでもなお、『徳川家兵学校掟書』はオランダ王立軍事アカデミーの規則と重なる内容の項目を多く含んでいる。

例えば入学条件を見ると、『徳川家兵学校掟書』では、『和蘭王兵学校掟書』と同様、「年齢十四歳より十八歳ニ限り候事」と定め、医師による診断書と天然痘または種痘、疱瘡に関する証明書の提出を求めている。また第八条には「歩兵将校之科歟砲兵将校之科歟築造将校之科歟三科之内何れニ而も其志願ニ任せ一二三之標目を願書余白ニ認可申事」、第二十二条には「其父戦死報国之功有之者は第四条合格之当否ニ拘らす陸軍総括学校頭取熟議之上入学相許候事」とある。入学試験は、「素読」「手跡」「算術」「地理」からなる。[57]

入学後、まず資業生は「外国語学」（英仏のいずれか）、「窮理」「天文」「地理」「歴史」「数学」「書史講論」「図画」「調馬」「試銃砲」「操練」を幅広く受講する。続いて本業生は、「歩兵将校之科」「砲兵将校之科」「築造将校之科」に分かれ、それぞれ「戦法」「砲術」「築造」「軍律」「操練」「築造学」など学ぶ。第七十六条には「毎日曜日は諸学休日之事」とある。[58]

さらに『徳川家兵学校掟書』では、オランダ王立軍事アカデミーと同様に、規律とモラルの重要性が説かれる。『徳川家兵学校掟書』でも、まず「教授方」のモラルとして、「性急暴怒之振舞」を避け、生徒が師を愛し、学業に積極的に励むよう、「温厚恭粛」をもって接することが求められる[59]。その上で、兵学校全体の政治文化が次のように規定される。

軍中之要は法令を厳にして上下之分紊るへからさるにあり生徒たる者は成業之上将校之任ニ当るへき者なれは受業之間も軍中之意を体し教師を将帥と仰き其命に違背することなく諸事物静ニして絶而無作法之儀有之間敷等級前後相定候上は其分を守り先輩を凌き後進を侮り候儀無之且平素といへとも其業を励精致すへきは勿論礼義廉恥を宗とし士道之大本相立己之美名を後生に遺し御家の光輝を四方ニ揚候様心掛専一之事[60]

「法令」に「厳」格である軍隊と同様、兵学校においても、生徒は上下の「分」を守り、教師の命令に従い、「礼義廉恥」「士道之大本」を重んじなければならない。

このように、西周が起草した『徳川家兵学校掟書』と、オランダ王立軍事アカデミー『和蘭王兵学校掟書』との間には、近似した規則や要素を見いだすことができる。むろんオランダ語に熟達していた西周と赤松則良は、神田の翻訳版ではなく、直接に *Reglement voor de Koninklijke militaire akademie* を読んでいた可能性も十分にある。実際、西は *Handboekje voor kanoniers*（1815）の筆記を残すなど、蘭書を通じて西洋兵学に精通していた。後に、「和蘭大学法令」も訳述している。また赤松はオランダ留学中、一八六四年に榎本武揚とともに第二次シュレースヴィヒ＝ホルシュタイン戦争を、六六年に普墺戦争を、それぞれ観戦武官として見学した経験を持つ[61]。彼らは沼津兵学校を開校する上で、少なくともモデルの一つとして、留学先であったオランダの王立軍事アカデミーの制度と諸規則を考慮に入れながら、明治日本の、静岡に移封された徳川家の現状に即した形へと改変を加え、その骨格づくりを行ったのではないか。フランス統治から独立後の国家形成のなかで近代軍の拡充を実現すべく創設された、十九世紀オランダの王立軍事アカデミーの理念が、近世蘭学を媒介に、維新後の徳川家の兵学校設立の基底へと流れ込んでいることは、歴史的に見ても興味深い。そしてそこで浮かび上がる、規律と自由、モラルを巡る問題群は、その後、近代日本の国家建設を通じて重大な政治思想的課題として尖鋭化する。

五　江戸と明治を架橋する

明治四年（一八七一）七月、廃藩置県が断行され、静岡藩もまた県へと名称を変えるなかで、沼津兵学校は兵部省の管轄となり、翌五年五月に陸軍兵学寮への合併が決まる。こうして沼津兵学校は、その短い歴史を終えた。しかしそれ以前の明治三年三月、赤松則良は明治政府の兵部省に出仕。頭取の西周も同九月に沼津を離れて上京し、兵部省小丞准席に就いた。その後、西は政府官僚として兵部大丞や陸軍大丞を歴任し、近代軍制の整備に尽力した。

西周は陸軍省参謀局に在職中の明治十一年（一八七八）二月から五月にかけて、陸軍将校の研究親睦グループである偕行社で、「兵家徳行」を主題とした講演を行っている。同講演のなかで西は「古今兵法の変革」について、次のように論じる。彼によれば、とりわけ西洋では「千七百年代爾来」、「器械の精巧を極めたる上に節制の精密に備は」ることにより、「千軍万馬も大将一人の自ら手足を動かす如く指揮する考へ」、すなわち「メカニズム」の思想が普及してきた。そこでは「節制を立るの道」として、「規則」を定め、「操練に因て一挙手一動足を規律」することにより、「或は散して稀疎となり、或は聚りて稠密となり、体の四支を使ひ、四支の手指を使ふ如く、千軍万馬も一心の軍用に出」づるようになる。西はそこに、近代軍制の特質を見いだした。その上で、「それ兵家法則の大意は所謂『オベヶアンス』、即ち従命法」にあり、「軍秩の制を設けて之を規律する」ためには、「徳行」が不可欠になると説く。「将官たる者の部下を控勒して己れか意志に従はしむるの術は、唯己れ平素の徳行を以て部下の死心を得るに在りしこと明なり(62)」。

西洋の軍隊の本質を「節制」に求める指摘は、実は既に徳川末期の他の学者たちの兵学論にも見られる。例えば吉田松陰は「西洋歩兵論」のなかで、「余因つて思ふ、正は西洋歩兵の節制をとるに如かず、奇は本邦固有の短兵接戦を用ふるに如かずと」という分析を行っている(63)。また横井小楠も「陸兵問答書」において、「西洋諸国は前に申通り其術次第に開今日に至りて如彼厳密節制の陣法と相成り、其利用雲泥の替りにて有之候は西洋砲家者既に知る処にて申に不及候」と唱えている(64)。西周の講演は、こうした高野長英ら近世蘭学以来の兵学論の蓄積と、自らのオランダ留学経験を背景に、陸軍省に勤める学者官僚として、西洋兵制の様態を端的に描写したものといえる。

だが同時に、それはいくつかの点で曖昧な性格をも有している。とりわけ「千七百年代爾来」の軍隊のあり方を近代軍制と捉える西周の西洋兵学論において、『三兵答古知幾』で論じられたような、フランス革命やナポレオン戦争以降の新たな兵制の進展はどこまで自覚的に考えられていたのであろうか。確かに、「或は散して稀疎となり、或は聚りて稠密となり、体の四支を使ひ、四支の手指を使ふ如く」という表現は、歩兵縦隊や騎兵散隊など、十九世紀的な西洋兵制を意識したものと解釈できる。しかし西はそれを、「器械仕掛け」「メカニズム」とも称している。『三兵答古知幾』に従えば、機械論的な軍事秩序像は、むしろ一時代前の代物であった。その意味で、「千軍万馬も大将一人の自ら手足を動かす如く指揮する」と説く西周の軍事論は、先行研究でも指摘されるように[65]、むしろ「軍兵を自由に使ふは手足のはたらきの如く」と唱えた荻生徂徠の兵学論と親和性を持つといえるかもしれない。実際、西周が青年期より荻生徂徠の書に触れていたことはよく知られる。ただし、「管轄は支配なり」として軍隊の統治技術と用兵術に焦点を当てた徂徠は、西のように兵士の「徳行」のあり方自体を重んじたわけではなかった。その意味で、この議論は逆に、西が同時代ヨーロッパの軍事アカデミーを基礎に構想した『徳川家兵学校掟書』の延長線上にあるとも考えられる。こうした点において西周の軍事論のうちに、蘭学を媒介とした西洋兵学と、荻生徂徠の兵学論との、折衷的な特質を見いだすことも可能であろう。

それ故に重要なのは、西周が以上の視座から展開する「平常社会」と「軍人社会」を巡る議論である。西は同演説のなかで、「平常社会」は人々が「自治自由の精神」のもと「大率同一権」を有することを「常道」とするが、「軍人社会」はそれとは異なり「従命法」の規律に基づかなければならないと説く[66]。「当今の時勢にては旧来覇府の制度と相反し、政府もかの専擅圧制の法を釐革し、人民の自治自由の精神を鼓舞して永く海外万国と富強を競はんとするに至りたれは、下人民に於ても亦自ら自治自由を以て精神となさゝることを得さるは勿論なれとも、武人に於ては絶て此風習に染む可らさるなり[67]」。オランダ留学を通じて、アダム・スミス（Adam Smith）らの学説を講じるライデン大学教授フィッセリング（Simon Vissering）から経済学や法学を学んだ西周は一方で、近代の「平常社会」の基底に「自治自由の精神」の原理を見いだした[68]。それだけに西がここで何よりも怖れたことは、自治自由を唱える民権論が「軍人社会」に流入することであった。

しかしなお、「徴兵告諭」に示されるように、「我朝上古の制」への復古の名のもとに、同時代西洋の近代国家軍制にならう形で明治日本に徴兵制が導入されるなか[69]、西周が構想したような「軍人社会」と「平常社会」との区分は次第に溶解していく。江戸末期から維新期に西や神田孝平が前提とした「武士」を担い手とする徳川政治体制が解体し、近代国家化の進展を通じて、「武士」に替わり一般国民が兵士となるなかで、将官の命令に服従する「軍人社会」の規律やモラルが、自由自治を重んじる「平常社会」へと逆流する事態をどう考えるか。この点で西周自身がその後、陸軍省において山縣有朋のもと、「軍人勅諭」の草案起草に携わったことは重い意味を持つ。

それに対して、近代国家の起源ならびに政治構造と、近代兵制との間の本質的な結びつきを直視したのが、福澤諭吉であった。徳川末期に適塾で蘭学の研鑽を積んだ福澤もまた修業時代、ブレダのオランダ軍事王立アカデミーで学んだペル（C. M. H. Pel）の築城書（*Handleiding tot de kennis der versterkingskunst*, tweede druk, 1852）の翻訳を試みるとともに[70]、小幡篤次郎らと「イミル・スカーク氏」（Emil Schalk）の ***Summary of the Art of War***（1863）を訳述した『洋兵明鑑』や、『雷銃操法』『兵士懐中便覧』を刊行するなど、同時代の西洋兵学に親しんでいた。その成果を基礎に、彼は慶応二年（一八六六）出版の『西洋事情 初編』のなかで、卓越した西洋兵制論を展開している[71]。

特筆すべきは、「啻に兵備の改正のみに非らず、国政の一大変革」という言説に示されるように、福澤が兵制の変遷と国政の変革との相関性に注目しながら、その歴史的分析を試みていることである。彼によれば、「往昔欧羅〔巴〕の諸国」では、「封建世禄の制度」のもと、「貴族」の一騎打ちが「功名」としてもてはやされた。組織的な軍事行動は考慮されず、「所謂兵法なるものなし」。ところが、「千三百年代火器を発明して之を戦争に用ゆるに至て、欧羅巴の兵制一変せり」。戦闘における「火器」の威力は大きく、次第に「貴族武人の勢」は衰え、それにかわって傭兵制「ソルヂール」が導入される。こうして、「火器の発明よりして遂に兵卒を雇ふの法を立て、古来世禄の制度次第に止み、且文武の職掌初て相分れ」、結果として十五世紀に「仏蘭西王第七世チャーレス」のもと「常備兵」が確立されるに至る。

とりわけここで福澤が注目するのが、「荷蘭合衆政治の大統領マウリットト」が果たした役割である。彼に従えば、ネーデルラント連邦共和国の総督マウリッツ・ファン・ナッサウが「始祖」となり、「無事の時も兵卒を集めて戦争の稽古をなす」、「調練の法」が立てられ、「君将」は「用兵の新法を発明」するようになった。続いて「測量窮理の学に達し用兵の才略に富」む「瑞典《すえーでん》王ゴスターフ」グスタフ二世アドルフは、「マウリットト」の「調練の法」をさらに拡張し、「諸兵運動の法を立て、小銃隊を改正し、人数を密に列ねて同時に発砲することを発明」する。ここに「歩騎砲三兵の活法初て整斉せり」、三兵のタクティクスが形成された。

さらにその叙述は、十八世紀から同時代十九世紀西洋の兵制に及ぶ。「ゴスターフ」の用兵学を継承した「普魯士《ぷろしあ》王第二世フレデリッキ」の時代になると、「算数測量の学漸く明にして、陳列進退の法を節するにも数学の理に基きて其遅速を定む」るようになり、「普魯士国の軍法俄に進歩」する。また「散兵を用ゆるは亜米利加合衆国独立の師《いくさ》を初とす」。アメリカ独立戦争において、組織的な用兵とは別に、独自の自在な動きを実現する「散兵」が用いられるに至った。そして、「フレデリッキの後に天下の兵制を一新したる者は、千八百年代の初、仏蘭西帝拿破崙《なぽれおん》なり」。ナポレオンの登場である。福澤によれば、ナポレオン以前、「欧羅巴の兵は唯雇ひ人足を戦場に駆逐するのみ」であり、その意味で「死物を用ゆるに斉しきの弊」があった。しかしナポレオンは、それを根本から改めた。「拿破崙こゝに注意し、国内の人を尽く兵武に用ひ、国民自から国の為めに戦ふの趣旨を以て法を立て」ていく。

こゝに於て人々皆報国尽忠の心を抱き、戦に臨て死を顧みず。之を分て散兵となせば一人の力を尽し、之を合して密隊となせば先を争て敵に向ひ、兵を用ゆること手足の如く進退意に随はざるはなし。是れ拿破崙が抜山蓋世の勢を以て欧羅巴全州を圧倒せし所以なり。現今西洋諸国の兵法は皆拿破崙に拠ると云ふ。

そう論じた上で、福澤の西洋「兵制」論は、次の一文で閉じられる。「右は西洋の兵制沿革の大略なり。其詳なるは三兵活法等の諸書に就て見るべし」。先にも触れたように、『三兵活法』とは、ブラント著、ファン・ミュルケン蘭訳 *Taktiek der drie wapens: infanterie, kavallerie en artillerie* を鈴木春山が訳した作品であり、原著を同じくする高野長英の『三兵答古知幾』と深い結びつきを持っていた。

このように、高野長英や鈴木春山ら徳川後期の蘭学者による学問的格闘の蓄積に精通していた福澤は、西洋における軍事技術や用兵術の歴史的変遷が、「算数測量の学」など学術・科学の発展を基礎としたものであり、それが国家体制や政治秩序の変革に大きな影響を与えてきたことを鋭く見抜いていた。戦闘に際し、「死物」を扱うように傭兵を用いるのではなく、「国民」を兵とし、国民の内側から「自から国の為めに戦ふ」「報国尽忠の心」、報国心、愛国心を駆り立てる。愛国心によって強く団結した国民軍では、兵士は散兵となり能動的に「一人の力を尽」し、また密隊として敵に立ち向う。そのため、全体として軍隊をまるで身体の「手足」のように意のままに用い、統御することが可能となる。「兵を用ゆること手足の如く進退意に随はざるはなし」。これこそが、ナポレオンに始まる現今西洋の最先端の兵制の精髄である。この分析は、まさにブラントの書を訳した高野長英訳『三兵答古知幾』の軍事秩序像と密接に連関しており、福澤はここに近代国家形成の原理を見いだしたのである。

福澤諭吉が『学問のすゝめ』などを通じて、「外国に対して我国を守らんには、自由独立の気風を全国に充満せしめ、国中の人々貴賤上下の別なく、その国を自分の身の上に引き受け、智者も愚者も目くらも目あきも、各々その国人たるの分を尽さざるべからず[72]」と唱え、「国民」国家の建設を訴えたことは、よく指摘される。そこでは「自国の権義を伸ばし、自国の民を富まし、自国の智徳を脩め、自国の名誉を耀かさんとして勉強する者を、報国の民と称し、その心を名けて報国心という[73]」として、国民の「報国心」が重んじられた。福澤諭吉のこうした政治構想の裏面には、近世蘭学を源流とする西洋兵学への深く鋭い洞察が、べったりと、はりついている。

さらに福澤は明治期に入ると、軍事技術や兵制の発展が政治秩序の変革に与えた影響を指摘するだけでなく、近代国家の政治構造それ自体が「兵制」「軍法」と通底する論理を有することを明確に主唱するに至る。この点で、明治十四年（一八八一）公刊の『時事小言』は興味深い。[74]ここで福澤は、「近年旧軍法を一変して西洋の風に倣ふたるは兵制の一大進歩」であると指摘し、新しい兵制の特質を、「一個の進退を不自由にして、全体の進退を自由にす」ると定める。[75]そこから彼は、「此事実は唯兵事にのみ然るに非ず、政事に於ても然る可き筈」、すなわちこれは「兵事」だけでなく「政事」にもあてはまると説き、「政体 constitution」と「政務 administration」との区分を用いた上で、次のように述べる。

政府の事務も亦斯の如し。如何なる人物にても既に政府の地位に立つときは、長官次官以下次第に相列して次第に其権力に限を立て、所謂権限なるものにして、毫も此権限を超越す可らず。[76]

こうして福澤は、近代国家の行政・官僚機構の本質を、西洋兵制とのアナロジーのもとに捉え、描きだした。ただし彼によれば、それは決して兵営国家であった徳川政治体制に回帰することを意味するものではない。福澤は続けて、「圧制」と「厳正」を区別し、「理を枉げて人を制するもの、之を圧制と云ふ。約束を履て人を制するもの、之を厳正と云ふ」と主張する。[77]その上で、徳川政治体制は「腕力」に依拠した「圧制」「ミリタリ・ガーウルメント」であったと批判する。「文明の政は唯厳正の一点にあるのみ」。「厳正」を原理とする文明の統治機構では、それぞれの「権限」を明確に定めることにより、「其外面を皮相すれば上下の間全く圧制束縛を以て相接するが如くに見れども、之を束縛と思はずして双方共に不快の感覚なき」状態が生まれ、「全体の進退を自由」にすることが可能となる。その組織構造はまさに、「兵士の如く調練」に基づく(78)。ここに、西周とは異なる、福澤諭吉のもう一つの政治構想が浮かび上がる。

そしてこの自由と軍事秩序を巡る思想課題は、二十世紀の日本陸軍にまで引き継がれていく。当時陸軍歩兵少佐をつとめ、後に陸軍省軍務局長など歴任し統制派の中心人物と目された永田鉄山は、大正九年（一九二〇）の講演「国防に関する欧州戦の教訓」のなかで、近代戦術と「自主独立の精神」、ならびに日本の「国民性」の問題点について次のように論じている。

疎開戦法・紛戦は、各幹部なかんずく個々の兵卒に各種の無形的要素を極度に要求するのである。すなわち自治自律・自主独立の精神・深甚なる責任観念・堅忍持久の資質・靭強執拗の性能および持続的勇気などがそれである。……しかるに、倩々我が国民性を観察するに、動もすればこれらの点に欠如するものあるは深慨に堪えぬ次第である。……そこで近世火器威力の増大に関連して、疎開戦法をとり紛戦を演ずることが必要となってきたいまの時において、吾人は彼の欧・米国軍の特長とする無形的資質に大に学ぶところがなければならぬと思う(79)。

永田によれば、「我が国民」は「単に命令教示に服して器械的に動くのみで、独立独行の念慮に欠け、自治自律の精神に乏しく、また外的律法に制縛されなければ自省的に身を処することができず、あるいは放縦に陥るといったような弱点を保有し、群集的・瞬間的・発作的の勇気に富むも靱強隠忍の持続的勇気に欠け、自覚にもとづく責任観念の十分でない」状況にある。永田は訴える。もしこれを早急に改めることができなければ、「新鋭なる火器の効力下に甚大の損害を受けて、しかも戦果を挙げ得ないというような国防上悲むべく懼るべき情況に遭遇」するであろう、と。(80)

本稿で検討してきたように、西周や神田孝平、福澤諭吉ら、明治日本で活躍した学者や政府官僚たちの国家像や政治秩序像の原型、ならびに彼らが取り組んだ自由・規律・徳行を巡る政治課題は、実は西洋兵学論を中核とする近世蘭学の展開と地続きにあり、その延長線上に成立していた。そしてそれは、永田鉄山の言説にみられるように、二十世紀においても論争的主題として問われ続けた。明治から大正・昭和に至る日本の近代国家形成過程とそれが内包する問題点を批判的に考察する上でも、蘭学を巡る政治思想史研究が不可欠であることを指摘して、稿を閉じたい。

註

(1) 今井宇三郎他『易経 下』(新釈漢文大系63、明治書院、二〇〇八年)一七一四頁。
(2) 前野良沢「管蠡秘言」(沼田次郎他校注『洋学 上』日本思想大系64、岩波書店、一九七六年)一二九頁。
(3) 本稿とは問題視角が異なるが、徳川期の兵学思想ならびに西洋兵学に関する先行研究として、前田勉『近世日本の儒学と兵学』(ぺりかん社、一九九六年)、佐藤昌介『洋学史の研究』(中央公論社、一九八〇年)、野口武彦『江戸の兵学思想』(中公文庫、一九九九年)、中山茂編著『幕末の洋学』(ミネルヴァ書房、一九八四年)など参照。
(4) 佐久間象山「ハルマ出版に関する藩主宛上書」(佐藤昌介他校注『渡辺崋山・高野長英・佐久間象山・横井小

楠・橋本左内』日本思想大系55、岩波書店、一九七一年）二八四頁。

（5）D. Beckers, *Het despotisme der Mathesis: Opkomst van de propaedeutische functie van de wiskunde in Nederland 1750-1850* (Hilversum: Verloren, 2003), K. van Berkel, *In het voetspoor van Stevin: Geschiedenis van de natuurwetenschap in Nederland 1580-1940* (Meppel, Amsterdam: Boom, 1985. 塚原東吾訳『オランダ科学史』朝倉書店、二〇〇〇年）など参照。

（6）吉田忠「十八世紀オランダにおける科学の大衆化と蘭学」（吉田忠編著『東アジアの科学』勁草書房、一九八二年）。また江戸時代における蘭書受容について、日蘭学会編『江戸時代日蘭文化交流資料集2 江戸幕府旧蔵蘭書総合目録』（吉川弘文館、一九八〇年）を活用した他、松田清『洋学の書誌的研究』（臨川書店、一九九八年）、永積洋子『十八世紀の蘭書注文とその流布』（平成七―九年度科学研究費補助金・基盤研究B・研究成果報告書、一九九八年）から多くのことを学んだ。

（7）J. A. M. M. Janssen, *Op weg naar Breda: De opleiding van officieren voor het Nederlandse leger tot aan de oprichting van de Koninklijke Militaire Academie in 1828* ('s-Gravenhage: Sectie Militaire Geschiedenis Landmachtstaf, 1989), 99-365.

（8）デルフト王立アカデミーと近世蘭学との関係については、大久保健晴「十九世紀日本とデルフト王立アカデミー」（山本信人編著『アジア的空間の近代――知とパワーのグローバル・ヒストリー』慶應義塾大学出版会、二〇二〇年）で検討している。

（9）M. Howard, *War in European History* (Oxford: Oxford University Press, 2009), 95-96（奥村房夫他訳『改訂版 ヨーロッパ史における戦争』中公文庫、二〇一〇年、一五八頁）。

（10）W. H. McNeill, *The Pursuit of Power: Technology, Armed Force, and Society since A.D. 1000* (Chicago: The University of Chicago Press, 1982), 125-139（高橋均訳『戦争の世界史――技術と軍隊と社会 上』中公文庫、二〇一四年、二五二―八一頁）、M. Howard, *War in European History*, 54-57（奥村他訳『改訂版 ヨーロッパ史における戦争』九七―一〇二頁）。

（11）M. Howard, *War in European History*, 56（奥村他訳、一〇〇頁）。

（12）一九五五年に、ロバーツ（Michael Roberts）が「軍事革命（Military Revolution）」論を唱えて以来、この概念を巡って様々な論争が繰り広げられている。大久保桂子「ヨーロッパ「軍事革命」論の射程」（『思想』八八一号、一九九七年）など参照。
（13）ゲルハルト・エストライヒ「近代的権力国家の理論家　ユストゥス・リプシウス」（阪口修平他訳『近代国家の覚醒——新ストア主義・身分制・ポリツァイ』創文社、一九九三年）七―七九頁。
（14）鈴木朝生「オラニェ―ナッサウ軍制改革とリプシウスの『政治学（*Politica*）』——絶対主義の再検討」（『二松學舍大学国際政経学会　国際政経』二一号、二〇一五年）一―六七頁。
（15）有馬成甫『高島秋帆』（人物叢書、新装版、吉川弘文館、一九八九年）四六頁。
（16）オランダ・ハーグ国立公文書館（Nationaal Archief）に所蔵される「日本商館文書」（Nederlandse Factorij in Japan）の史料調査による。史料番号は、2824/ 1.04.21/ 705-710。
（17）有馬成甫『高島秋帆』五八頁。
（18）長田権次郎編『徳川三百年史』下・第五門（裳華房、一九〇三年）一三三九―四一頁。
（19）G. A. M. Beekelaar, "Joannes Josephus van Mulken," in J. Charité en A. J. C. M. Gabriëls red., *Biografisch woordenboek van Nederland*, Deel 4 ('s-Gravenhage: Martinus Nijhoff, 1994), 345-348.
（20）D. Bierens de Haan, "Levensschets van Isaac Paul Delprat," in *Jaarboek van de Koninklijke akademie van wetenschappen gevestigd te Amsterdam voor 1881* (Amsterdam: Johannes Müller, 1881), 14-42. "Hendrik Gerard Seelig," in P.C. Molhuysen en P.J. Blok red., *Nieuw Nederlandsch biografisch woordenboek*, Deel 2 (Leiden: A. W. Sijthoff, 1912), 1306-1307.
（21）大村益次郎における西洋兵学受容とその実践については、竹本知行『幕末・維新の西洋兵学と近代軍制——大村益次郎とその継承者』（思文閣出版、二〇一四年）を参照。
（22）佐藤『洋学史の研究』四二九―四六頁。
（23）同前、三八六―五〇三頁。
（24）H. von Brandt, vertaald door J. J. van Mulken, *Taktiek der drie wapens: infanterie, kavallerie en artillerie* (Breda:

Broese & Comp., 1837), "Voorberigt van den vertaler," I-II（高野長英訳「三兵答古知幾」、高野長英全集刊行会編『高野長英全集』第三巻、第一書房、一九七八年復刻、七頁）。
(25) 高野訳「三兵答古知幾」三頁。
(26) 同前、三―四頁。
(27) H. von Brandt, *Taktiek der drie wapens*, 5-6（高野訳、一四―一五頁）。
(28) H. von Brandt, *Taktiek der drie wapens*, 9（高野訳、一八頁）。
(29) 同前。
(30) H. von Brandt, *Taktiek der drie wapens*, 10（高野訳、一八―一九頁）。
(31) H. von Brandt, *Taktiek der drie wapens*, 13-14（高野訳、二一頁）。
(32) M. Howard, *War in European History*, 75-84（奥村他訳、一二九―四三頁）。アレッサンドロ・バルベーロ著、西澤龍生監訳『近世ヨーロッパ軍事史――ルネサンスからナポレオンまで』（論創社、二〇一四年）四〇―五四頁、一四四―六二頁。
(33) バルベーロ『近世ヨーロッパ軍事史』一二〇―一二二頁。
(34) H. von Brandt, *Taktiek der drie wapens*, 1（高野訳、一〇頁）。
(35) 杉田玄白「形影夜話」（『洋学 上』日本思想大系64）二五六―五七頁。
(36) 同前、二六四―六五頁。
(37) 例えば、佐藤昌介『洋学史研究序説――洋学と封建権力』（岩波書店、一九六四年）四三―七〇頁、及び宮崎道生『新井白石の洋学と海外知識』（吉川弘文館、一九七三年）二一―三八頁。
(38) 荻生徂徠「孫子国字解」（早稲田大学編輯部編『先哲遺著 漢籍国字解全書』第十巻、早稲田大学出版部、一九一〇年）二八三頁。
(39) 荻生徂徠「鈐録」（今中寛司他編『荻生徂徠全集』第六巻、河出書房新社、一九七三年）二一九頁、三三六頁。
(40) 勝海舟・勝小吉著、川崎宏編『氷川清話 夢酔独言』（中公クラシックス、二〇一二年）四八頁。
(41) 荻生徂徠著、高野長英写本『徂徠翁遺牘 軍法不審 全』（国立国会図書館、勝海舟関係文書53）、「徂徠先生の

『軍法不審』を読むの跋」。

(42) 荻生徂徠の兵学論と「自由」の概念については、宮村治雄『新訂日本政治思想史――「自由」の観念を軸にして』（放送大学教育振興会、二〇〇五年）七章、藍弘岳『漢文圏における荻生徂徠――医学・兵学・儒学』（東京大学出版会、二〇一七年）一章、前田『近世日本の儒学と兵学』三章など参照。

(43) H. von Brandt, *Taktiek der drie wapens*, 60（高野訳、六七頁）。

(44) H. von Brandt, *Taktiek der drie wapens*, 1（高野訳、一〇―一一頁）。

(45) H. von Brandt, *Taktiek der drie wapens*, 325-326（高野訳、二九一頁）。

(46) 松田清「『和蘭美政録』解説」（岡照雄他校注『翻訳小説集 二』新日本古典文学大系明治編15、岩波書店、二〇〇二年）五四一―四二頁。

(47) *Reglement voor de Koninklijke militaire akademie* (Breda: Broese & Comp., 1857), 1（神田孝平訳『和蘭王兵学校掟書』九潜館蔵版、一八六一年、四丁表）。

(48) *Reglement*, 7-13, 17（神田訳、十三丁裏―二十三丁表、二十八丁裏）。

(49) *Reglement*, 2-6（神田訳、四丁裏―十一丁裏）。

(50) *Reglement*, 17-20（神田訳、二十八丁裏―三十四丁表）。

(51) *Reglement*, 35（神田訳、五十一丁表）。

(52) *Reglement*, 6-7（神田訳、十一丁裏―十二丁裏）。

(53) *Reglement*, 7（神田訳、十二丁裏―十三丁裏）。

(54) 樋口雄彦『旧幕臣の明治維新――沼津兵学校とその群像』（吉川弘文館、二〇〇五年）五二頁。なお沼津兵学校の設立過程については、同『沼津兵学校の研究』（吉川弘文館、二〇〇七年）も参照した。

(55) 熊澤恵里子「学制以前における「普通学」に関する一考察」（『早稲田大学大学院文学研究科紀要』一分冊四四輯、一九九八年）九二頁。

(56) 西周「徳川家兵学校掟書」（大久保利謙編『西周全集』第二巻、宗高書房、一九六二年）四四五―四九頁。

(57) 同前、四四七頁、四四九頁、四五七頁。

（58）同前、四五三―五六頁、四五九頁。
（59）同前、四六一頁。
（60）同前。
（61）国立国会図書館憲政資料室の「西周関係文書」に残る、西周の蘭書を通じた兵学関係の筆記については、改めて別稿で検討する。赤松則良の観戦武官経験については、赤松範一編注『赤松則良半生談――幕末オランダ留学の記録』（平凡社東洋文庫、一九七七年）一七六―八六頁。
（62）西周「兵家徳行」（『西周全集』第三巻、一九六六年）四―八頁。
（63）吉田松陰「西洋歩兵論」（山口県教育会編『吉田松陰全集』第五巻、大和書房、一九七三年）二九頁。
（64）横井小楠「陸兵問答書」（日本史籍協会編『横井小楠関係史料一』東京大学出版会、一九七七年復刻）一七頁。
（65）前田『近世日本の儒学と兵学』四七五―七七頁。また徂徠の兵学との比較を含め、西が論じる「平常社会」と「軍人社会」の特質について検討した研究として、菅原光『西周の政治思想――規律・功利・信』（ぺりかん社、二〇〇九年）一九―一〇一頁。
（66）西「兵家徳行」八―九頁、一五頁。近年、政治史の視座から西周の兵学論の精緻な分析を試みた論攷に、谷口眞子「西周の軍事思想――服従と忠誠をめぐって」（『WASEDA RILAS JOURNAL』5、二〇一七年）がある。
（67）西「兵家徳行」一五頁。
（68）オランダ留学を通じた西周によるフィッセリング経済学との取り組みについては、大久保健晴『近代日本の政治構想とオランダ』（東京大学出版会、二〇一〇年）二章を参照のこと。
（69）「徴兵告諭」（由井正臣他校注『軍隊・兵士』日本近代思想大系4、岩波書店、一九八九年）六七―六九頁。
（70）福澤諭吉「福翁自伝」（松沢弘陽校注『福澤諭吉集』新日本古典文学大系明治編10、岩波書店、二〇一一年）五六―五九頁。
（71）以下の議論は、福澤諭吉「西洋事情 初編」（慶應義塾編『福澤諭吉全集』再版第一巻、岩波書店、一九六九年）二九九―三〇一頁。
（72）福澤諭吉『学問のすゝめ』（岩波文庫、一九四二年）三五頁。

(73) 福澤諭吉、松沢弘陽校注『文明論之概略』(岩波文庫、一九九五年) 二七四—七五頁。
(74) この思想課題に関する卓越した先行研究として、宮村『新訂日本政治思想史』十三章、同「自由」(米原謙編『「まつりごと」から「市民」まで』政治概念の歴史的展開10、晃洋書房、二〇一七年) がある。
(75) 福澤諭吉「時事小言」(『福澤諭吉全集』再版第五巻、岩波書店、一九七〇年) 一五五頁。
(76) 同前、一五三頁。
(77) 同前、一五六頁。
(78) 同前、一四四頁、一五四—五六頁。
(79) 永田鉄山「国防に関する欧州戦の教訓」(川田稔編『永田鉄山軍事戦略論集』講談社、二〇一七年) 四〇—四一頁。この点は、二〇一七年度日本政治学会分科会「実務官僚・統治者における政治思想史」において研究発表を行った折、討論者の渡辺浩氏よりご教示いただいた。
(80) 同前、四一頁。

付記　本稿の執筆にあたっては、ＪＳＰＳ科学研究費(基盤研究C、一五K〇三二八六、代表者・大久保健晴) の助成を受けた。

◆東アジアと日本2

漢籍の訓読から儒教儀礼へ——舶載された知の受容と多様な思想展開——

田世民

はじめに

周知のように、聖徳太子による「憲法十七条」の第一条に「和を以て貴しとなす」が掲げられている。また、日本語には日常よく使われる言葉として「違和感」というものがある。つまり、調和の状態と程遠いしっくり来ないという意味である。そこから、日本ではどれほど調和を重んずるものかが分かる。ちなみに、「違和」や「違和感」といった言葉は中国語圏ではメディアなどで頻繁に使われるようになってから、もはや一般用語として定着しつつある。

さて、日本では古来、中国大陸や韓半島から人々や漢籍などが渡り、日本の国づくりや文化制度の成立に役立っていた。近世に入って、大陸からの漢籍の輸入がさらにピークを迎えた。その文化東漸の長い歴史の中で、漢籍を読むための訓読が発生し、訓読記号や片仮名の創出など様々な発展とともに定着していった。また、漢字と仮名文字（そしてのちのローマ字）は相俟って日本語を形成してきた。

近世日本の知識人たちは明清以降に出版されてきた漢籍や日本在住の唐人などを通じて、中国大陸や韓半島の文化思想を受容理解していた。特に、日本の知識人たちは舶載本に対してそれぞれのスタンスによって訓点を施して理解し、漢籍の知を肯定的・批判的に受け止め、漢文や和文の著作を書いたりして種々多様な思想を展開させていった。また、観念的な死生論に止まらず、仏葬に対抗して儒教儀礼の受容実践に力を注いだ。その際、漢文で書かれたテキスト（『文公家礼』等）をいかに自分の言葉に置き換えて理解し、そして実践可能な葬祭儀礼を作っていくのか、そのことは大きな課題となってくる。

以上の背景を踏まえて、ここでは東アジアに共有された漢籍の知が近世日本に伝わって受容された中で、思想をめぐる対立と調和の多様な位相を捉えるとともに、倭訓が人々の思想実践に果たした役割について考えてみたい。

一　明の思想文化をめぐる積極的摂取と批判的対抗

近世日本の知識人、特に前期の思想家たちは、明以降に出版・舶載されてきた漢籍を読むことによって多彩な思想を展開させていった。例えば、荻生徂徠（一六六六～一七二八）が李攀龍や王世貞など明の古文辞派の著作に触発されて、古文辞学という学問を展開させていった、ということは広く知られている通りである。日本の儒者たちは、舶載された漢籍（『四書大全』『五経大全』『性理大全』という

「三大全」がその代表格）に拠って朱子学や陽明学を理解し、さらに自らの思想形成を展開させた。儒者たちの読み方は種々多様であるが、それらの漢籍をどう読むのか、つまり漢文のテキストに対してどのように訓点をつけるか、それも大きな問題となってくる。訓点自体は、ある儒者がそのテキストをどう解釈して（翻訳して）理解したか、そのことを反映するものでもある。そして、林羅山の道春点や山崎闇斎の嘉点、貝原益軒の貝原点、佐藤一斎の一斎点など、儒者たちが訓点を付けたテキストは和刻本として出版され、広く流布していった。(1)

その数々の漢籍加点本の出版がある一方、中村惕斎『四書章句集註鈔説』『四書示蒙句解』や毛利貞斎『四書集註俚諺鈔』の平易な日本語による経典注釈書・和解類があるほか、渓百年の『経典余師』など仮名交じり文のテキストは、漢文を直接には読めない人々に儒学の知を伝えた。(2)それは確実に学問の一般的普及に役立ったのである。

さて、林羅山や中村惕斎らの明代儒学に対する積極的受容が見られる一方、山崎闇斎（一六一八～八二）らの崎門派は朱子の説を尊崇するが、明儒による煩雑とされる注釈を意識的に排除する。また、懐徳堂など儒者の大半は、明代儒学を決して排除せず、それを相対化しつつ受容するという姿勢を取っている。例えば、山崎闇斎は朱子の説を絶対化させるとともに、読むべきテキストを「四書」と朱子学に直接関係するものに限定し、さらに門弟に自らの講釈を受けて朱子学を理解することを求めた。その学問の方法を徂徠らが批判しているばかりでなく、中井竹山（一七三〇～一八〇四）なども崎門の「朱子一尊主義」を非難している。角田九華（一七八四～一八五五）が竹山の経書理解を「経旨を得るを以て主とす」(3)と評するように、竹山においては経書の本文に即して本旨を理解することが目的であり、そして必要に応じて朱子や諸家の注釈に対して修正や批判を加えるのである。[4]

ところで、浅見絅斎（一六五二〜一七一二）は『性理大全』版『家礼』を底本にしつつ、附注を削り朱子の本文・本注のみを残して、それを校訂して朱子『家礼』の和刻本を出版している。吾妻重二氏の『家礼』和刻本に関する研究で明らかになったように、絅斎による和刻本は朱子『家礼』本来のテキストを再現しようとして、五巻本という体裁が取られている。[5]そして、江戸時代を通じて、その『家礼』和刻本は版を重ねて広く流布していた。筆者はかつてそのことを出版メディアという視点から考察したことがある。要するに、絅斎は後儒による煩瑣な附注を排除したうえで、朱子『家礼』の定本を目指して和刻本を出版した。その上で、朱子『家礼』に基づいて、日本なりに喪祭儀礼の実践を求めたのである。その意味で、それはすぐれて絅斎の「メディア戦略」ではないか、ということである。[6]

また、崎門派の『家礼』受容に関しては、浅見絅斎・若林強斎らは朱子『家礼』に基づいて儀礼書を著述し儒教喪祭礼を実践するが、「深衣」や「幅巾」など中国の服飾を使用せず、むしろそれらの着用をした林家や中村惕斎を批判している。[7]

他方、水戸藩では徳川光圀は父・頼房の儒学尊崇を受け継ぎ、朱舜水らの明遺民を招いて、明の思想文化を積極的に受け入れるとともに、儒教の礼制を意欲的に構築しようとしていた。光圀は藩をあげて儒教喪祭礼を実施するのみならず、藩士たちに儀礼書『喪祭儀略』を頒布してその励行を求めた。また、深衣に対して関心を寄せているものの、その様式でそのまま製作すると「異形」になるため、代わりに「道服」を製作して着用した。光圀が関白の鷹司房輔に道服を贈呈した際の言葉であるが、次のように述べている。「何れにても古服に拠り宜きにかなひ、製し申候はゞ、深衣は吉凶貴賤通用の正しき服にて候へども、全く深衣を移しては、異形に相見へ申候に付、少し深衣を取直候而新製仕矣」（『古事類苑』服飾部十三「道服」）という。光圀に招かれた朱舜水も、『深衣議』を著述してはいるが、結局深衣を完成させることとなく、野服と道服をその代わりとして使用していたという(8)。ちなみに、水戸の徳川ミュージアムには光圀と舜水が着用していた道服が現存している。

文明の体現者として見られる明の知識人たちの力を借りて、中国の礼制や文物を積極的に取り入れようとした水戸藩であるが、その姿勢を考える際に、明清交替後における李氏朝鮮の士人たちの明への態度を併せて見ると面白い。一六四四年に明が滅んでも、朝鮮の士人たちが明の年号を使用し続けるなどの「思明」現象を、「文化心態（cultural mentality）」という視点から捉える研究がある(9)。水戸藩ではさすがに明の年号を使うことはないが、しかしながら明の思想文化を意欲的に取り入れようとした水戸藩のメンタリティにも、注目すべきものがある。

二　墓制に見る明文化の受容

水戸藩のみならず、近世日本の大名家の多くは明文化を取り入れつつ、墓制の構築に取り組んでいた。ここでは、大名家の墓所における亀趺の造立を例として、その一端を見よう。

亀趺とは亀の形に刻んだ碑の台石であるが、一般には墓前碑（神道碑）として、あるいは有名人事績の顕彰碑や神仏の供養碑として用いられる。平勢隆郎氏によれば、墓前碑は後漢の豪族の墓葬で既に確認され、中には亀趺を台石とするものがあった。初期のものは碑身や台石を青龍、朱雀、白虎、玄武といった四神として表現したが、後に玄武の形はさらに台石の亀趺と碑身上部の螭首とに分離し、そしてそれが一つの固定した形として定着した。唐代には、五品以上の者に亀趺碑を建てることが許されていた。[10]明代になると、『明会典』洪武二十九年定では亀趺が「三品以上」と規定された。それとともに、明礼令にも亀趺に関する記述が見られ、「五品以上許用碑亀趺螭首、六品以下許用碣方趺円首」、つまり五品以上の者に「碑」と「亀趺螭首」の使用を、六品以下の者に「碣」と「方趺円首」の使用を許すとされた。[11]当初、この二つの規定は並存していたが、後に「五品以上」の規定だけが残ることになった。なお、「一般的に言えば、唐の皇帝は亀趺碑を建てないが、皇帝以下の人たちは亀趺碑を建てる。そして、新羅などの国では、王様の墓前に碑を建てるのである[12]」という。

朝鮮半島では、高麗時代の仏教界に禅宗と教宗の二大勢力が存在し、そしてそれぞれの僧階の規定があった。下位から順に言うと、禅宗には大選、大徳、大師、重大師、三重大師、禅師、大禅師と、教宗には大選、大徳、大師、重大師、三重大師、首座、僧統といった位階があった。亀趺塔碑を建て得たのは第五位以上の地位の高僧のみである。そこから、高麗は唐の亀趺碑が五品以上という規定を踏襲し、そして亀趺塔碑が第五位以上の僧階の者という規定に転化させた、ということが分かる。[13]李朝になると、儒教は仏教の勢力に取って代わったが、建碑の規定では二品の高官に亀趺碑が許された。この規定は明らかに明の三品以上の規定を踏まえ、そして若干調整を行ったものである。しかし、この三品以上の規定は当時の明朝でもはや廃棄され使われなくなったのである。平勢氏はこのように指摘する。「明朝で三品以上の高官に建碑を許可する規定が制定されたが、復古運動の隆盛により、それよりも唐の五品以上の規定をめぐって議論が集中した模様である。その結果、五品以上の規定が残り、そして三品以上の規定は問題にされなくなったのである」[14]という。つまり、李朝は明の既に廃棄された法令を遵守し、さらに二品以上の高官に亀趺碑の建碑を許可するという規定を制定したのである。

日本では、三世紀から六世紀にかけて支配者層は多くの古墳を作った。七世紀に「大化薄葬令」が公布され、古墳が作られなくなった。それに伴って、古墳の所在を示す石碑も消えていったのである。中世になると、五輪塔や宝篋印塔など大型の塔を建てることがあったが、石碑を建てることはなかった。江戸時代に入って、各地の大名たちは大規模の墓葬を行うようになり、当初は大型の五輪塔や宝篋印塔を建てた。そして、その大名たちは墓葬を行う際に、亀趺碑を建てたりもした。例えば、水戸の徳川家、会津の松平家、山口の毛利家、岡山の池田家[15]、そして鳥取の池田家など、それらの大名家の墓所に亀趺碑が建てられている。

大名墓葬の亀趺碑のほかに、有名人や高僧の事績を表彰するための顕彰碑も亀趺を置くことがある。例えば、早い例としては永井直勝（一五六三～一六二五）の称徳碑がある。永井直勝は江戸前期の大名である。徳川家康とその子の信康に仕え、そして天正八年（一五八四）の長久手合戦で敵の大将池田恒興を討ち取るという大手柄を立てた。その後、下総国古河（茨城県古河市）七万二千石の大名となった。称徳碑の碑文は永井氏が死去した一三年目の寛永十四年（一六三七）に成立し、林羅山の撰文がある。碑文の最後に銘があり、「永井家譜、大江之後。……亀趺載名、百世伝遠」[16]とある。実際の碑石は遅れて建てられた。現在、永井直勝称徳碑は三基現存しているが、京都市悲田院（永井家の菩提寺）にある称徳碑は正保四年（一六四七）に、興聖寺（京都府宇治市）と永井寺（茨城県古河市）の称徳碑は慶安二年（一六四九）にそれぞれ建てられた[17]。そのうち、悲田院の称徳碑は亀趺である。

亀趺に纏わる議論は多岐に亘っているが、ここでは武家官位と亀趺の間の関係に絞って、近世日本の墓制について考える。つまり、墓葬で亀趺神道碑か亀趺墓石を建てた大名たちは、ほとんど三位以上の官位を有する者である。例えば、水戸徳川家の初代藩主頼房は正三位で、二代光圀以降の藩主はいずれも従三位である。「姫路宰相」と称せられた池田輝政は正三位である。会津藩の保科正之は正四位であるが、天皇から従三位中将を賜りつつ、中将だけをもらい従三位を辞退したという。山口毛利家の歴代藩主はみな四位の官位であるが、亀趺碑を建て始めた毛利吉就以来、祖先の姓「大江」を墓石に刻むようにした。先祖の大江言人は古代に律令官位で三位をもらった人物だったのである。また、鳥取の池田光仲の祖父は上記の正三位の池田輝政である[18]。

以上から、江戸時代の大名たちの墓葬亀趺碑は、『明会典』洪武二十九年定「三品以上」の規定に依拠しており、そして武家官位の「三位」に転化させたものである、ということが理解できよう。平勢氏はそのことに関して、「各大名の亀趺碑の建立は三品が一つの標準となる。その標準に外れた場合は、いかなる理由で建てるのかが議論されるのである[19]」と指摘している。

三　仏教への対抗と調和

近世日本の儒家知識人たちの多くは仏葬に対抗して儒教喪祭礼を実施するという基本的スタンスを

取っている。特に、火葬を仏教による影響と見てそれを激しく非難する。例外として火葬を容認する熊沢蕃山らがいるが、そんな蕃山でも儒礼を否定せず、学者個人の経済的能力などによって喪祭礼の実施を認めている[20]。

水戸藩では、仏教の儀式を一切排除して完全な儒式墓地・瑞龍山墓所を造営し、水戸徳川家をはじめその連枝の一族と朱舜水の墓を祀っている。儒式葬儀とともに、祖先祭祀に関しては家廟において『家礼』の神主式に基づいて作られた、初代藩主の頼房（一六〇三～六一）以降先祖代々の木主を安置して奉祀し続けている。筆者は二〇一七年八月に徳川ミュージアムの徳川真木館長の依頼を受け高山大毅氏とともに、水戸徳川家の家廟関連調査を行った。そこで得た知見を紹介すると次の通りである。木主は「陥中」（木主内部にある縦長の彫り込み）、「粉面」（木主の表面）、そして土台の「趺」が兼ね備わっている。また、木主は各々の「座蓋」（木主を納める箱）の中に安置されており、夫婦の木主は一つの「櫝」（厨子）の中に収められている。

なお、正式の家廟のほかに、十三代当主・徳川圀順（一八八六～一九六九）在世中に住宅の一角に設けられた「内廟」が存在する。そこでは、外見が『家礼』神主書式と同様であるが、陥中と粉面を分けない一枚仕立ての位牌が奉祀されている。例えば、始祖の頼房威公の位牌には「顕始祖考贈正二位故権中納言源威公神主／（左側下方）孝裔孫　圀順奉祀」とあり、夫人の位牌には「顕始祖妣靖定夫人谷氏神主／（左側下方）孝裔孫　圀順奉祀」とある。その製作の動機などについては別に考察する必要があるが、家廟とは異なる形でありながら自宅でも祖先祭祀を実施しようとする水戸徳川家の当主の姿勢が見て取れる。

さて、彰考館が編纂した『朱舜水記事纂録』（吉川弘文館、一九一四年）所収の「文恭神主図」によると、朱舜水の木主は『家礼』の神主式に基づいて製作されている。その粉面には「大明故徴士朱舜水謚文恭先生之神主」、陥中には「大明故舜水朱之瑜魯璵神主」とあり、そして陥中の両側に「（右）生於万暦二十八年歳次庚子十一月十二日壬子時」、「（左）卒於日本天和二年歳次壬戌四月十七日乙未未刻」とある。今回の調査で瑞龍山墓所入口付近の一室に保管されている朱舜水神主を実見できた。実物では「天和貳年」とある以外、神主の形は上記の文恭神主図とほぼ一致している。そのため、この木主は当初、朱舜水の祠堂に奉祀されていたものであると考えられる。朱舜水の祠堂はもともと江戸の駒籠（現在の東京都豊島区駒込）にあったが、火災に遭い、のち正徳二年（一七一二）に藩主の綱條が安積澹泊の建議を受け入れ、水戸の田見小路に再建した。祠堂の堂守は田代氏が務めたのちに青山氏に引き継がれ、長らく奉祀が行われてきた。しかし、この祠堂は現在では失われているため、あるいはここに安置されていた木主が祠堂から運び出され、これを一時的に保管するべく墓所の建物に移され、現在に至るのではないかと推測される[21]。

さて、仏教に対して強い対抗意識を持つ近世前期の思想家たちと比べて、十七世紀後半から十八世紀にかけて仏式葬祭が浸透した下で、いかに仏教と折り合いをつけながら儒教喪祭礼を実施するべきか、その事へと儒者の『家礼』をめぐる論調がシフトする[22]。特に、市井に生きた知識人たちにとって、その事はより切実な課題となってくる。例えば、中井竹山が『喪祭私説』の付注に指摘したことであるが、三宅石庵は新たに祠室をこしらえ神主を作ろうとする「窮郷士庶有志者」のために、紙を割いて神主の「陥中」「主面」を作り、それを世俗の位牌に貼るという妥協策を提示している。また、懐徳堂で教えを受けた山片蟠桃は、祖先祭祀については決意を込めて「鬼神ノ情ニカナフ」（『夢の代』）という儒法を実施しようとしつつも、葬儀に関しては生家の宗旨・浄土真宗の火葬に従っている。

また、徳島藩十代藩主の蜂須賀重喜（一七三八〜一八〇一）は、領内の眉山に蜂須賀家一族の儒式墓（万年山墓所）を造営した。それ以降、蜂須賀家では、従来の菩提寺興源寺にある遺髪の拝み墓とともに、二箇所の墓所を有する両墓制となっている。[23] これも仏教との調和を図った顕著な例である。また、従来臨済宗妙心寺派の広徳山龍峰寺を菩提寺としていた鳥取藩池田家であるが、初代藩主池田光仲（一六三〇〜九三）は黄檗に宗旨を変えた。元禄六年（一六九三）に黄檗に帰依した光仲が死去し、その翌年に光仲の法号「興禅院殿」から龍峰寺は興禅寺と改められた。[24] そして、光仲の埋葬に合わせて建立された「千岳庵」は、のちに興禅寺の末寺として「清源寺」と改められ、明治初年に廃寺となるまで鳥取池田家墓所の管理を担っていた。鳥取池田家歴代藩主の墓碑は、亀趺の台石に円頭扁平な墓標を建てたもので「亀趺円頭」の墓碑と言われている。[25] しかし、池田家墓所墓碑の碑文はほかの儒式大名墓のそれと違って、完全に仏式である。例えば、初代光仲の碑文は「興禅院殿故因伯刺史俊翁義剛大居士」と、二代綱清の碑文は「前因伯両刕〔「州」の異体字〕太守羽林次将源朝臣綱清法名清源寺殿良宗常温大居士」と書かれている。[26] これは、光仲をはじめ鳥取藩の黄檗への信仰が篤かったためと考えられる。

四　心喪と服忌

さて、「心喪」（心の中で喪に服する）は日本における儒教喪祭儀礼受容の際に、「服忌」など自国の制度や習俗と調和を図るための重要な手段である。心喪に関しては、早く中江藤樹（一六〇八〜四八）が指摘している。

藤樹は孝の思想を強調し、そして朱子の『家礼』をも重要視している。藤樹自身に『家礼』についての著作はないが、藤樹書院に現存し祭り続けられている藤樹の神主は、『家礼』の神主式通りに作られており、表の粉面には「顕考惟命府君神主」と書かれている。藤樹夫人の神主もまた同じ形で設えられている。[27]

藤樹は正保元年（一六四四）夏に岡村伯忠（不詳、藤樹の門人か）宛の書簡「答岡村子」で、親の喪に服する心法について触れている。すなわち、「養子ニ参候者は本生の父母にハむかはり（異本では「養親には三年」とある）の喪にて御座候。心喪も其間と可レ被二思召一候」[28]という。岡村子の養子の服喪期間をめぐる問いに答えて、藤樹はこのように書いたのだろう。つまり、養子は実親に一年、養父母に三年の喪に服するが、長期間服喪できず「心喪」する場合でも三年のつもりで努めよということである。

『家礼』の服喪の規定では、たとえば父に斬衰三年、母に斉衰三年と、死者との間柄によりその喪服と喪期は明確に決められていた。一方、近世日本において、綱吉が将軍に就任した四年後の貞享元年（一六八四）に服忌令が制定公布された。[29] それによると、父母のためには忌五十日、服十三カ月で、養父母のためには忌三十日、服百五十日である。藤樹の時代にはまだ正式の服忌令が公布されていないが、実親に一年服喪するという藤樹の指摘は服忌令の「服十三ヵ月」の規定とほぼ一致する。しかし、養親に三年服喪するというのは服忌令の「服百五十日」を遥かに超えている。そこから、養親の恩は実親のそれと比べてもっと大きく、そのためにより長い服喪期間を求める藤樹の考えが読み取れる。

次に藤樹の言う「心喪」について見よう。先に述べたように、一般に三年は父母のために服する喪期であるが、心喪三年とは本来師のために服する喪礼である。つまり、亡き師に対して実親のための服喪のごとく、三年間心の中で哀悼し、行動を慎んで礼を尽くす。『礼記』「檀弓」に「事師無犯無隠、左右就養無方。服勤至死、心喪三年」とある通りである。つまり、藤樹は本来師のための服喪を親へのそれに転化させたのである。実際、日本では人々は五十日の忌が過ぎると普段の生活に立ち戻る。ただし、神社への参拝を控える。それでは、服十三ヵ月はただ名ばかりのものとなってしまう。ゆえに、親の三年服喪の礼を全うするために、藤樹は心喪の方法を採ったのである。

その後、近世日本の儒者たちは概ね「心喪三年」を強調し実践しようとしていた。その点、藤樹が『家礼』を実践した上に、いち早く心喪の方法を提唱したことは、近世日本の儒礼受容において大きな指標として認められる。とりわけ、寺請制度を実施し服忌令が公布された後、市井の儒者たちにとって心喪は服喪の礼を尽くすための重要な根拠となったのである。

五　漢文訓読と倭訓

訓読は当初、漢訳仏典を読むための方法としてあったものである。そして、漢訳仏典の訓読を通じて、日本語は中国語を間に置いて梵語と対応する言語である（日本語と梵語の類似性）という理解を獲得した。さらに、訓読は漢籍を読むための方法から一文体へと成立し、中国文化を相対化しつつ漢文と対等の地位を主張するに至った。[30] また、片仮名と平仮名の成立はさらに漢文訓読と和文の浸透に大きく貢献した。

一方、韓半島では朝鮮王朝になってはじめて正式に表音文字のハングル（訓民正音）が定められた。しかし、両班などの知識人たちは知的言語として漢文を使用したが、民衆教化のための諺解を作る以外は、ハングルを積極的に使わなかったという。また、朝鮮における訓読は日本のそれほど発展しなかった。これは、貝原益軒が意欲的に仮名交じりの和文で民衆向けの教訓書を著したことと比較しても面白い。

また、近世琉球に目を向けると、中村春作氏が指摘しているように、泊如竹（一五七〇～一六五五）の渡琉を契機に、薩摩由来の朱子学が伝わり、そして倭訓による日本の儒学は中国帰化人の学問に取って代わった。[31] 近世日本において、むろん荻生徂徠のような訓読廃止論者がいたのだが、先述のように、儒者が加点した漢籍が盛んに出回ったという事実を勘案しても、日本ではもはや訓読なくして儒学の学習ができなくなったのである。

さて、朱子学者で垂加神道の提唱者だった山崎闇斎は、倭訓の方法で朱子学と神道の整合性と同一性の獲得に辿り着いた。彼は晩年に、「それわが神国に伝来せる唯一宗源の道は、土金にあり。しかして土はすなはち敬なり。けだし土と敬とは、倭訓相ひ通ず。しかして天地の位する所以、陰陽の行ふ所以、人道の立つ所以、その妙旨はこの訓に備はる」（『土津霊神碑』）と述べている。そこでは、土と敬は「つつしむ」と「つちしまる」という倭訓によって同一視されたのである。[32] 闇斎は口語や俗語などを活用して朱子学の核心に迫る方法を獲得した。同様に、中国と天地自然の理を同じくするとされる日本の神道についても、日本語（倭訓）でその核心を捉え、朱子学的概念との整合を求めることができる、そのように闇斎が考えたのであろう。

また、『家礼』受容の例でみれば、京都の書肆兼学者の大和田気求（?～一六七二）は、寛文七年（一六六七）に丘濬の『文公家礼儀節』（万治二年〈一六五九〉和刻本）を底本に、仮名交じりの和文で『大和家礼』を刊行した。これは和文による『家礼』の全訳である。[33] そして、日本では、儒教儀礼書は漢文によるものもあったが、多くは和文で書かれていた。とりわけ、実施された喪祭儀式の記録類がより顕著である。なお、儒礼祭祀では普通、訓読調の祭文が読み上げられる。現在でも、水戸徳川家ではそのように行い続けていると聞く。

さらに、神葬祭における和語による漢語の読み替えについて一言すれば、例えば跡部良顕（一六五八～一七二九）の『神道喪祭家礼』には、「棺」を「火尽《ひつぎ》」と、「祝」や「護喪」を「尸者《ものまさ》」と読み替えられている。[34] そこでは、本来中国由来の儀礼を日本で受容し内在化するために、倭訓は重要な手段となる。良顕らの神道家たちは、仏葬に対抗して儒葬の儀礼を取り入れつつ神葬祭を創出しようとしたが、前記のように倭訓をもって漢語タームに対峙して独自性を追求したのである。

　柳父章氏の翻訳に関する研究が教えてくれるように、翻訳は文化摂取の重要な方法である。以上見てきたように、大雑把な捉え方ではあるが、日本では倭訓はいわば外来文化を自らの文化体系に転化させて受容するための重要な手立てだったのではないか。

おわりに

　以上、近世日本における思想をめぐる対立と調和について、かなり我田引水的に自らの問題関心に引き付けて述べてみた。勿論、あくまで私なりの視点からの議論に過ぎず、それと違う他の捉え方はいくらでも可能である。

　近世日本において、主として舶載されてきた漢籍によって儒学などの学問を学び、自らの思想を形成していった、という点から見ればどの知識人でも同様である。また、外来思想に対して直接対立する姿勢を取る者は少なく、概ねそれを相対化しつつも調和を図っていくのが趨勢である。仏教に対する態度でもそうである。全面的に排仏を訴えるのは少なく、仏教勢力といかに折り合いをつけつつ、儒式喪祭の実施など所期の目的を達成するのが主な関心事である。黄檗に帰依して、法号を書いた墓碑を建てたり墓所の管理を菩提寺に任せた鳥取池田家の場合は、さらにいうまでもなかろう。

　どの国においても、外来文化を受け入れる際に、必ず自文化との間に発生するだろう齟齬や対立を乗り越えなければならない。日本では、そのことと同時に、外来の思想や文化を受容し内在化するために、訓読と倭訓は特に重要なファクターとしてあることが見受けられる。
しかしながら、対立よりも調和を目指していくプロセスの中で、個々の人間がいかなる思想的活動を行い、そして現実に対していかにその目標を実現していくのか、そのことは我々思想史研究者が丁寧に見ていかねばならない課題となろう。

註

（1）辻本雅史『思想と教育のメディア史』（ぺりかん社、二〇一一年）、特に第七章「素読の教育文化――テキストの身体化」と第八章「日本近世における「四書学」の展開と変容」を参照。

（2）『経典余師』という自習テキストの登場と展開については、鈴木俊幸『江戸の読書熱――自学する読者と書籍流通』（平凡社、二〇〇七年）が詳しい。

（3）原文は「〔竹山〕平生志業以王魯斎自比、不喜吾邦一種朱学偏隘固滞之風。故至朱説有微疑、則犂然明辨、以得経旨為主」とある。角田九華『続近世叢語』（京都大学文学部図書館蔵、弘化二年〈一八四五〉版本）巻之三、十五丁裏。

（4）拙著『詩に興り礼に立つ――中井竹山における『詩経』学と礼学思想の研究』（台北：国立台湾大学出版中心、二〇一四年）一八七頁参照。

（5）吾妻重二「『家礼』の和刻本について」（『東アジア文化交渉研究』九号、二〇一六年）。

（6）拙稿「従媒体史的観点看近世日本知識人的《朱子家礼》実践」（淡江大学『淡江日本論叢』二七号、二〇一三年）。

（7）詳しくは吾妻重二「日本における『家礼』の受容――林鵞峰『泣血余滴』、『祭奠私儀』を中心に」（『東アジア文化交渉研究』三、二〇一〇年）四〇頁および拙著『近世日本における儒礼受容の研究』（ぺりかん社、二〇一二年、第三章「浅見絅斎の『文公家礼』実践とその礼俗観」）一二七頁註(28)を参照されたい。

（8）吾妻重二「深衣について――近世中国・朝鮮および日本における儒服の問題」（松浦章編『東アジアにおける文化情報の発信と受容』雄松堂、二〇一〇年）参照。
（9）呉政緯『眷眷明朝――朝鮮士人的中国論述与文化心態（一六〇〇―一八〇〇）』（台北：国立台湾師範大学歴史学系・秀威資訊科技、二〇一五年）参照。
（10）平勢隆郎「東亜冊封体制与亀趺碑」（高明士編『東亜文化圏的形成与発展：政治法制篇』国立台湾大学出版中心、二〇〇五年）二二―二三頁。
（11）平勢隆郎「日本近世の亀趺碑――中国および朝鮮半島の歴代亀趺碑との比較を通して」（『東洋文化研究所紀要』一二一号、一九九三年）九頁。
（12）平勢「東亜冊封体制与亀趺碑」二三頁。
（13）同前、三五頁。
（14）同前、二四頁。
（15）しかし、亀趺が建てられたのは池田輝政の墓であり、光政の場合は方趺である。吾妻重二によれば、これもまた明礼の『稽古定制』に従うものであるという。「『稽古定制』では三品以上は亀趺を用い、四品から七品までは方趺を用いる」からである。吾妻重二「池田光政と儒教喪祭儀礼」（『東アジア文化交渉研究』創刊号、二〇〇八年）八三頁。
（16）国文学研究資料館デジタル資料、肥前島原松平文庫（長崎県）蔵『右近大夫永井月丹居士碑銘』写本に拠った。
（17）豆田誠路「永井直勝の事績形成と林羅山」（『碧南市藤井達吉現代美術館研究紀要』二号、二〇一三年）。
（18）平勢「東亜冊封体制与亀趺碑」三一―三二頁。
（19）同前、三三頁。
（20）拙著『近世日本における儒礼受容の研究』（第一章「熊沢蕃山の儒礼葬祭論と『葬祭辨論』」）四〇頁参照。
（21）この調査結果について、拙稿（榧木亨訳）「東アジア『家礼』文化思想研究をリードする大作――吾妻重二『朱熹「家礼」実証研究』を評す」（『東アジア文化交渉研究』一一、二〇一八年）六〇一頁でも紹介している。併せて参照されたい。

（22）松川雅信は「蟹養斎における儒礼論――『家礼』の喪祭儀礼をめぐって」（『日本思想史学』四七号、二〇一五年）において、蟹養斎を例に論証している。また、同氏の近著『儒教儀礼と近世日本社会――闇斎学派の『家礼』実践』（勉誠出版、二〇二〇年）も参照のこと。

（23）徳島藩蜂須賀家の儒葬については、藪田貫「近世日本における儒教と儒葬墓について――徳島藩蜂須賀家の万年山儒葬墓を中心に」（吾妻重二編『泊園記念会創立五〇周年記念論文集』関西大学出版部、二〇一一年）の論考がある。筆者はそのことの考察について別稿を用意している。

（24）河手龍海『因州藩鳥取池田家の成立――池田光仲とその時代』（鳥取市教育福祉振興会、一九八一年）一五五―五八頁。また、鳥取県立博物館編『殿様の愛した禅――黄檗文化とその名宝』（鳥取県立博物館、二〇一九年）六四頁参照。

（25）公益財団法人史跡鳥取藩主池田家墓所保存会『史跡鳥取藩主池田家墓所』（公益財団法人史跡鳥取藩主池田家墓所保存会、二〇一八年）巻頭参照。

（26）しかし、歴代藩主の中で綱清の墓石だけが「亀趺円頭」の形式を取っていない。これは、五代将軍綱吉の発布した「生類憐みの令」に配慮したためといわれる。前掲『史跡鳥取藩主池田家墓所』七頁。

（27）吾妻重二「藤樹書院と藤樹祭『家礼』の実践」（『還流』六号、関西大学アジア文化交流研究センター、二〇〇八年）一四頁参照。

（28）『藤樹先生全集』第二冊（弘文堂書店、一九七六年覆刻版）三八五頁。

（29）近世日本の服忌令については、林由紀子『近世服忌令の研究――幕藩制国家の喪と穢』（清文堂、一九九八年）参照。

（30）金文京『漢文と東アジア――訓読の文化圏』（岩波書店、二〇一〇年）参照。

（31）中村春作「琉球における「漢文」読み――思想史的読解の試み」（中村春作ほか編『続「訓読」論――東アジア漢文世界の形成』勉誠出版、二〇一〇年）と、同「近世琉球と朱子学」（市来津由彦ほか編『江戸儒学の中庸注釈』汲古書院、二〇一二年）参照。

（32）井上厚史「近世思想史における朝鮮と日本――山崎闇斎再考」（『大航海』六七号、二〇〇八年）五六頁。

（33）吾妻重二『家礼文献集成 日本篇二』（関西大学出版部、二〇一三年）所収解説を参照。
（34）近藤啓吾『儒葬と神葬』（国書刊行会、一九九〇年）一一四頁。

付記　本稿は『日本思想史学』五〇号（二〇一八年）に掲載された拙稿を加筆修正したものである。また、国立台湾大学高等教育深耕計画—核心研究群計画「近世日本儒教儀礼与仏教及神道的交渉和演変」による成果の一部である。

史学思想史としての「女性史」——「ジェンダー」という問い——

長 志珠絵

はじめに

二〇一七年度日本思想史学会大会シンポジウム「対立と調和」の話題提供として、〈日本思想とジェンダー〉というテーマを与えられた。Gender は、一九七〇年代に前後する世界的な第二波フェミニズムというムーブメントを経て一九八〇年代後半以降、日本語圏の研究世界に登場した。今日ではアイデンティティの政治や現代の人権概念にコミットメントすることで問題領域そのものも深化を続け、他方、「ジェンダー」の定義も組み直される。例えばジェンダー射程は主に社会編成の原理を問うたが、よく知られているように歴史家であるJ・スコットの初期の定義は、セックスとジェンダー二元論として批判を受けた。当初の「文化的社会的性差」としてのジェンダー概念は「身体的差異に意味を付与する知」へとセックスを組み込んだ(1)。セクシャリティ研究へと枠組みを広げる立場は、より構築主義的な方法への傾斜が明らかだろう。この点で、たとえば十九〜二十世紀イギリス社会史・ジェンダー史を専門とする歴史家ソニア・ローズによる *What is Gender History?* (Polity, 2010) は、ジェンダー射程による歴史叙述をめぐって、「歴史学にも歴史がある」とし、視点による問題構成の構築という視座によって「ジェンダー史」の史学史的位置づけの有用性を提起した。同書は「身体とセクシュアリティ」「人種・階級・ジェンダー」「男性と男らしさ」「政治文化のジェンダー史に向けて」等の項目に分立し、主に英語圏の研究動向をレビューする。同書が扱うジェンダー射程による歴史研究の課題とその展開は普遍性を帯びるものだろう。

他方でジェンダー射程は近代知の前提であった「公／私」の枠組み、公的領域／私的領域をめぐる線引きの持つ政治性を問いとし、様々な学知に認識枠組みの転回を迫る方法論的視座であった。「日本思想」の領域として〈学史〉を考えることが可能であるとすれば、「ジェンダー」射程は既存の領域とどのような関係を結びつつあるのか。小考では、日本思想史学会も含め、近隣諸分野での「ジェンダー」をめぐる議論を紹介しつつ、史学思想史の展開において、〈女性史からジェンダー史への転回〉が指摘されてきた問題構成のありようを検討したい。

一　近隣他学会の動きから

一九九四年の第四回国際会議など、国連機関を軸に「ジェンダー主流化」が国際社会共通のスキームとして設定されて久しい。日本の学術全体の動きとして一九四九年に設置された日本学術会議の動向を見ると、同会が「性差」を問題とする動きは早く、一九七七年五月「婦人研究者への地位の改善について」（「要望」第七二回総会）に始まり、一九八五年六月「婦人研究者の地位の改善に資するための総合的調査機関の設置について」（「要望」第九七回総会）、二〇〇〇年には「女性科学者の環境改善の具体的措置について」（「要望」第一三二回総会）と続く。学術的成果をふまえた「提言」にいたっては特に近年では、文理の枠組みを超えての科学者コミュニティの環境改善、男女共同参画・LGBTに関わる法整備が多く出されている（日本学術会議のホームページ参照）。

こうした動きをふまえる際、日本思想史学会の近隣諸学会での動きの「遅さ」について、しばしばそのこと自体が主題とされていることは妥当な問題提起といえるだろう。たとえば二〇〇九年の岩波講座（哲学）での和泉ちえ「哲学とジェンダー」は、日本哲学会対象の「男女共同参画に関するアンケート」結果から議論を始める。「女性は元来哲学的思考に不向きである」という、学会としての公表に解説を要する回答が、二〇〇五年のアンケート段階で「顕著に」存在したという(2)。

では学問内在的に「ジェンダー主流化」をはかるとはどのような作業だろうか。先の和泉論考はその段階での現状を、日本の哲学研究の「徒弟制度に基づく男性中心クラブの特徴を依然保持」したという認識として示したうえで、「過去の男性思想家集団の言説のなかでの排除の論理をたど」る。ジェンダー射程によるいわばメタ哲学史としての作業は、「哲学史」上の〈空白〉をうめる。美術史・音楽史領域などで先行したこうした問い直しの作業は、これもよく知られるように、そうした〈空白〉が看過されてきた構造そのものを問うてきた。

これに対し、日本政治学会の二〇〇三年の学会誌特集「「性」と政治」は、初のジェンダー関係の取り組みとある。[3] 特集では冒頭、趣旨説明の任を示した渡辺浩の論考をはじめ極めて興味深い。近代以降、欧米圏での理論動向に機敏だった政治学者が「ことジェンダー研究に関しては、ひどく反応が鈍い」、特集の二〇〇三年の実現は「遅れ」であり、「ジェンダーへの関心の乏しさ」としつつ、その「むしろ奇妙」「特異」さが、「日本における政治学の性質やあり方に、問題を投げかけている」[4] とする。人文社会科学研究の話題性という点で時期的には確かに出遅れなのだろうが、しかし会誌の特集号が学会としての編集方針であるとすれば、この話題設定は会員に向けての積極的な働きかけである。特にジェンダー射程をセクシャリティに手をのばして論じるありかたは、逆にその時差によってジェンダー概念・ジェンダー研究の深化をふまえた構成を持つのではないか。

「性」概念がどのように論じられているか、生物学的決定論批判への手ほどきをも目配りする渡辺論文は、政治学会にとっての「性」という視座の重要性を「参加」「交錯」などの項目に分け、政治学・政治史の文脈に即して縦横に開いてみせる。「ジェンダーやセクシュアリティが他の諸観念・諸意識と様々に交錯し、混合し、融合し、そして往々政治化する」、「具体的な政治的社会的事象も理論的問題も性と深く関わる」「「性」と政治は、いかなる政治的・思想的立場に居ようとも、極めて知的に興味深い領域である。現状分析・政策論・比較分析・歴史・理論、あらゆる分野で、広大な研究の未開拓地が待っている」[5] と結ぶ。ジェンダー概念をメタツールとしてとらえる提起を含んだ説得的なレビューだろう。

以後の特集も先行する研究潮流をふまえ、議論の深化を探る。ここでは行論の参考として岩本美砂子「女性をめぐる政治的言説」に着目しておく。[6] 権力の変動や移動がジェンダー的な秩序の変化を生じさせるとみる岩本は先の特集を、「政治学会」での「問題への認識を一新させる衝撃力」[7]をもったとして高く評価し、二〇一〇年には「ジェンダーと政治過程」を同学会会誌で編み[8]、九本の論考を「ジェンダー化する」という言葉で括っている。方法論としての「ジェンダー化する」の有効性を示す素材として二〇〇八年米国大統領選挙の政治過程に焦点をあてた大津留論文は「ペイリンという保守派の女性副大統領候補の出現」に対し、視座として「覇権主義的男性性を主体的に担う「女性保守」」を提起する。[9]覇権的男性性(hegemonic masculinity)は、男性間の権力関係を「複数の男性性」とする社会学のR・コンネルの分析概念がしばしば引用される。[10]家父長制概念が構造にむけた分析ツールであるとするならば、マスキュリニティ概念はアイデンティティ論を踏まえ、主流と見なされる男らしさ(hegemonic masculinity)に介入的な分析視点を導入するものだろう。加えて権力性を発揮する男性性とは人種や階級、性的志向にいたる多様な男性性の関係性の束であり、同時にそのモデル的な男らしさは、そうでないものの周縁化や排除を伴う。

他方、ゲイ・カルチャーの消費のあり方も含め、ジェンダー射程を伴わない男性性をめぐる言説はしばしばミソジニーの内包に無自覚であることが批判されるが、フェミニズム理論もまた議論の対象となる。上記特集での「女性保守」概念の導入はそうした試みでもあるだろう。その理論的根拠の一つであるJ・ハルバーシュタムによる女性の男性性(Female Masculinity)概念は、「女性の主観性(subjectivity)が男性性(masculinity)に自己同一化(identify)する」とその親和性をもたらす構造を指摘する。[11]上記の特集が主題とし、個別事例を通じて見出される女性保守論は、男女の非対称的な権力関係に軸をおくフェミニズムが帯びる「女性の社会進出を後押しするリベラルな視点」という枠組みの再考へとも至る。「女性イコール平和主義か」というアジェンダが先送りにされてきた、との批判に共鳴しつつ大津留論考は「政治過程でジェンダーの持つ意味が、実際は多様化しているという現状に目を向けさせる一契機[12]」と位置づける。フェミニズムに起源を持つ「ジェンダー」の問題射程をどのように内在的な問いとして広げていくのか、問われる点だろう。

二　ジェンダー射程と講座思想史

日本政治学会の特集は、歴史過程への目配りがなされている点でも示唆に富む。先の渡辺論考は「ジェンダーと政治思想史」をめぐる具体例として、例えば儒学知の持つ理気二元論をとりあげ、これを特集の趣旨に沿って、ジェンダー化された知と捉えた[13]。官僚養成制度としての科挙制度との関係も視野に入るだろう。支配「構造」に対するこうした読み替えへの提起に対し岩本論考は、「権力が移動するときには女性が政治の争点となって、ジェンダー的な秩序に変化が起こる可能性がある[14]」とし、特定の歴史過程の動態への注目を促す。政治言説と社会史研究をつなぐミッシングリンクとしてジェンダー射程が有効であることは、例えば維新期の政治言説をめぐって社会史研究の蓄積もある。特に思想史研究の従来の蓄積からはたとえば儒学知と近代との関係について、「国民化」過程の読み直しが可能だろう。

例えば森有礼は、ヨーロッパの上流階級の血統主義の事例を披瀝し、父系の実子が定着することで、「家」の系譜が守られると強調する一方、養子慣習廃止の理由として、同時代でのヨーロッパ王室の

「血統を正（する）」「血統を重」んじる原則に反する一方、「女子の血統」を重んじる悪弊だと主張した（「妻妾論ノ二」、『明六雑誌』一一号、一八七四年六月）。福沢諭吉も養子制度を「古今支那日本の風俗」と弁別し、あるいは十九世紀日本社会での双系制的な「家」の継承方式に対するネガティブな言説であること（『中津留の書』一八七〇年）として遅れた習慣として批判した。ここには「国民化」の過程が性と階級をめぐることに加え、文化をめぐる純粋性が求められていることがわかる。こうした理解は、渡辺の指摘した「交錯」という観点と親和性があり、脱中華的側面の協調の一方、西洋近代に範をとる「性」の政策化と重なりあった展開といえるのではないだろうか。いずれにせよ、儒学知に通暁した世代としての明六雑誌誌上の議論のなかで、広義の〈性〉をめぐる言及の多さは新たな思想史的主題を開くものだろう。同人たちの一夫一婦論や養子批判、のちの福沢の男子論などについて、筆者は近代家族論という研究史の枠組みで捉えてきたが[15]、ヘイドン・ホワイト『メタヒストリー』（岩崎稔監訳、作品社、二〇一七年、原著一九七三年）の「序論」がのべるような、個々の内容に即した議論というよりは枠組みを検討する必要があるだろう。

ではジェンダーをめぐる方法論的問いかけを「日本思想史」はどのように扱うのだろうか。ここでも講座を用いるならば『日本思想史講座5――方法』（ぺりかん社、二〇一五年）は周到に、ジェンダー概念をめぐる議論を配している。そしてその方法が、史学思想史としての言及となっていることに注目しておこう。

川村邦光「性とジェンダー――方法としてのジェンダーの視点」[16]は、「性／性差をめぐる物語と思想」「性／性差をめぐる視点」「ジェンダーという視点」「セックス／ジェンダー観の転回」の四節構成からなる。扱われる素材は、「女性史」から女性学としてのジェンダー研究の登場という流れであり、戦後の民主化と女性史叙述の登場の時代から一九七〇年代世界的な第二波フェミニズムを受けて「女性学」が登場し、一九八〇〜九〇年には「女性史」がアカデミズムの中で次第に位置を占め、一九九〇年代には「ジェンダー史」へと転回する。川村論考の史学思想史としての独自性は、ジェンダー射程が新たに見出した学的イシューを、身体史領域の登場として描く点にあり、J・バトラーによるセックスとジェンダー二元論への批判（『ジェンダー・トラブル――フェミニズムとアイデンティティの攪乱』竹村和子訳、青土社、一九九九年、原著一九九〇年）を経て、認識によって構築される対象としての身体やその境界線の構築に課題を開く点だろう。歴史的変数であり認識としての「性」を宗教民俗学の立場から問い直してきた著者の「身体史」領域での成果にここでは贅言を割かない。しかし川村がまとめた学史の展開は、一九九〇年前後を区切って「女性史からジェンダー史」への展開とし、二つの研究領域のターニングポイントとして「ジェンダーの視点」を位置づけて終わる。特に方法論について「ジェンダーの視角は、誰の歴史を誰が研究し叙述するのかという、ポジショナリティという位置が問われている現在、欠くことができなくなっていることは確か」[17]と締めくくるものの、上記の「政治学」特集が直面する二〇〇〇年代以降の今日での性的マイノリティの可視化やあるいは当事者性をめぐる議論を背後に抱える意味での「性」研究の動向に特に関心を持つものではない。

だがジェンダー射程は歴史に関わる研究として、書き手のポジショナリティや当事者性に直結する方法だろうか。ここで筆者は不可視化されてきた集合体をマイノリティととらえ、歴史叙述のなかに位置づける――という関心とその蓄積の重要性を看過するものではないことは強調したい。しかし

「誰の歴史」なのかを問う視座とは、仮構された集合体を前提とする。これに対し、今日の「ジェンダー主流化」をめぐる思想性は人権問題の広がりと問題の可視化に呼応してきた[18]。近代国家が制度化してきた異性愛マジョリティを想定したマイノリティ用語は妥当なのだろうか、という点でも「性的マイノリティ」という用語に変え、SOGI：Social Orientation Gender Identityも用いられる。ジェンダー・アプローチの理論的前提は、個々の性的アイデンティティの多様性についての認識転換をはかる用語が提起される点で、歴史叙述が前提としてきた集団的アイデンティティという問いと関わっての新たな再検討が必要だろう。

先の特集「「性」の政治学」を鑑みるに、そこに通底する理論的前提はまずは、十九世紀以降のフェミニズムが可視化した、集団表象としての女性（男性）という枠組みを検証の対象として開くことだ。特にLBGT研究の進展はセクシャリティの多様性という観点を促すにとどまらず、従来のジェンダー研究が異性愛主義をブラックボックス化する傾向にあったことや、性差を射程にいれた歴史研究がその蓄積ゆえに女性性に偏っていた点、あるいは近代家族研究の導入による研究領域が、母子親子関係を軸に、生殖パースペクティブアプローチ優先であった点など、総じて問題をめぐる視点として、異性愛の相対化が弱かった点を課題視するのである[19]。

以上、やや長い補助線として、「ジェンダー」概念導入以降、射程の変容や課題の変化をめぐる動向を紹介してきた。では改めて、『日本思想史講座5——方法』所収の黒住真「日本思想史の方法」論文に注目したい[20]。黒住は「思想史はいかに「立ち現れる」のだろうか」として構築主義的な思想史研究の立場を明確にする一方、学問を言説の制度とする。思想史の対象としての学史や学術潮流史という枠組みは、本質主義的な設定が方法論的陥穽として意識される今日のジェンダー・アプローチをめぐる領域において魅力的だ。ではジェンダーをめぐる史学史的視点とは何か。改めて、川村論考と同様に前提とされている「女性史」からジェンダー史へ、という転回のナラティブに注目してみよう。対象を性別二元論によって固定的に捉えたかつての「女性史」と他方、性差をめぐる分類や線引きそのものを問うジェンダー射程による歴史叙述は対立や〈から〉〈へ〉と橋渡しが強調されるような方法論的に比較可能な対象なのだろうか。[21]結論から言えば、そうした枠組みは検討が必要な段階にあり、加えてジェンダー射程を備えた女性史が展開しつつある研究段階と課題が登場することになるだろう。

三　女性史からジェンダー史へ？

『岩波講座日本通史 別巻1』に収められた上野千鶴子の「フェミニズムと歴史学」（一九九五年）は、「歴史学のジェンダー化」を課題とする文脈において、一九九〇年代を「女性史からジェンダー史へ」の方法論的な転回としての転換点と位置づけた。同時に、「女性史」を前史とし、戦後歴史学というスキーム内部での方法論的な断絶を強調した。[22]川村の整理もそうした理解を前提とする。しかし蓄積をもつ「女性史」へのそうした理解は、戦前からの民間学の潮流も含め限定されたものとして論争的事項ともなった。[23]近世史の長野ひろ子は二〇〇六年の論考で、「女性史とジェンダー」「女性史とジェンダー史」「女性史からジェンダー史へ」の関係性をめぐる関心が「ジェンダー史問題」にとどまりがちとした。[24]推移の強調は女性史の蓄積とその後の広がりを史学史的に説明できる図式ではないうえ、今日ではそうした「転回」の過程で看過されてきた課題に注目する必要があるだろう。

ここでは方法論的な模索と拡充も含め、一九八〇年代後半以降、女性史をめぐるアクターは複数展開していたと考えたい。拠点の一つは今日では明らかなように、地域女性史という営みだろう。

近年の論考でも近世史家の横山百合子が言及するように、地域女性史の試みや蓄積は一九九〇年代以降も広がりを見せる。[25]一九七七年に第一回が開催された「全国女性史研究交流のつどい」はさまざまな地域女性史のサークル活動を基盤とする一方で、その成果の一つは『地域女性史文献目録』としてもまとめられた。[26]自治体史や地域の男女共同参画事業としての資料室の設置、文献史料収集も含め、地域研究としての女性史事例の検証・発掘は看過できない。特に史学思想史という観点からは、その方法論的な取り組みは二点指摘する必要がある。一つは地域女性史研究を文献歴史学の手法という枠組みでとらえるならば、では何を史料として〈読む〉のか？という史料問題へのアプローチを含むことだ。一九八〇年代では地域新聞による年表作りなどの基礎的作業をはじめ、地域女性史の人々の生に耳を傾ける「聞き書き」「聞き取り」がインタビュー話者との相互の場を広げる方法として集積されてきたことは改めて強調すべき点だろう。[27]語り手と読者をつなぐ女性史の歴史叙述は折井美耶子が強調したように住民参加型の地域女性史の編纂を多くもたらした。他方、地域女性史の一九九〇年代にいたる成果から改めて気づかされることは、人々の生活に即した空間への関心は、歴史叙述としては、人の移動も含め、戦後の日本本土の枠組みを前提としないことだ。[28]あるいはジェンダー射程が理念として明らかにしてきたような、「近代」による固定化された性別役割分担モデルがいかに現実離れしたものか、この点を人の生に即して暴く。戦前生まれの女性たちは帝国の版図を行き交い、しかし同時に「近代」が制度化した性別役割規範の元で、労働と「私」生活の負荷を担ってきたからだ。他方で上野が前提としたような「女性史」をめぐる研究動向が、アカデミズムへの傾斜も含めて極めて活発であったことも今日明らかだろう。

古代・中世・近世・近現代の四巻本からなる『日本女性史』（一九八二年）は講座の形式を持つ通史スタイルを取ることで、アカデミズムとしての女性史研究の蓄積をめざして編まれた(29)。全体としての課題は冒頭に示されているが、各巻を通じ、林屋辰三郎が提起した「部落史・地方史・女性史」という枠組み（一九六三年）の有効性が敷衍される。特に「部落史」「女性史」を共通の枠組みで囲う意図は、社会史領域を意識しつつも従来の歴史研究では周縁化されてきた対象に焦点をあてることで、方法論的には歴史叙述の書き換えを目指す。とともに、人権問題の歴史のなかに「女性史」が含まれることを強く意識していた、と見てよいだろう。同時にそれは運動論的な歴史学の系譜をひいた新たな主体を見出す試みでもあり、戦後日本の本土や「日本人」像を軸に、いわばナショナルな枠組みをアプリオリに前提としつつ、国家権力への能動的な運動主体としての「民衆史」の系譜に措定されていた点も、一九八二年の講座『日本女性史』の運動論的な素材の多さから推し量ることが可能だ。

これに対し「ポスト〈昭和〉」には『日本女性生活史』（原始・古代／中世／近世／近代／現代）の五巻本（女性史総合研究会編、東京大学出版会、一九九〇年）に次いで、『ジェンダーの日本史』（全二巻、脇田晴子、S・B・ハンレー編、東京大学出版会、一九九四年）という二つの講座ものが刊行された。後者は「ジェンダー」を冠するうえに、国際・学際研究の積み重ねの成果でもあり、通史スタイルを手放している。内容的にも身体論や表象論、母性論、近代家族論をふまえた家・家族論、セクシュアリティ論など、テーマが新味と厚みをます一方で、極めて興味深いことに、問題構成としては従来の『日本女性史』を先行研究に選ばず、多くの論考がたとえば通史の講座という観点からは、一九八〇年代女性史の枠組みを継承していない[30]。

では『日本女性生活史』によるアプローチはジェンダー射程と対立するものだろうか。「ポスト〈昭和〉」ということとも関わって、この時期の女性史記述は銃後の女性の戦争責任論という論点も浮上し、注目された[31]。しかし重要な点は、そこでの「生活」への着目だ。またその方法論の模索は、研究会や研究雑誌の発刊という研究体制の構築が取られていることも特徴としてある。一九七〇年代後半からの前史を持ち、一九八〇年代には「総合女性史研究会」、「女性史総合研究会」が東西に誕生した。学術ジャーナルとしての体裁を持つ年会誌として『総合女性史学』（一九八四年）、『年報　女性史学』（一九九〇年）がそれぞれ発刊される一方、両研究会が編した『女性史研究文献目録』にも地域女性史の取り組みが注目されている[33]。『年報　女性史学』での「創刊にあたって」で脇田晴子は、「女性が生活してゆくなかで、感じたこと、考えたこと、それを問題意識として、現在のありようを過去へ遡らせて、その歴史的位置を知り、もって現在はもちろんとして、未来にまでおよぶ変転に思いを馳せる」ために、「女性史へのアプローチのある研究を掲載」する、と宣言する[34]。『日本女性生活史』に即してみれば、方法論的な模索は十九世紀的な公私二元論を批判的に捉える「生活史」概念を模索し、何を史料とするかの検討や地域の「聞き書き」手法への着目などマスターナラティブとしての解放女性史からジェンダー史へ、といった語りと異なる方法論的な模索がなされていた。運動主体としての「女性」というカテゴリーに対して、女性生活史は「生活」概念と政治との関係性、公私概念や社会構造のなかに立ち現れる女性性、政治制度と社会・社会集団といった論点を提起し、あるいは労働の多様性も提起する。『史学雑誌』の「回顧と展望」号のような年度での学界レビューでは、一九九一年ではようやく『日本女性生活史』の各論考が言及対象となった。前年では、戦争の体験記録に女性史は不在ですらあったが、総力戦体制下での女性の戦争協力をめぐる論考や銃後の「生活史」に対し、歴史叙述および主体の可能性としての注目が指摘された[35]。しかし『ジェンダーの日本史』が出版された一九九〇年代後半は一転、「ジェンダー」概念を用いた論考出版物に注目が集まることで、「女性史」への言及が代替される。過渡的な講座としての〈生活史〉は、必ずしも深められずにいたのではないだろうか。

他方、先の長野論考は「ジェンダー史問題」は同時に、ジェンダーブラインドな歴史学界の側はミソジニー体質を抱えたままではないかとも批判した。この問いかけを問題構成的に考えるならば、例えば二〇〇〇年代には近現代史を対象とした「男性史」講座も編まれるものの、ジェンダー射程を欠くとの批判も受ける[36]。特に歴史研究者と社会学者とを時代によって棲み分けた構成に加え、民衆史の蓄積との親和性は明らかだ。個々の論考の興味深さとは別に、女性史と対になる男性史、という立て方にとどまっていたことはジェンダー射程の受容と深まりをめぐっての史学史的状況を示すものと考えるべきだろう[37]。いうまでもなく、戦前明治民法下での「男性」は法制度によって「家族」構成員に対し「父権」を行使した。明治民法下の本国男性として、特に戸主はその階層性にかかわらず制度がボトムアップをはかる。村上信彦の『明治女性史』はこうした構造のもと、男性性の発露としてのDV事例が豊富に掲載された資料として読み直すことも可能だ[38]。男性研究におけるジェンダー射程の欠如の問題性は、二〇一〇年代以降本格化するLGBT論においても改めて課題とされた[39]。

　では『女性生活史』段階で批判的な対象とされていた運動論的な「女性史」とはどのような構成をもつのか。その試みの一端として以下では、戦後民主主義言説のなかの「女性史」という語りの代表例として「井上女性史」のテキストの一部を検討してみたい。

四　戦後直後の「女性史」という言説

1　井上『日本女性史』における「女性史」という語り

　川村論文は、先行研究にならって、ジェンダー史の前史としての「女性史」を、井上清『日本女性史』（三一書房、初版一九四八年、〈改訂版〉一九五三年）に対する村上信彦『明治女性史』上巻（理論社、一九六八年）に対峙させる。批判的対象としての井上女性史は、女性解放の到達度合いを過去の事象に探る意味で運動論的であると同時に「民族解放と祖国独立の闘いの一部」であり、従属的な位置づけであって主役ではない、とする。しかし言説分析としての、さらに言説空間に「女性史」という営みを配する際、井上女性史の歴史的位相は、やや異なってみえる。特に、戦後女性史の出発点は、占領期という政府の外部に圧倒的な権力が存在する構図での「政治がジェンダー化し、ジェンダーが政治化する現象」を言説空間として読み解く試みが可能だろう。

　井上は「女性の解放は一つの歴史的必然」とし、その条件や歴史的経緯を明らかにする営みを「女性史」と名づけた。一方で、言説空間の磁場を考える際、「運動論」に従属的とされてきた井上女性史のナラティブを初版と改訂版のテキストに即してみると、二つのテキストは「はしがき」部分で大きくその位相をことにする。また、その対抗言説のありようの変化に大きく影響された、歴史性を帯びたテキストであった。

初版と一九五三年版のそれぞれの「はしがき」で井上は以下のように女性史記述の意義を述べる。

これまでほとんどすべての日本の歴史は、日本人の、その九割以上をしめる日本人民男女の、歴史ではなく、人民を支配する少数男性の歴史であった――また私はこの書を、人民女性の歴史であるとともに、人民大衆のための歴史とするよう、歴史を人民のものとするよう、あらゆる苦心をはらった。（初版「はしがき」一九四八年十一月）

初版が描く「女性」は井上がカテゴライズする「人民」の枠内にある。「人民女性」と「人民大衆」は使い分けられる一方、権力の磁場として一九四八年段階の記述ですでに帝国の経験、宗主国側の立ち位置が忘却されていることは、遅れてきた読者にとっては驚きの念を抱かせる。ここには占領期という時代の特殊性は見えづらく、ことに過去の歴史が「人民を支配する少数男性の歴史」とされる際、権力関係における「性」は当初から相対化されてしまうのではないだろうか。

しかし、序章「女性史の意味」の記述[40]まで辿って見ると、井上が描く反封建主義との戦いとしての新しい民主主義をめぐる同時代性は、それほど図式的ではない。初期占領期と称される時期であったにもかかわらず、新憲法にもとづく新民法が保証する女性の地位や新しい家族制度は、すでに政府による「攻撃」の対象であった。井上はそのことを「憲法二十四条」原案への「保守党の代議士はもうれつに反対」の例示によって示してみせる。井上はテキストの中で、保守派の典型発言として「戸主権を中心とするこれまでの家族主義をこの憲法草案はねこそぎ破壊して夫婦中心の個人主義に改正する」(41)をとりあげていた。

この文言の引用元のテキストをたぐると一九四六年六月二十六日、第九〇回帝国議会衆議院本会議での日本自由党の北村圭太郎による政府質問が該当すると思われる。司法政務次官でもあった北村発言の全体は、憲法草案への抵抗のパフォーマンスを帯びていたことが全体の文脈からわかるのだが、加えて改正民法への強い批判を伴った。改正民法に象徴される戦後日本の「女性の民主化」への批判的抵抗とみてよいだろう。井上が引用した北村の発言箇所は、民法改正によって「戸主権並に親権が根底的に動揺致す」、新憲法草案は「餘程御注意なさらないと、子供は親の意に反して妻を迎へ――親の意に反して財産を使ふ、親の意に反して善良なる妻を離婚する――御婦人代議士如何でございます」と、憲法発布以前にいち早く行われた総選挙で選出された女性の国会議員たちの「母―息子」関係を前提に呼びかけて見せる。他方、保守政治の言説を「反動」として批判する井上も、例えば直接の引用文には「夫婦中心の個人主義」という用語を対抗言説として登場させる点で家族関係イメージをめぐる時代的制約が存在することも明らかだ。初版の「はしがき」および「序章」はこのように、同時代で進行する現実の性をめぐる闘争に介入する一方、歴史叙述を通じて性をめぐる権力抗争を相対化する要素、この一方夫婦単位として主体が設定されていることを「個人主義」と称してためらわない、いわば書き手のもつ「生」や「性」が並存している。

こうした井上「女性史」の言説としての特徴は、「生」のリアリティの捕まえ方という点で、山川菊栄『日本の民主化と女性』（三興書林、一九四七年）が示す、現実の向き合い方と対象的だ。山川は、この書で占領軍という語彙を「進駐軍」の読み替えだと喝破する。しかし同時にGHQ/SCAPの特に、ESS（経済労働局）の強い意向のもとに新設されたとされる「労働省」に加え、米国ニューディール下での「婦人局」をモデルとした労働省婦人少年局の初代局長としてGHQ/SCAPと様々な関わりを持つ立ち位置にあった。むしろその一方で山川のリアリティは、日本側の戦後民主主義政策のなかに込められたジェンダーバイアスをかぎとって以下のように「ジェンダー化」の政治を批判するものでもあった。

平等参政権は、性的不平等の原則の撤廃を意味する点で、最も重要なものであるが、個々の不平等の事実については、女性自身の手でこれと戦わねばならぬ。賃金の不平等といい、道徳標準の相違といい、一々マッカーサー司令部がなおしてくれるわけではない。これが女子の伸びる芽をつみ、その隷属ゆえに新日本の建設を阻むことは必然であるから、これを単に女子のみの問題とせず、同時に男子の問題、ひいて全国民の問題として、男女の協力によつて、禍の根を断つべきであろう。(42)（六一頁）

一九四七年の山川のテキストは、通史叙述スタイルを取らないことで、労働法の係争点である「同一労働同一賃金」という課題に照準をあてる達見を示す。何よりも山川は「言論の自由が与えられての総選挙は男子にとってもこれが初めて」（五四頁）として問いのジェンダー化を拒む。

では占領軍政策の評価そのものが党派的には大きく変わる段階で、井上のテキストは「女性史」の課題の意味づけをめぐって変化したのだろうか。この点で特徴的なことは、「女性史」が対象とする「女性」が理念的かつ象徴的な存在へと変化する一方、『日本女性史』初版の井上のテキストが指摘した、危機感としての戦前家族主義の復活という観点が継続されていない点だ。一九五三年版で井上は以下のように「女性史」を意味づける。

憲法を改悪して、公然と再軍備と徴兵制の復活をやろうとする支配者の陰謀をもっともがんきょうにおさえているのは、女性である。またこの四年半の歴史は、アメリカ占領軍による「女性解放」が、どんなにいいかげんなごまかしにすぎなかったか、ということをもあきらかにした。いまや、女性解放は、全民族の外国支配からの解放、祖国の独立のたたかいの一部分としてのみ、発展できる……。(43)（一九五三年版「はしがき」）

井上は女性を「わが国の平和陣営のもっとも堅固なとりで」とし、闘う主体の敵を外部におく。「女性」を前面に置く主張は性差をめぐる内部の権力関係への感性を後退させてしまっている。戦後の民主化は「紙の上」での民主化であり、その実現＝女性の解放には、意識化や戦いが必要だ、と指摘していた初版での井上テキストだったが、一九五三年版での現実の焦点は第九条にうつり、その結果、憲法第二十四条や労働基準法の持つジェンダーバイアスを論点にしない。特に改正民法への批判は前テキストの段階よりも、狭義の占領期が終わるこの時期、より具体化しつつあった段階だ。ことにここでの言説空間は初版では可視化されなかった、外部の非対称的な権力としての「占領軍」（一九五三年の日米地位協定施行時点では駐留軍）が、これと共犯関係にある点での政府権力が批判される構図とともに、女性性は平和主義の担い手として井上女性史から役割分担を与えられる存在となる。井上女性史の運動論的要素はこのように言説の磁場としては大きくその要素を変えていることがわかる。

何よりも井上の「女性史」をめぐる意義づけは、先の初版で井上が指摘していた女性の地位や新しい家族制度への改悪の動き、という点では、自由党の改憲案に向けての動きが進んでいる段階での言説として改めて、外在的であった、と言わざるをえない。一九四八年一月に施行された改正民法は、憲法改正案と密接な関係を伴って旧来の封建的家族制度の復活として批判をよびおこした。このテキストの翌一九五四年二月には「憲法調査会」が発足し、民法の親族法や相続法への批判も含めた改憲案が具体化する。ここでは井上の言説と比較するために、労働省婦人少年局が同年にまとめた『「親族法並びに相続方」検討に関する動きについて』に掲載された議論を紹介してみたい。同書は同時期の言説を、女性の民主化の後退への危惧という観点からまとめた興味深いテキストだ。そこでは「家制度」の復活をめぐる代表的な言説として岸信介の家族制度復活をめぐる発言が紹介され、例えば岸の「現法では家という観念が全く失われ、祖先をまつり、血統を尊び家の美風を子孫につたえることができない」との意見に対しては、法学者の川島武宣が岸のいう家制度や家族とは男系主義、「男子系」と捉えてこれを批判した、とある。[44] 戦前家制度を「男系」系譜としてとらえる見方を異なる観点から紹介、批判した特に興味深い指摘は当時、ロンドン大学講師であったR・P・ドーアである。

ドーアは社会学的調査の結果として以下のように述べたという。

家族制度復活論者の主張の一つは戦争末期から直後に家族制度が果たした経済的役割を指摘しているそうであるが、私が三年前に調査した東京のある町内に、戦争当時疎開した家が四四軒あった中、田舎の本家に疎開した者一六、妻の実家二八であった。またもし、今後火災等で家がなくなつたとすれば誰に頼るかという質問に対し、一七〇世帯中本家と答えたのが三一％、妻の実家と答えたのが二六％を占めていた。新憲法が成立した今日ばかりでなく戦争当時においても災難にあつた人々が救いを求める場合に必ずしも家族制度の規定する父系をたよつたのではなく、家族制度が軽視している母系関係こそがその強さを発揮したのである。親類どうしが互いに助け合うということは私も美風と称して差し支えないと思う。しかし社会保障制度改善義務を回避して家族制度さえ復活すれば万事うまくおさまる――つまり法律の裏付けさえあれば親類どうしは助け合うことになる――と政治家が信じているとすれば、少々日本人を馬鹿にしているのではないかと思う。[45] (二二頁)

井上「女性史」の位相はさらに、より緻密な言説空間での位相や他方で、通史という叙述スタイルとの関係で、あるいは焦点をあてられた「女性史」文脈の登場人物の配置のされ方や分析手法を通じてその叙述のあり方の歴史性を問われる必要があるだろう。加えてジェンダー射程を経たのちの「女性史」認識という観点を設定するならば、井上女性史のポスト女性史とされてきた村上女性史はむしろ、ジェンダーバイアスとして共通性を指摘することが可能ではないだろうか。

2　対比という方法

最後に以下では試みに、「民主化」という課題と関わって、井上女性史と村上女性史に共通する二人の女性――岸田俊子と福田英子――をめぐる語りを見てみよう。

「岸田俊子と福田英子」という括りは井上女性史の発明ではない。たとえば「岸田俊子と福田英子」というタイトルは、女性参政権運動が盛り上がった一九二七年一月二十七日、「我国普選運動史の上に大きな功績を残した明治初期の老女景山（福田姓）英子さん（61）」（『読売新聞』）へのインタビューとして存在する。婦選運動が過去の民権期を想起させる動きをもたらした、とみてよいだろう。明治近代において、政治空間で存在感を見せた女性を焦点とする手法は今日ではそれほど特徴的とは思われない。しかし記事は英子の語りの正当性を検証しない。厳しいまなざしの肖像写真とともに、「婦選は決して近頃になつて生まれた新しい運動ではありません」とする英子は自身の十六歳での民権運動に参加、大阪事件で捕縛される経緯を語り、「中島湘煙女史の後をうけて私が大井憲太郎一派の政戦場裡の人となったのは明治十五年」とし、岸田俊子の後継者として自己を位置づける。どのような文脈で二人を並べるか、過去の断片的な出来事をつなぐ操作は事後の歴史の操作に関わる。翌年の尾佐竹猛の「婦権発達史漫談」（『台湾日日新報』一九三〇年九月十九日）も俊子と英子を並べるが、開化史的な時代把握は、お歯黒の廃止、女子留学生派遣、吉原解放、妻妾同格禁止論等、女性の「文明化」を近代化と見なす方法によって、二人を「一世を風靡」「東洋のジャンダーク」とアイコニックな存在として並べてみせた。

これに対し、戦後のナラティヴはこの組み合わせを踏襲しつつ、「女性の民主化」に前史を求める点で明快だ。住谷悦治『自由民権女性先駆者――楠瀬喜多子、岸田俊子、景山英子』（文星堂、一九四八年）は、第十四条と第二十四条の革新性への評価を線で結び、「壇上に立つて婦人の自覚や解放や男女同権を叫んだ先駆者が現れた」と自由民権運動に焦点をあてる手際によって、女性の民主化言説の原型を遡及する。断片的な通史的叙述と女性活躍の発見によってどのような政治空間のありようが特徴づけられるのか。しかし、それぞれの登場人物のテキストや声を発掘する作業は不問にふされたまま、二人の組み合わせは文脈を変えて使われる。

焦点をあてる人物像の声を必ずしも十全としないまま比較や外在的な文脈によってステレオタイプ化する。そうした手法の典型例の一つは井上清『日本女性史』（初版）にしばしば指摘可能だが、同書ではその対比はことにジェンダーバイアスによって描かれてしまっている。このテキストでは、戦後の女性の民主化は、明治大正期の初期社会主義運動史の系譜に位置づけられ、実践の人としての女傑像＝「福田英子」像評価とパラレルに、初代衆議院議長、イタリア公使、男爵として政治の中枢にあった中島信行夫人となった岸田俊子は政治的堕落とみなされた。政治運動のなかの知識人女性は彼女たちの〈声〉やテキストを分析対象とする方法ではなく、他者化されて描かれる。「どのような女たちが何を語ったか」とは異なる次元で彼女たちは見出されてきたのである。

個々のアクターの評価を大きく異にするものの、一九七〇年代に至る日本女性史の代表的な著作の一つ、村上信彦『明治女性史』（全四巻）にも対比という手法は顕著である。多くの著作を残しながら運動史叙述が看過する岸田俊子について同書は、岸田俊子の生涯に、教育活動と中島湘煙として「書く」活動が継続される点、他方で人的ネットワークを通じた「公的生活」の存在や「良妻賢母主義」的な言論という公私役割を指摘したうえで、いわば明治の「女性」にとっての民権運動がどのような意味と意義をもたらしたのかという積極的な観点を見出す。しかし個々の人物像の評価は、二項対立的な比較という手法によってもたらされている感を持つ。特にその否定的な評価は極めてパーソナルなものだ。明治後期、社会運動家像としての英子に対し「社会の不正と闘わねばならぬという不変の信念と乏しい行動力――理論的基礎づけを欠いているので、あらかじめ目標の定められた運動に参加するかたちでエネルギーが燃焼」（下巻四〇三頁）、「女性問題の解説や思想啓蒙は福田英子にとって適任だったとは思われない」（下巻三九九頁）と資質への懐疑を含めた人物像となる。特に否定的な責めの素材は、夫石川三四郎が起こした妊娠スキャンダル事件の評価であり、英子にその責を問うものだ。書き手は歴史上の人物に対し、自身の規範主義的な性別役割を押し当ててやまない。例えばそれほど言葉を残さなかった男性知識人の運動論や思想性の評価をめぐって、「私」事に封じ込められたライフヒストリー情報、性的スキャンダルや性的嗜好への言及は、どれほど決定的な位置を占めるだろうか。だが女性知識人の女性論やフェミニストとしての思想性をはかる評価軸は、彼女たちの結婚生活、性的志向が書き手の持つ規範との距離によってその評価の対象となる。歴史叙述として「女性を語る」ことはどのような意味で「女性史」たりうるのか。先行研究というよりは時代の制約や背景を強く帯び、〈読む〉べき対象としてこれらのテキストは存在していると考えるべきだろう。

ジェンダー射程を経た今日、女性史からジェンダー史への転回というかつての史学史的理解は逆説的に、かつての「女性史」の歴史叙述としての射程のあり方や方法論が問われる段階にあるのではないだろうか。その際、かつての史料的制約の多い段階での「女性史」叙述は、誰が誰をどのような文脈で取り上げ、どのような手法で論じられ、何よりもその背後にどのような歴史的制約や要請が込められているのか。最後に扱った事例等は、個々の人物のテキストの整備の進捗とは異なる地平でジェンダーバイアスがその叙述のあり方に大きく影響を与えていることを物語るものだろう。

註

（1）J・スコット『ジェンダー史とは何か』（兼子歩・長谷川貴彦訳、法政大学出版局、二〇一六年、原著一九九九年）。
（2）和泉ちえ「哲学とジェンダー」（『岩波講座哲学15　変貌する哲学』岩波書店、二〇〇九年）。
（3）『年報政治学』五四巻（日本政治学会、二〇〇三年）。
（4）渡辺浩「序論――なぜ性か。なぜ今か。」（同右）。
（5）同前。
（6）岩本美砂子「女性をめぐる政治的言説」（『年報政治学』五四巻）。
（7）岩本美砂子「はじめに」（『年報政治学 二〇一〇-Ⅱ』二〇一〇年）
（8）特集「ジェンダーと政治過程」（同右）。
（9）大津留（北川）智恵子「アメリカ政治過程におけるジェンダーの意味の多様化」（同右）。
（10）Raewyn Connell, *Masculinities* (Cambridge: Polity, 1995).
（11）Judith Halberstam, *Female Masculinity* (Durham and London: Duke University Press, 1998).
（12）大津留（北川）「アメリカ政治過程におけるジェンダーの意味の多様化」。
（13）渡辺「序論――なぜ性か。なぜ今か。」。

(14) 岩本「女性をめぐる政治的言説」。
(15) 長志珠絵「国民化とジェンダー」(大口勇次郎他編『新体系日本史9 ジェンダー史』山川出版社、二〇一四年)。
(16) 川村邦光「性とジェンダー――方法としてのジェンダーの視点」(『日本思想史講座5――方法』ぺりかん社、二〇一五年)。
(17) 同前、二六三頁。
(18) 性とアイデンティティ、性自認をめぐる問題群において、たとえば「子ども」の性的アイデンティティをめぐる承認に典型的であるように、生活圏ではなく外部からの「教育」が重要な役割を果たすことが今日、緊急性をもって指摘されてきた。マイノリティ集団の子どもたちにとってはさらに課題は緊要なものとなる。こうした現状と取り組みについては、例えば日本学術会議での取り組みを元にした成果、三成美保編『教育とLGBTIをつなぐ――学校・教育の現場から考える』(青弓社、二〇一七年)等参照。
(19) 三成美保編『同性愛をめぐる歴史と法――尊厳としてのセクシュアリティ』(明石書店、二〇一五年)等参照。
(20) 黒住真「日本思想史の方法――物事の形態と把握の歴史」(『日本思想講座5――方法』)。
(21) 酒井順子「女性史からジェンダー史へ」(河村貞枝他編『イギリス近現代女性史研究研究入門』青木書店、二〇〇五年)、アリス・ケスラーハリス「いまジェンダー史とは何か」(D・キャナダイン編『いま歴史とは何か』平田雅博他訳、ミネルヴァ書房、二〇〇五年、原著二〇〇二年)。
(22) 上野千鶴子「フェミニズムと歴史学」(『岩波講座日本通史 別巻1』岩波書店、一九九五年)。
(23) 鹿野政直『現代日本女性史――フェミニズムを軸として』(有斐閣、二〇〇四年)
(24) 長野ひろ子「日本におけるジェンダー史と学術の再構築」(『歴史評論』六七二号、二〇〇六年)。
(25) 横山百合子「女性史とジェンダー史」(歴史科学協議会編『歴史学が挑んだ課題』大月書店、二〇一七年)。
(26) 折井美耶子・山辺恵巳子『地域女性史文献目録』(ドメス出版、二〇〇三年)。
(27) 倉敷伸子「女性史研究とオーラル・ヒストリー」(『大原社会問題研究所雑誌』五八八、二〇〇七年十一月)。
(28) 「戦後五〇年」に前後する時期の回顧録・自費出版物を扱った『日本女性史研究文献目録』Ⅳ(東京大学出版会、二〇〇三年)参照。

（29）女性史総合研究会編『日本女性史』全四巻（東京大学出版会、一九八二年）。
（30）脇田晴子・長志珠絵「ジェンダー史と女性史」（歴史学研究会編『歴史学における方法的転回――現代歴史学の成果と課題Ⅰ（1980-2000）』青木書店、二〇〇二年）。
（31）米田佐代子「女性の戦争体験をめぐる「記憶」と「想像」」（『年報・日本現代史』二四号、二〇一九年）。
（32）総合女性史研究会は二〇一三年「総合女性史学会」として組織変更された。
（33）『日本女性史研究文献目録』全四巻（東京大学出版会、一九八三〜二〇〇三年）。
（34）脇田晴子「創刊にあたって」（女性史総合研究会編『女性史学年報』一号、一九九一年）。
（35）「回顧と展望」（『史学雑誌』一〇〇巻五号、一九九一年）。他、近現代の総論では、研究動向の特色として、「人権への関心が高まり、研究が深められたこと」（一五六頁）の項目として「性差別」が列挙された。
（36）加藤千香子「男性史と歴史学」（『歴史学研究』八四四号、二〇〇八年九月）。
（37）他、帝国史の不在という課題に加え、近年では改めて、「地域」が対象とする偏りも問題構成として論じられる。
（38）例えば、柳原恵『〈化外〉のフェミニズム』（ドメス出版、二〇一八年）等参照。
（39）村上信彦『明治女性史』全四巻（理論社、一九六九〜七二年）。
（40）前川直哉「男性同性愛の戦後史研究とジェンダー」（『歴史評論』七九六号、二〇一六年八月）。
（41）井上清「序文」（『日本女性史』初版、三一書房、一九四九年）。
（42）発言者の北浦は立憲民政党から一九三〇年初当選、戦後は一九四六年日本自由党から政界復帰して第一次吉田内閣では司法政務次官を務め、憲法発布に際しては『憲法図解』（一九四七年）を著した。
（43）山川菊栄『日本の民主化と女性』（三興書林、一九四七年）。
（44）井上清「はしがき」（『日本女性史』〈改訂版〉、三一書房、一九五三年）。
（45）労働省婦人少年局『「親族法並びに相続方」検討に関する動きについて』一九五四年（港区男女平等参画センター蔵）。
（46）同前。

神道における女性観の形成——日本思想史の問題として——

小平美香

はじめに

近年、日本思想史研究の課題や論点として、女性の活動を加えた視点やジェンダー史との接続が指摘されている[1]。本稿はこうした動向を踏まえ、日本思想史という観点から「神道」における女性観の形成について祭祀儀礼に焦点をあて考える試みである。

明治初年の大教宣布によって、神職や僧侶らが「敬神愛国、天理人道、皇上奉戴・朝旨遵守」の「三条の教則」（三条教憲）に基づいて、神道を中心とした民衆の教化、いわゆる「国民教化」運動を行った。

明治六年（一八七三）の教導職の記録[2]には、説教のための講席を設ける手続きが、次のように記されている。

明治六年四月三日記
一　講席設方手続
一　講殿上神座ヲ設ケ神鏡ヲ奉掲シ御酒洗米等供スベキ事　但講壇ハ神座ノ正面ヲ避リ可申事
一　講殿ヘ幕ヲ張リ門外ヘ采旗等ヲ建ル適宜タルヘキ事
一　講師講義ヲ始ムル時ハ先ツ神坐ノ前ニ進ミ拍手二ツシテ　天祖　皇孫〔ママ〕[3]ヲ礼拝シ畢テ講壇ニ上リ三条教憲ヲ奉読シ而後講義ヲ始ムヘキ事　但三条奉読ノ時教正一同拝礼スヘキ事
一　講義畢ル時壇ヲ下リ　天祖　皇孫ヲ礼拝スル前ノ如シ次ニ祝詞ヲ奉読シ又拍子二ツ拝シテ後退クヘキ事（毎日以テ例トス）
一　講席男女ヲ分ツヘキ事（戸田忠友『教導職神官在職中之記　壱』）

これによれば、講殿には神饌を供えた神座が設けられ、講師は、まず神前に二拍手して拝礼、神座の正面を避けて設けられた講壇では三条の教則を奉読した後に、講義（説教）を行い、その後に祝詞を奉読して二拍手の後、拝して退くとある。

こうした講席の次第から考えると、「国民教化」では教導職の説教はもとより、彼らが神前で行う神道儀礼がいかに重視されていたかがわかる。さらにここで注目したいのは、説教を行う講席を設ける手順の最後に、傍線のように「講席男女ヲ分ツべき事」という一項が記されていることだ[4]。

明治六年（一八七三）発行の仮名垣魯文『三則教の捷径《ちかみち》』の口絵[5]（図1）は、祓具である大麻が設置

図１　仮名垣魯文『三則教の捷径』（中西源八，1873 年，二丁裏―三丁表。国立国会図書館デジタルコレクション）

された神社の神前で、直垂を付けた神職と思しき教導職が、説教を行う場面を描いたものである。聴衆の老若男女が描かれるなかに、竹棒で区切られた一角に着物姿の女性たちが座っており、これが件の講席の男女の席を分かつ措置であることがわかる。

　神前で行われる教化の場において、男女の席を分かつのは、果して神道儀礼との関わりによるものなのだろうか。このことを考えるためにまずは前近代の祭祀儀礼のありかたを検討したい。

　古代の祭祀と女性の関係を考える上で想起されるのが、様々な分野に影響力をもった柳田国男の女性観である。柳田は女性が霊的、神秘的な力を持っているが故に、祭祀儀礼上重要な役割ともつとして「妹の力」を説いた。こうした「妹の力」に代表される祭祀と女性の関係を、女性の霊能や神秘性で説く「女性の霊力」という概念は、「文学」をはじめ「民俗学」や「女性史」の分野で説かれ、その後その是非をめぐって「歴史学」や「民俗学」等でさまざまに議論されてきた。(6) 柳田のいう「妹の力」は実態ではなく、近代日本の社会秩序を維持するべく生み出された概念にすぎないことが指摘されるなど「妹の力」への批判や相対化が行われている。しかし、宮中の内侍所で天照大神をまつる内侍や刀自、神宮の斎王、大物忌、鹿島の物忌、春日若宮社の神子など、宮中や神宮のみならず諸社にも女性に限定された職掌が存在していた事実を、どのように説明するのかという課題も依然として残されている。

また、祭祀者のみならず女性が参加することを拒む祭祀儀礼の存在や、女性の立ち入りを禁ずる聖域の例など、「女性の忌避」を求める祭祀儀礼の時空間もある。この「女性の霊力」という概念と「女性の忌避」という現象は、一見対立するようにみえるが、双方に共通しているのは、男女の別を前提とした「男女有別」という考え方がその根底にあることであろう。神道における女性観の形成を考えるにあたり、まずは儀礼における「男女有別」の歴史からひも解いてみたい。

一　倭国と『礼記』における男女の別

中国の歴史書には、三世紀の倭の公的な会合における「父子・男女」に別のないふるまいが記されている。

其俗挙レ事行来、有レ所二云為一、輒灼レ骨而卜、以占二吉凶一。先告レ所レ卜、其辞如二令亀法一。視二火坼一

占兆。其会同坐起、父子・男女無レ別。人性嗜レ酒。見二大人所レ敬、但搏レ手以当二跪拝一。(7)（『三国志』倭人）

『後漢書』にも同様に「唯会同男女無別」と記されており、こうした倭の会同における「男女無別」の記述がどのような意味をもつものであったのか、『礼記』(8)から古代中国の男女の関係性を挙げて考えてみたい。

男女不二雑坐一、不レ同二椸枷一、不レ同二巾櫛一、不二親授一。……女子許嫁纓、非レ有二大故一、不レ入二其門一。姑姉妹女子子、已嫁而反、兄弟弗二与同レ席而坐一、弗二与同レ器而食一。父子不レ同レ席。男女非レ有二行媒一、不三相二知名一、非レ受レ幣、不レ交不レ親。故日月以告レ君、斎戒以告二鬼神一、為二酒食一以召二郷党僚友一。以厚二其別一也。（曲礼）

男不レ言レ内、女不レ言レ外。非レ祭非レ喪、不三相二授器一。／礼始三於謹二夫婦一。為二宮室一、弁二外内一。男子居レ外。女子居レ内、深レ宮固レ門、閽寺守之。男不レ入、女不レ出。……少事レ長、賤事レ貴、咸如レ之。（内則）

男女有レ別、然後父子親、父子親然後義生。義生然後礼作、礼作然後万物安。無レ別無レ義、禽獣之道也。（郊特牲）

敬慎重正。而后親レ之。礼之大体。而所下以成二男女之別一。而立中夫婦之義上也。男女有レ別。而后夫婦有レ義。夫婦有レ義。而后父子有レ親。父子有レ親而后君臣有レ正。故曰。昏礼者礼之本也。（昏儀）

楽者、天地之和也、礼者、天地之序也。和故百物皆化、序故群物皆別。楽由レ天作、礼以レ地制。過制則乱、過作則暴。明二於天地一、然後能興二礼楽一也。／化不レ時則不レ生、男女無レ弁則乱升。天地之情也。（楽記）

これら『礼記』の文では父子、夫婦における「男女の別」や男女の領域としての「内」「外」とが徹底して分けられている。その記述からは、単に男女を分けるということに留まらず男女の「弁別」が、天地や陰陽の別とも呼応した儒教の「礼」の思想につながるものとして考えられていることがよみとれよう。

さらに「礼」は天地の間の「秩序」であり、「秩序」がある故にあらゆる物には皆「区別」があるというのである。「礼」は身分や地位によって差別を明らかにするものであり、それによって貴賤上下の別をなすものであった。

このように男女を弁別する『礼記』をふまえ、七世紀の遣隋使を通じた倭国の「国交儀礼」を記した『隋書』を読み合わせてみよう。

倭王遣㆓小徳阿輩台㆒、従㆓数百人㆒、設㆓儀仗㆒、鳴㆓鼓角㆒来迎。……其王与㆑清相見、大悦、曰、我聞海西有㆓大隋㆒、礼義之国。故遣朝貢。我夷人、僻在㆓海隅㆒、不㆑聞㆓礼義㆒。是以稽㆓留境内㆒、不㆓即相見㆒。今故清㆑道飾㆑館、以待㆓大使㆒、冀聞㆓大国惟新之化㆒。(9)（『隋書』「倭国」）

これによれば、「惟新」を果たした「礼儀の国」としての隋に対して、「礼儀」を知らない「夷人」としての倭王が対比して記されていることが鮮やかに浮かび上がってくる。「礼」をめぐる隋と倭国との関係から推測すると、三世紀の倭国の「会同」における「男女無別」の記述は、「礼」を重視する文明国としての中国から見た「非文明国」のありかたを示す表現であったことは明らかであろう。

二　律令国家形成と「男女有別」

しかし律令国家完成後の八世紀末の桓武朝ともなると、日本でも男女の別に関して太政官符で次のような「禁制」が出されていく。

太政官符　禁㆓断会集之時男女混雑㆒事
右被㆓大納言従三位神王宣㆒称。奉㆑勅男女有㆑別。礼典彝倫。品類無㆑老。名教已闕。如聞。黎庶愚闇不レ識二礼儀一。所司寛容曾无二誨導一。公私会集。男女混淆。敗レ俗傷レ風莫レ過二斯甚一。宜二厳禁断勿レ令二更然一。知而有レ違刑レ故無レ有牓二示路頭一普令二知見一　延暦十六年七月十一日[10]（『類聚三代格』巻十九「禁制事」）

禁二制両京畿内夜祭歌舞一事

右被二右大臣宣一称夜祭会飲先已禁断。所司寛容不レ加二捉搦一。遂乃盛供二酒饌一扞事二酔乱一。男女無レ別。上下失レ序。至レ有二闘争間起一淫二奔相追一。違レ法敗レ俗莫レ甚二于茲一。自今以後。厳加二禁断一。祭必昼日不レ得レ及レ昏。如猶不レ悛更有二違犯一。不レ論二客主尊卑一同科二違勅之罪一。但五位以上録レ名奏聞。其隣保不レ告亦与同罪。事縁二勅語一。不レ得二違犯一。　延暦十七年十月四日[11]（『類聚三代格』巻十九「禁制事」）

これらの禁制には、公私の会合や祭礼において男女の混沌は俗を破り風を損なうものであり、礼典における「彝《い》倫《りん》」として「男女有別」を重視した姿勢がみられ、さらに畿内の夜祭における歌舞については、「男女無別」「上下失序」は法に違い、俗を破るものとして厳しく取り締まるべきことが記されている。

日本古代の「男女有別」を考える上で、近年の女官研究[12]を参考にしたい。伊集院葉子氏によれば古代日本の律令官僚機構は、中央の二官八省や、地方官において女性排除の原則があるものの、一方で女官と男官との共労体制が温存されているという。

この例の一つに考えられるのが、主に天皇の身体守護の神々「八神」を祀り、その祭祀を専ら担う「御巫《みかんなぎ》」である。「御巫」は官人としては「職員令」に位置づけられていないが、公的な律令祭祀を担う官の女性神職という存在であった。祭祀の実態はありながら、神祇官僚として公的に位置付けられなかったという理由は、この律令官僚機構における女性排除の原理にあてはめると理解できよう。伊集院氏はこうした行政体制を女性の「包摂」とみなし、「排除」と「包摂」という対立する理念が一つの制度に存在することを日本の律令官僚制、女官制度の特徴と指摘している。

実際「女官」という職名も令制以後のもので、令制以前は男女ともに「宮人」と称されていたのが、八世紀後半になると女性の宮人は男性と区別がなされ「女官」と称され、次第に男女の区別が徹底されていく。また五位以上の位階を勅授する「叙位」の儀式も、男女同日に行われていたものが、男女別日となり「女叙位」と称する女性だけの儀式が創設される。こうした変化はいずれも日本の律令国家が完成したとされる八世紀を画期としており、律令制の浸透と共に、儒教における「男女有別」の礼の思想が、日本の儀礼にも定着していったことが考えられよう(13)。

律令国家形成の一環として編纂された『日本書紀』景行天皇条では、日本武尊による東征を次のように記す。

其の東の夷は、識性暴び強し。凌犯を宗と為す。村に長無く、邑に首勿し。……其の東の夷の中に、蝦夷は是尤だ強し。男女交り居りて、父子別無し。冬は穴に宿ね、夏は橧に住む。毛を衣き血を飲み、昆弟相疑ふ(14)。（『日本書紀』巻第七「景行天皇」）

このように『日本書紀』では、「東夷」に対して、前述の『三国志』（二五九頁）での倭国に対する表現さながら、蛮族の習俗として「男女・父子」の無別を記している。律令導入による「男女の弁別」原理の受容は、当時の日本にとって文明開化を意味するものと考えてよいだろう。

「天地初発之時」から語り始める『古事記』に対し、『淮南子』を援用して「古天地未剖、陰陽不分」と、天地の分離からその開闢を語り始める『日本書紀』冒頭は、中国の神話をもとに混沌から天と地が分かれることによってこの世の始まりを説くが、日本の世界化成神話には、天と地の「対立」という観念は本来、無かったのではないか(15)と指摘されている。

一方で『日本書紀』ではイザナキ・イザナミを陰陽の象徴にあてはめ、「陽神《をかみ》」「陰神《めかみ》」と表記して、陰陽の原理で国生み・神生みを語る。このような神代の叙述にも「男女有別」を原則とする儒教におけるジェンダーの受容があったことが確認できるのである(16)。

以上のことから古代日本の祭祀儀礼と女性の関係は、『礼記』にみられるような男女弁別の原則に基づいた「礼」の思想を取り入れ、さらに神仏習合によって仏教における女性観の影響をも受けながら次第に変容していったと考えられよう。それは統一国家形成にあたり文明としての「儒教」「律令」を導入し、「仏教」の影響のもとに次第に形作られていく「神道」の形成過程とも重なり合う。

三　前近代における「祭祀儀礼」と男女

又、年別の四月十日に、祭を設《ま》けて酒を灌《の》む。卜氏《うらべうぢ》の種属《やから》、男も女も集会《つど》ひ、日を積み夜を累《かさ》ね、

飲《さけの》み楽しび歌ひ舞ふ。その唱《うた》に云はく、

あらさかの　神のみ酒を　たげたげと　言ひけばかもよ　吾《わ》が酔《ゑ》ひにけむ

神つ社の周匝は、卜氏の居所なり。(17)（『常陸国風土記』「香島の郡」）

右の『風土記』のように、八世紀から十世紀の古代日本の共同体祭祀において、男女が集い共に祭祀を行い、直会をするという姿が、古代の様々な資料に散見することは、歴史学や女性史の研究で指摘されるところである。

義江明子氏は、八世紀前半の法律注釈書「古記」（『令集解』儀制令春時祭田条）にみられる「男女悉集」の記事(18)と、前述した『三国志』倭人伝における倭人の「会同」記事を重ね合わせる。すなわちこれを稲作の農耕の宗教行事と関連付けた上で、「会同」は神祭りの後の政治的に重要な集まりとし、父子・男女の区別ないそのありかたは、旧来の共同体的集会の性格を濃厚に残すものだと指摘する。(19)

一方、神祇官や伊勢の神宮といった国家祭祀の場にも、男女が共に参列する姿がみられる。例えば、「神祇令」によれば「大祓」は次のように百官の男女が祓所に集まって行われていた。

凡そ六月、十二月の晦の日の大祓には、中臣、御祓麻上れ。東西の文部、祓の刀上りて、祓詞読め。訖りなば百官の男女祓の所に聚り集れ。中臣、祓詞宣べ。卜部、解へ除くこと為よ。(20)（『律令』第六、十八「神祇令」）

しかし、十世紀に編纂された『延喜式』にみられる同じ「大祓」の祝詞冒頭は、このような神祇令の「百官の男女」に対応した記述ではなく、男性の官人のみ言及されており、ここにも祭祀儀礼のありかたや思想が変化していたことがみてとれる。

集り侍る親王・諸王・諸臣・百の官の人ども、諸聞き食へよと宣ふ。
天皇が朝廷に仕へ奉るひれ掛くる伴男、手襁掛くる伴の男・靫負ふ伴の男、剣佩く伴の男、伴の男の八十伴の男を始めて、官々に仕へ奉る人等の過犯けむ雑雑罪を今年の六月の晦の大祓に、祓へ給ひ清め給ふ事を、諸聞食と宣る。[21]（『延喜式』巻第八祝詞「六月晦大祓」）

また、伊勢の神宮の場合も、九世紀の記録には、物忌父母、戸人の男女らが集まり直会をした文献がある。

大神宮の奈保良比所に参入り来て、同日夜に、御食奈保良比、禰宜、大内人、並びに諸の物忌、内人ら、及物忌父母ら、戸人の男女等、皆悉く参り集い侍る。然して即ち奈保良比御歌仕へ奉る。其歌は、
佐古久志侶　伊須々之宮仁、御気立てて、宇都奈留比佐婆、宮毛止々侶爾
（析釧　五十鈴の宮に　御饌立てて　打つなる瓢は　宮もとどろに）
次に舞歌仕へ奉らしむ。其歌は、

毛々志貴乃、意保美也人乃　多乃志美止　宇都奈留比佐婆　美也毛止々侶爾
（ももしきの　大宮人の　楽しみと　うつなる瓢は　宮もとどろに）[22]（『皇太神宮儀式帳』「六月例」）

さらに式年遷宮において「遷御」と称される、神体を新宮に遷す際の「人垣」の列は、禰宜、物忌らのほか、男女同数の各三〇人の人々で構成されている。[23]この祭儀に関わった女性たちは、装束の内訳によると「物忌」といわれる童女の神職と共に、禰宜、内人ら在地神職の妻たちであった。

〔九月十六日〕然て先づ禰宜内人幷に人垣仕へ奉るべき男女等、戌時に、悉く皆大宮の西の川原に大祓し清め即ち明衣を給り了る。……然て大神宮司、人垣仕奉人等召し集へて、即て衣垣、衣笠、刺羽等を持たしめて、人垣仕へ奉る男女等に、太玉串持捧しめて、左右に分かれ立ちて、大神宮司率て参入て、正殿の御橋許に候侍る。……即ち正殿の内に燈油燃し、御船代開き奉りて、正体をば禰宜頂き奉り、相殿神東方に坐すをば宇治内人頂き奉り、西方に坐すをば大物忌父頂き奉り遷し奉る。行幸時、先立ちは禰宜、次に宇治内人、次大物忌父、次諸内人物忌等と妻子等、人垣立て、衣垣曳きて、蓋、刺羽等捧げ[24]……（『皇太神宮儀式帳』「皇太神御形新宮遷奉時儀式行事」）

伊勢の神宮という律令国家祭祀の場で、最も神体に近づく「遷御」という重要な祭祀儀礼への妻たちの関与は、令制以前の古代日本の共同体祭祀の原初的形態を映し出すものとして考えられている。[25]

中世になると神宮でも、神職の妻ら成人女性の祭祀儀礼への関わりが史料からみられなくなるが、奈

良の春日社では、次のように「神楽男」と「神子《みかんこ》」が夫婦で祈禱神楽を担っていた。

この道路の果てに、神子と名づける女僧たちの大きな家があります。ほとんど皆四、五十歳、またそれ以上です。しかし彼女たちは社人と名づける一種の僧侶と結婚しています。二人ともこの社に奉仕しています。彼等は表面は結婚しているような様子を見せませんが、そこには彼等の子供たちが小さい時から父母のもとにいます。その大きな構内で、彼等は務めを互いに分けあっています。神子、すなわち妻はある役目を、そうして社人、すなわち夫は別の役目を「うけもっている」からです。(26)（ルイス・フロイス『日本史』）

このように中世以降も、古代の神宮のような令制以前の男女、すなわち夫婦や親子による祭祀儀礼への関与の事例は、諸社の史料にみられるところである。(27)律令や儒教の受容によって、男女別の礼の思想が浸透し祭祀儀礼が変容するなかにあって、一方では令制以前の男女が共に関わる祭祀儀礼が廃止されることなく併存していることは、前近代の神道の女性観を示すものとして捉えることができよう。

以上のように祭祀儀礼の中の女性たちをみてくると、冒頭に挙げた「国民教化」における講席の男女の区分は、前近代からの神道の女性観を反映したものとは言い難い。それではこうした措置は、近代に形成された神道の女性観によるものなのだろうか。

四　「女子教育」と「国民教化」

文部省が設立された翌年の明治五年（一八七二）に公布された教育制度「学制」では、男女皆学をうたい、近代的な学校が設立される。こうした状況のなかで、文部省は同年、官立の「女学校」を設立、女性教育が始まる。

近代における神道の女性観を考えるにあたり、ここでは明治初年の女性に対する「教育」と「教化」という二つの側面から検討したい。近代教育の黎明期である明治五年、神道を中心とした「国民教化」を主とする教部省と文部省は合併しており、明治初年には教育と教化がまだ未分化であった[28]。

教部省では、「国民教化」の拠点として「学校」同様、学区制をもとに、大・中・小の「教院」が設けられ、明治六年（一八七三）には、「女学校」さながら、女性教導職の拠点として「女教院」が設立されている。女教院については、別稿でも論じたが[29]、尼寺で開かれた仏教系の女教院があり、長野・善光寺大本願の住職・久我誓円によって東京・青山善光寺、大阪・阿弥陀ヶ池和光寺、京都・五条袋中庵に女教院が開かれた史料[30]がある。

一方、神道系の女教院は、下谷西町の立花鑑寛邸に猿田彦大神、大宮売神の「遥拝社（遥拝所）」「結社教会所」と共に「女教説教所」（図2参照）として建設され、明治七年（一八七四）五月二十三日、女性教導職たちが祭員となって開校の祭祀儀礼が行われている[31]。

ただしこの下谷女教院が建設される以前の、明治六年六月二十五日から、既に姉小路家で仮の女教

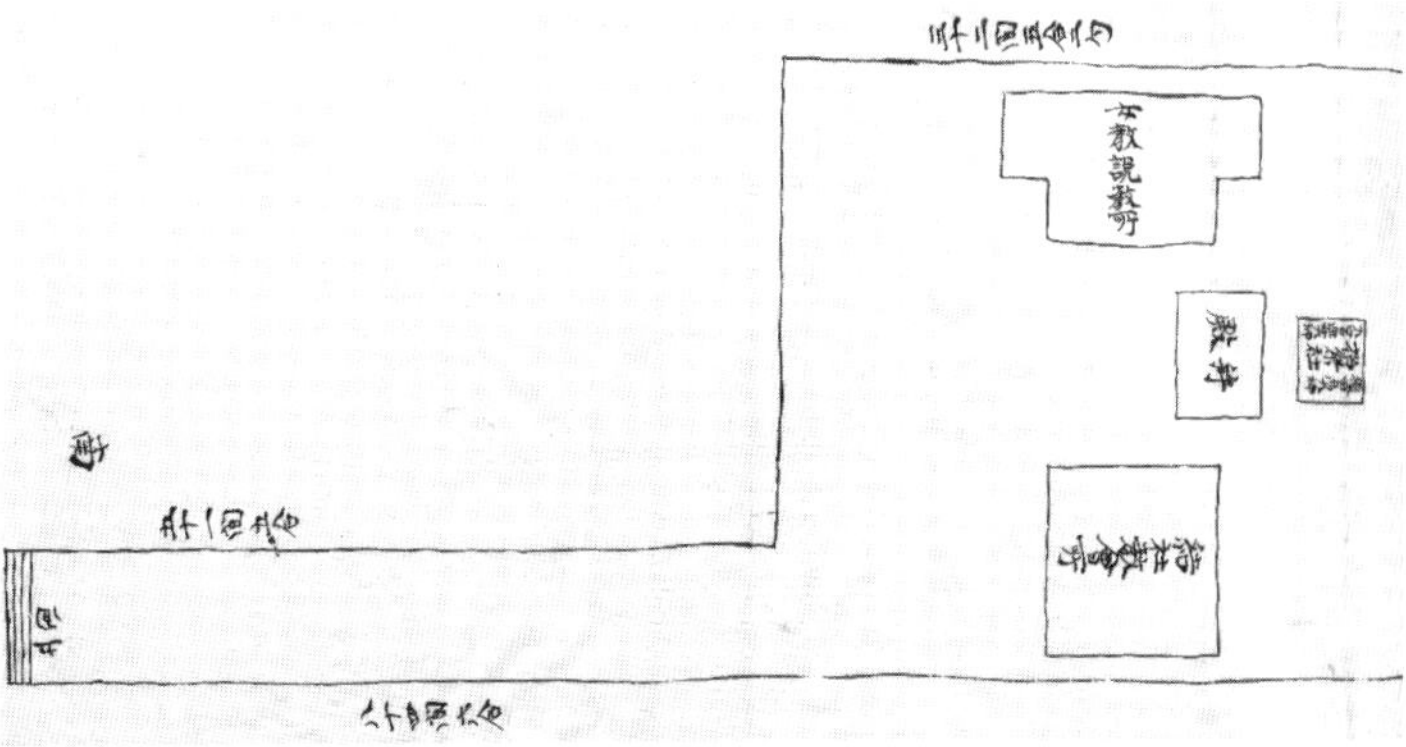

図２　「女教説教所（下谷女教院図）」（「浅間宮司松岡時懋ヨリ東京府下ヘ猿田彦大宮売ノ二神遥拝所幷女教説教所建設願」，『公文録』明治六年，第六十五巻，明治六年十月，教部省伺。国立公文書館デジタルアーカイブ）

院が開校されていた。この女教院では、幕末の公家姉小路公知の妹で明治十年（一八七七）に昭憲皇太后の女官となる姉小路良子（一八五六～一九二六）、その姉小路家に仕え、明治八年（一八七五）に跡見学校を創立する跡見花蹊（一八四〇～一九二六）らが教導職として活動している。

姉小路良子は教導職中七級の「大講義」となりその中心的な存在に位置付けられていたが、その指導には、渡辺重石丸や井上頼圀といった平田派の国学者があたっていた。女教集会では、平田篤胤の「古史成文」等の輪講が行われており、教化のみならず、近世から近代における国学者の女性に対する教育への役割も注目される。

跡見花蹊は十四階級ある教導職中の最下位の「権訓導」であったが、幕末から教育に携わっていたために、女性教育者たちのネットワークをかわれてのことであろう、女性教導職の人選を任されていた。女教集会には、漢学者の若江薫子をはじめ、近世から近代にかけて教育に携わっていた女性たち、小原燕子、日尾直子、内藤ます、木城花野らが参加しており、当時の国民教化と教育、宗教の分かちがたい関係がここにも明確に表れている。実際、明治六年（一八七三）に十五歳で井上頼圀門下生となり、明治七年に権訓導となった田中かくは、東京での奉公中、頼圀から女教院に勧誘されたことを次のように回想している。

最早其様のまだるい仕事はよして私におまかせになれば、今回女子教育おこなわれぬ為め女教院と云ふを設立になり、姉小路の姫君始め夫々貴婦人集り結構なる教育上の御話を催す事になり、是非々々自費にて自分へ預かり右方申込ます故早速主方へ話して暇をもらひ御つれなされ仰せされし由。親等も結構なるおはなしゆゑ直ちに東京主家へ参り右之由申込む。[32]（田中かく『おもかげ』）

このように当時、女教院での女教集会は「女子教育」の場と捉えられていた。冒頭でみたとおり教化活動では、教導職によって説教と共に神道儀礼が行われていたが、「女教院」でも、説教の際のみならず、女教院開校祭典など、神道儀礼が女性教導職たちだけで行われていることは注意したい。[33]

こうした女性教導職主体による教化の実践は、一見すると当時の女子教育推進の気運とも相まって「文明開化」の一端ともみえる。しかし男性とは分けられた教化の場や、女性教導職のみで行われる神道儀礼は、男女悉く集まって行われた古代の「会同」や「祭祀」のありかたとは異なるものであり、むしろ「男女の弁別」、すなわち儒教の礼の思想に基づいて行われたものと考えられる。

実際この直後である明治七年（一八七四）、古代の律令制度さながら、女性は国家官吏たる神官となることが認められない結論が下されたこともこのことを裏付けるものであろう。(34) その結論が導き出される過程を記した公文書(35)には、伊勢の斎宮といった古代の女性祭祀者の制度は「事理不相当ノ事」、すなわち時代に道理がそぐわないとされ、神話伝承にみられる女神の働きなど神学的な問題に触れることなく、当時の世俗的な女性観によって結論が下されているのだ。これは「宗教に非ず」という当時の神道や神社のありかた、すなわち神社は「国家の宗祀」として位置づけられていたことと相応するものであろう。

儒教思想に沿ったこうした流れは、明治六年の女性教導職の任命にあたって、すでに萌していたことが、次の教導職精選に関する教導職たちの建言からも読み取れる。

一教導職ヲ沙汰精選スル事、即今教導職精選トハ申ナカラ臣等カ実ニ短才無識ニシテ人ノ模範トナルヘキ教正ノ職ヲ辱ムル恐悚ノ至ニ堪ス。伏希クハ先臣等カ官ヲ免シ更ニ有徳才学ノ人抜擢登庸不甚希望也。且神官毎ニ教導ヲ兼テモ或ハ有名無実ニ至ルヘシ。神官教職ハ自カラ其選モ異ナルヘク因テ絶《ママ》エ記紀ヲ読ノ皇学者ハ法肱シ自今ヨロシク儒者ヲ併用ヒ彝倫ノ道ヲモ講究セラレ度、然リト雖モ皇道ヲ推戴セサル儒者ハ用エヘカラス。又当今女子モ教職ニ列ス。抑婦人ハ治内ヲ司ルノミ、衆人ニ対シ喋々講読スル女子ノ道ニ非ス。教院ノ体裁ニ於テモ亦称スヘキコトニ非ス。尤其人才学超群之ヲ男子ニ求テ不可有之堅婦ハ断然登庸セラルヘケレト、目今ノ輩ノ如キ才学ヲ男子ニ求ハ其人少トセス。ヨッテ其職ヲ免シ本ヲ正シ天下ノ物議ヲ避ク可キ也　右三条妄論ノ罪不任負荊併ナカラ心衷吐露モ亦尽忠ノ一ト昧死上言

明治六年五月

権少教正　雨森精翁／同　板倉勝任／同　市橋長道／同　戸田忠友／同　永井

尚服／同　松平親貴／同　土谷寅直

少教正　毛利高謙／同　稲葉久通／同　牧野忠恭／同　松浦詮　／同　文野時

万

本省　御中[36]（「教導職神官在職中之記　二」）

この史料では、「国民教化」において儒者が求められていることと同時に、女性の教導職の任免についても言及されている。そもそも女子は家内を治めるものであって、人々に講読をするような教導職の職掌は、女子の道ではなく、教院にとっても女性の教導職は不体裁であるとする。人物も才も卓越した女性ならば教導職に断然登用すべきだとしながらも、今の女性教導職ほどの才学ならば、男性には少なくないため免職にして、天下の物議を避けるべきだという内容である。

こうした建言を教部省に出したのは、右のように太政官被補任の「少教正」、「権少教正」クラスの教導職たちで、彼らは平戸藩主であった松浦詮をはじめその多くが元藩主である。ここに当時の士族たちの女性観が窺えよう。

五　女性教化にみる儒教思想

一方、これに対応するように同明治六年（一八七三）五月の『跡見花蹊日記』(37)には、女教院開校の人事について次のような記事がある。

〔五月〕十五日　晴。
終日揮毫。此日、帝造幣寮行幸、拝見ニ行。此夜、渡辺来、講義。此夜、渡辺咄ニ云、良姫様此度教部省少教正拝命周旋致シ候処、同省ニテ枰儀《〔評議〕》有、大講義出仕ニ致シ候様被申候也。故ニ先何モ此拝命ノ事相断候相談ニ相〔成〕候也。

〔五月〕二十二日　晴。
此朝、梅津(38)来、良姫さまの御拝命の義《〔儀〕》ニ付段ヽ周旋致され候処、上官ノ処ニテ教部のさまたけ《〔妨〕》いたし候者有之候よし、教部の方ハしきりに相すゝみ候へとも、何分こばむ者有ては却而梅津等の心配も無に成候訳も有之候事ニテ梅津も段ヽ相たのみと候ゆへ、よし姫さまは女教の真木ト御成下され候て、女教院盛大に相行ひ度一念ニ付、右様のわけならは、こなたはいかほとの下官たりとも御国の御為に御成遊す事ならはいか様ニもと、相答候処、梅津大ゐに悦、早ヽ教部へ行レ候。……

当初姉小路良子は先の建言をした教導職達と同階級の「少教正」補任を考えられていたにもかかわらず、教部省での評議によって二階級下の「大講義」とされたため、教導職の拝命は断ることになったというのである。姉小路良子の人事については「上官で妨げ」があったこと、結局「少教正」は叶わず「大講義」に任じられたことが記されている。

この女教院人事に関しては、さらに「教導職神官在職中之記」一、二にわたり対応する記述がみられる。これは同明治六年（一八七三）五月二十八日に教正中から大教院詰の教正に対してなされた建言と考えられる。

一婦人ヲ教職ニ登用セラル、事ニ付テハ、既已ニ論説スル再三ナリ。然ニ女教院ヲ設ノ説ヲ以テ其論ヲ御採用無之ハ無余義事候処、其女教院ノ義モ寛急ノ間、疑ナキヲ不得。シカシ決テ其事ヲ御拒申上候主意ニハ無之、先規則ヲ御確定相成、一統エモ御示ノ上、漸々次第ヲ追テ、教職ハ貞女節婦或ハ有学有芸ノ老婦、若クハ孀婦ヲ御登用処女ヲ教ヘシメラレ候義ト存候処、豈料今日少女ヲ御登用相成、一統驚愕嘆息之至候。男子スラ教導ノ職ニアル英俊ハ不論、凡ソ齢徳兼備セスンハ人ノ信スル処ニアラズ。青年輩ハ[39]ヨロシク放テ学シム可キ事ニ候。況ヤ女子ノ未嫁モノハ、紡績機織ノ業ヲ学ヒ良配ヲ求テ嫁スヘシ。然テ後、倫理モ熟知シ、柔順ノ婦徳モ養得、家事ヲ調理シテ後初テ人ヲ教ユル事ヲ得ヘシ。実ニ今日ノ良子其身甚タ不幸トイフヘシ。宜ク彼少女ヲシテ其身ヲ全クセシメ其婦徳ヲ修テ後日女師ヲ用ラレ度希望ノ至。実ニ何等ノ御主意御目的ニテ如此御処置ヤ相伺度。第一教院ノ不体裁忽ニ天下ノ笑ヲ来万人ノ疑惑不可過之存候〔伏〕希ハ早々御改評之御沙汰相成度懇冀之至也。……（「教導職神官在職中之記」一、二）

この教正たちは、「女教院」の規則がまだ定まっていないことを指摘、婦人の教導職登用に関しては「豈料《あにはからんや》少女ヲ御登用相成一統驚愕嘆息之至」という反応で、「第一教院ノ不体裁」として、「忽ニ天下ノ笑ヲ来万人ノ疑惑不可過之存候〔伏〕希ハ早々御改評之御沙汰相成度懇冀之至也」と希望する。

ここでいう「少女ヲ御登用」「現在の女性教導職」とは、当時十八歳であった姉小路良子を指していると考えてよいだろう。ここでは、良子が教導職に相応しくないことが縷々例を挙げて記されており、「女子ノ未嫁モノハ、紡績機織ノ業ヲ学ヒ良配ヲ求テ嫁スヘシ」などとあり、同時期の官営富岡製糸場の開設とも重なり、当時のあるべき女性像が記されていて興味深い。

一方、教導職によって女性たちに向けて宣布する女性像も、左の女性教導職による講録にみられるように「男女の別」を正しくするという儒教思想に基づいたものであった。

此ノ大教院ニ於イテ三条ノ教典ヲ宣布アラセラル、ニ付キ、有志ノ婦人ヲ御登庸アッテ陰陽女男ノ理ニ従ヒ、男女ノ別ヲ正フシテ女教ヲ宣布ナサシメ給フ事、是教法ノ正シキ大体ニテ、婦女子ト雖度外ニ置カズ、万民一体ニ人道ヲ知ラシメ給フ難有イ御主意デゴザル。(40)（大講義梅津教知妻訓導奥山照子「御教則第一条ノ旨ヲ演説ニ及ビマスル」）

女性の「国民教化」において説かれた「男女別」という儒教思想は、学校教育においても次第にその影響が強くなっていったことが考えられる。明治五年（一八七二）の「学制」において、「国民皆学」すなわち「男女の別」ない小学教育が目指される一方で、明治十二年以降、「男女別学」が基本となり、戦後までその状況が続くのだ。

徳育を主とする教育政策への変化の契機となったのは明治天皇によって示された教学の根本方針「教学聖旨」である。

教学ノ要、仁義忠孝ヲ明カニシテ、智識才芸ヲ究メ、以テ人道ヲ尽スハ、我祖訓国典ノ旨、上下一般ノ教トスル所ナリ。然ルニ輓近専ラ智識才芸ノミヲ尚トビ、文明開化ノ末ニ馳セ、品行ヲ破リ風俗ヲ傷フ者少ナカラズ。然ル所以ノ者ハ、維新ノ始首トシテ陋習ヲ破リ、智識ヲ世界ニ広ムルノ卓見ヲ以テ、一時西洋ノ所長ヲ取リ、日新ノ効ヲ奏スト雖ドモ、其流弊、仁義忠孝ヲ後ニシ、徒ニ洋風是競フニ於テハ、将来ノ恐ル、所、終ニ君臣父子ノ大義ヲ知ラザルニ至ランモ測ル可カラズ。是我邦教学ノ本意ニ非ザル也。故ニ自今以往、祖宗ノ訓点ニ基ヅキ、専ラ仁義忠孝ヲ明カニシ、道徳ノ学ハ孔子ヲ主トシテ、人々誠実品行ヲ尚トビ然ル上各科ノ学ハ、其才器ニ随テ益々長進シ、道徳才芸、本末全備シテ、大中至正ノ教学天下ニ布満セシメバ、我邦独立ノ精神ニ於テ、宇内ニ恥ルコト無カル可シ。(41)（「聖旨　教学大旨」）

このように「教学聖旨」では西欧文化に対し、儒教の徳目は、我が国の教学として組み込まれている。(42)古代において「文明」であった儒教思想は、明治の文明開化にあたり再び重視されるなか、もはや国の伝統と位置付けられていた。(43)

学制の廃止、教育令の施行に先立って「儒教」の礼の思想に基づいた「国民教化政策」が行われたことは、儒教の女性観が近代に至り再生産されたことを意味しており、教化、教育にとどまらず、「上下一般ノ教」として人々の生活のなかにも浸透していったものと思われる。

以上のような史料から、こうした神祇行政によって、神祇祭祀の歴史とは別の次元で神道儀礼のありかたや、近代的な神道の女性観が新たに作り上げられていったことが考えられる。戦後まで女性の神職が認められなかった要因は、「穢れ」などの宗教的な理由よりもむしろ、こうした世俗的な儒教の女性観にこそ求められよう。

近代における神道の女性観の形成に、儒教に基づく「国民教化」や当時の近代的な教育において求められた女性観が反映しているとすれば、国学や国学者たちの女性観は、儒教や儒者と同じ女性観であったのかという疑問が生じてくる。これについては別稿(44)でも指摘したが、女教院で女性の教導職の指導にあたり、姉小路良子を「少教正」に登用しようとした平田派の国学者たちの女性観は、儒教のそれと分けて考える必要があり、国学研究の上でも注目されるところである。

おわりに

昭和初期の男女別学の状況のもと「男女共学」を主張した小泉郁子は「「あらゆる社会の不調和は両性間の不調和だ」といふ事は必ずしも過言ではない」と述べている。(45)「男女共同参画社会」が謳われる現代社会で、なお両性の「調和」を模索するとすれば、日常生活のふるまいに至るまで私たちを規定している「慣例」、あるいは「伝統」と称されるものの成り立ちをふまえ、国際的視野をもって新しい秩序・規範を考える視点が求められるだろう。そのためには歴史学のみならず歴史の思想背景を明らかにしてきた日本思想史という学問の蓄積が生かされるのではないか。一方、日本思想史にとってのジェンダー視点は、現代の社会問題にも接続し研究領域をさらに大きく広げるものと考える。

＊引用文中の傍線は、筆者によるものである。また引用文については、返点や句読点を補するなど一部表記を改めたところがある。なお、／は改行を示す。

註

（1）吉田一彦「女性と仏教」（『日本思想史講座1――古代』ぺりかん社、二〇一二年）、川村邦光「性とジェンダー――方法としてのジェンダーの視点」（『日本思想史講座5――方法』ぺりかん社、二〇一五年）、永岡崇「民衆宗教研究の現在――ナラティヴの解体に向き合う」（『日本思想史学』四九号、日本思想史学会、二〇一七年）など、近年の日本思想史に関わる研究のなかで、こうした指摘がなされている。

（2）明治六年に、教導職権少教正、二荒山神社宮司に任じられた戸田忠友による「教導職神官在職中之記一」（『戸田家文書』二〇七、宇都宮大学学術情報リポジトリ）。

（3）この神座にまつられる「天祖・皇孫」とは、大教院発行の『教導職神拝式』（市立米沢図書館蔵、国立国語研究所複写版）によれば「天祖《あまつみおや》」として天御中主神、高皇産霊神、神皇産霊神のいわゆる造化三神と、「皇祖《すめみおや》」天照大御神であると考えられる。この四神は、教化の拠点であった芝・増上寺に設けられた「大教院」神殿に祀られた神々である。

（4）『教導雑録』（市立米沢図書館蔵、国立国語研究所複写版）にも、明治六年六月二十六日に、第六大区の少教正牧野忠敦へ、同区県の教導職中が合議して差し出したという説教所等の草案の中に「拝聴人男女ノ席区別ノ事」（第九条）とある。

（5）仮名垣魯文『三則教の捷道』（明治六年、国立国会図書館デジタルコレクション）。この絵について、谷川穣『明治前期の教育・教化・仏教』（思文閣出版、二〇〇八年）では、子どもへの教化という観点から論じられている。
（6）「妹の力」の研究史は、佐伯順子「「妹の力」と日本型「女性性」――その歴史性と汎文化性」（『岩波講座日本の思想六 秩序と規範』二〇一三年）参照。佐伯氏は、「妹の力」の概念と実態の検証を思想的課題と提言する。
（7）『三国志』倭人（藤堂明保他訳『倭国伝』中国の古典17、学習研究社、一九八五年、別注）二〇頁。
（8）竹内照夫『礼記』中・下巻（新釈漢文大系、明治書院、一九七七年、一九七九年）。
（9）『隋書』倭国（『倭国伝』）三八頁。
（10）太政官符「禁断会集之時男女混雑事」（『類聚三代格』巻十九「禁制事」、『類聚三代格・弘仁格抄』国史大系二五、吉川弘文館、一九六五年）五九一頁。
（11）「禁制両京畿内夜祭歌舞事」（『類聚三代格』巻十九「禁制事」）五九〇頁。
（12）女官の研究については、伊集院葉子「女性の「排除」と「包摂」――古代の権力システムのなかの女官」（総合女性史学会編『女性官僚の歴史――古代女官から現代キャリアまで』吉川弘文館、二〇一三年）、『日本古代女官の研究』（吉川弘文館、二〇一六年）参照。
（13）古代日本の礼と儒教思想の継受については、西本昌弘『日本古代儀礼成立史の研究』（塙書房、一九九七年）、大隅清陽『律令官制と礼秩序の研究』（吉川弘文館、二〇一一年）、大津透「律令と天皇」（『日本思想史講座1』）、女叙位については、岡村幸子「女叙位に関する基礎的考察」（『日本歴史』五四一号、一九九二年）等を参照。
（14）坂本太郎・家永三郎他校注『日本書紀 上』（日本古典文学大系67、岩波書店、一九六七年）三〇一頁
（15）『日本書紀 上』五四四頁。
（16）儒教の女性観について論じた近年の研究には、任夢渓「『礼記』における女性観――儒教的女子教育の起点」（『文化交渉：東アジア文化研究科院生論集』四号、関西大学大学院東アジア文化研究科、二〇一五年）等がある。
（17）植垣節也校注・訳『新編日本古典文学全集5 風土記』（小学館、一九九七）三九三頁。
（18）「祭田の日、飲食を設備し幷せて人別に食を設く。男女悉く集まり、国家の法を告げ知らしめ訖る。即ち歯を以て坐に居し、子弟等を以て膳部に充て、飲食を供給す。春秋二時の祭りなり。此を尊長養老の道と称うなり」

（『令集解』儀制令春時祭田条「古記」）。
（19）義江明子『つくられた卑弥呼』（ちくま新書、二〇〇五年）、『つくられた卑弥呼〈女〉の創出と国家』（ちくま学芸文庫、二〇一八年）六五―七七頁。
（20）「神祇令」（『律令』日本思想大系3、岩波書店、一九七六年）二一五頁。
（21）『延喜式』（『延喜式 上』神道大系古典編十一、一九七九年）。
（22）「六月例」（『皇太神宮儀式帳』、『皇太神宮儀式帳・止由気宮儀式帳・太神宮諸雑事記』神道大系神宮編一、一九七九年）一五三―五四頁。
（23）「新宮遷奉御装束用物事」（『皇太神宮儀式帳』）五二頁。
（24）「皇太神御形新宮遷奉時儀式行事」（『皇太神宮儀式帳』）五三―五五頁。
（25）国家的祭祀に変容する以前の神宮における女性と祭祀の関わりの原型について検討した研究として、義江明子『古代の日本女性と祭祀』（吉川弘文館、一九九六年）が挙げられる。
（26）ルイス・フロイス『日本史3――キリシタン伝来のころ』（平凡社東洋文庫、一九六六年）一一一―一一二頁。
（27）紙幅の関係からこうした具体例の史料を列挙しなかったが、詳細は拙著『女性神職の近代――神祇儀礼・行政における祭祀者の研究』（ぺりかん社、二〇〇九年）、「神社・神道をめぐる女性たちの諸相――祭祀儀礼と国民教化を中心に」（『立教大学ジェンダーフォーラム年報』一八号、二〇一七年）を参照いただきたい。
（28）明治初期の教育と教化に関する研究については、山口和孝「訓導と教導職――日本の近代公教育制度成立期に見られる宗教と教育の関係」（『国際基督教大学学報』一A教育研究二四、一九八二年）、谷川穣『明治前期の教育・教化・仏教』がある。
（29）「女教院」については拙稿「国民教化政策と女教院――復古と開化をめぐって」（『人文』一〇号、学習院大学人文科学研究所、二〇一一年）、『昭憲皇太后からたどる近代』（ぺりかん社、二〇一四年）、「神社・神道をめぐる女性たちの諸相」で論じた。
（30）『善光寺中興誓円尼公』（大本山善光寺大本願、一九七九年）。長野・善光寺大本願には、女教院をめぐる史料が所蔵され現在調査が始まっている。

（31）「遥拝社女教説教所結社教会所建設願」（『公文録』明治六年、第六五巻、教部省伺、国立公文書館）。この建設願は甲斐浅間神社宮司兼大講義、松岡時懋によって出された。この下谷女教院の地は、明治十二年、禊教の教祖井上正鉄をまつる井上神社となっている。この女教院にも参加し、山梨県でも女教院開校を試み、女性教育の先駆とされている内藤ますは、山梨県立博物館蔵『神道禊派職員録』（明治十八年）に三等副教師として名前が記載されており、女教院と禊教の繋がりを考える上で参考になろう。「遥拝所」という点から都市空間の教化政策を論じた研究に、松山恵『江戸・東京の都市史——近代移行期の都市・建築・社会』（東京大学出版会、二〇一四年）がある。

（32）田中かく「去る安政六年二月二十八日生」（『おもかげ』田中鎮次、一九五四年）一頁。

（33）『跡見花蹊日記』にみる女教院開校祭典の所役（明治七年五月二十三日、七三五—三六頁）。

下谷女教院開校祭典
斎主　打着〔桂〕緋袴　〔万〕〔カ〕里小路良子
祓主　打着袴　跡見花蹊
典礼　打着袴　日尾直子
賛者　打着袴　大麻行事　小原燕子／同　伴仲子替之　木城花野／同　手長ノ長兼ル　平田長子
後取　打着袴　姉小路千世滝／打着袴　木城花野
神饌掛　紋付袴　最上猷子／同　神部兼ル　荻野吟子
装束掛　同　加藤若代／同　同　貫輪竹子／同　同　日尾寿子
手長　同　同　外ニ十人／同　神部兼ル

（34）『女性神職の近代』二二一—三二頁。

（35）「諸神社祠官ヘ婦人登庸ノ儀伺」（『公文録』明治七年、第十七巻、明治七年七月〜十二月、式部寮伺）。「婦人祠官ニ任スルヲ允サス幷神祇省達道明寺ノ件ヲ取消ス」（『太政類典』第二編、明治四年〜明治十年、第二六六巻）。いずれも国立公文書館蔵。

（36）「教導職神官在職中之記 二」六頁。

(37)『跡見花蹊日記』六六五―六九頁。

(38) 梅津教知のこと。梅津については註(40)参照。

(39) 以上は「教導職神官在職中之記 二」五月二十九日記。これより以下は「教導職神官在職中之記 二」一頁。

(40)『教員講録』第五号、明治六年九月(三宅守常編『三条教則衍義書資料集』下巻、明治聖徳記念学会、二〇〇七年)九六八頁。ここで説教をしている奥山照子は、平田門下の国学者・奥山正胤の娘であり、正胤の紹介によって平田門下となった梅津教知の妻でもある。照子は夫の梅津と共に『跡見花蹊日記』の女教院の記事に度々登場する女性教導職である。

(41) 山住正己校注『教育の体系』(日本近代思想大系6、岩波書店、一九九〇年)七八頁。

(42) 後期水戸学では神武紀を「忠孝」、大嘗祭の意義を「大孝」という観点から解釈していたが、明治初年の神祇行政に影響を与えた国学者大国隆正も「神祇官本義」で神祇官の「鎮魂祭」の主意を、「大忠大孝」すなわち「忠孝」と記している。明治神祇官の祭祀もこうした儒教徳目で解釈されていたことも同様に注目される。

(43) 高橋文博氏は、『近代日本の倫理思想――主従道徳と国家』(思文閣出版、二〇一二年)の「第一章 明治十年代の道徳教育」で、教学の根拠を日本の伝統におこうと考えていなかった伊藤博文ら政府首脳に対し、「教学聖旨」のねらいは、文明開化を主とした教育政策を正面から批判し、儒学を基本として神勅に由来する天皇統治の伝統を核心に据える教学をもって、道徳教育を推進することを求めるものだったと指摘している。

(44) 拙稿「国学者・福羽美静の思想と信仰」(『神道宗教』二五四・二五五号〈特集大嘗祭〉、神道宗教学会、二〇一九年)では、国学者の儒教とは異なる女性観として福羽美静の例をとり挙げた。

(45) 小泉郁子「明日の女性教育」(五味百合子監修『近代婦人問題名著選集 社会問題編一』日本図書センター、一九八三年)一〇〇頁。男女共学論史については、小稲絵梨奈「日本における男女共学論の歴史と背景――小泉郁子の思想」(『武庫川女子大学大学院教育学研究論集』七号、二〇一二年)参照。

あとがき

苅部　直

日本思想史学会の機関誌『日本思想史学』は、いまでは学会ウェブサイト上で、そのバックナンバーの掲載内容の大半を見ることができる。その創刊号（一九六九年九月発行）には、初代会長の石田一良（当時、東北大学教授）が「発刊の辞」を、梅沢伊勢三（当時、宮城工業高等専門学校教授）が「学会発足までのこと」を、それぞれ寄せている。石田は京都帝国大学の西田直二郎、梅沢は東北帝国大学の村岡典嗣のもとで学んだ研究者であり、いずれも当時は五十歳代後半。大正時代からの日本文化史・日本思想史の研究潮流を継ぎ、戦後における思想史学の再出発を主導した人々であった。

二つの文章によれば、日本思想史学会の前身となったのは、東北大学文学部の日本思想史講座を中心として、一九五九年（昭和三十四）に創設された日本思想史研究会である。その研究会が、全国から研究者が集まる研究大会を、一九六二年（昭和三十七）から隔年で開催するようになった。その第四回研究大会の二日目、一九六八年（昭和四十三）十一月十七日（日曜日）に、「正規の学会」（梅沢）、「全国学会」（石田）としての日本思想史学会が設立されたのである。

この研究大会は、当時は仙台市内の片平キャンパスにあった東北大学文学部を会場として催されたが、時代はまさしく一九六八年、大学紛争の季節である。東北大学にその波が及ぶのは遅かったが、それでも研究大会の初日、十一月十六日の未明に、同じキャンパスの大学本部を、全学共闘会議（全共闘）系の学生、約百名が占拠するという事件が起こっている。これに対して同じ日の深夜になると、民青（日本共産党）系の自治会連合の学生、約二千人が押し寄せ、バリケードを壊し、実力によって占拠学生を排除するという挙に出た（『東北大学百年史』第二巻、二〇〇九年の記述による）。研究大会と学会の「発会総会」に、この事件の影響が及ぶことはなかったと思われるが、立て看板や貼り紙、散乱するビラで、キャンパスは騒然とした雰囲気だったはずである。

学会の発足に対して、世間の反応はどうだったか。残念なことに、朝日新聞・読売新聞のデータベースで見るかぎり、当時、全国むけの記事に日本思想史学会の名前は登場していない。大学紛争が全国に拡大し激化しつつある時期だったために、新しい学会の登場に目をむける余裕など、新聞記者にはなかったのであろう。

またアカデミズムの歴史学者たちも、関心を示した気配がない。雑誌『日本歴史』に毎号掲載される「学界消息」欄に、この学会の発足を伝える記事は見られない。『歴史学研究』『日本史研究』『歴史評論』といった雑誌の特集を、その前後の月に飾っているのは、当時、政府が推進していた「明治百年祭」に対する反対運動のスローガンである。大学紛争と政治運動にまきこまれ、歴史学者たちも多忙な時期なのであった。

このように騒乱に満ちた時代背景に照らして読みなおすならば、『日本思想史学』創刊号の「発刊の辞」のなかで、石田一良が述べている言葉の意味は重い。「もとより、日本思想史学会は、その前身同様、日本思想史の純粋に学問的な研究とその発達を目的とするものであります」。単に思想史の研究と言うのではなく、「純粋に」「学問的な」と二重に限定をつけている。研究者も人間である以上、社会の改革や自己の修養について、実践的な関心を抱くのは当然である。だが、研究者として行動するさいにはそうした意欲をいったん脇に置きながら、論文を書き、報告を行ない、研究仲間と議論を続けなくてはいけない。学問研究においては当たり前の心構えであるが、それをことさらに強調する必要がある時代だったのである。

石田がこのように宣言してから五十年の間、日本思想史学のあり方も、それをとりまく社会の環境も大きく変わった。日本思想史学会の会員数は現在五百名ほどであるが、そのうち女性が占める割合は、また外国出身の研究者、海外在住の会員の数も、大きく上昇しているはずである。大学の人文学系の学科ではなく、政治学・社会学・経済学など社会科学系の学科で訓練を受けた研究者も、多く育っている。本書には「帝国のマイノリティ」や「ジェンダー」を主題とした論考も収められているが、五十年前の学会ではその種の研究報告は存在しなかっただろう。

学会の外部環境に関して言えば、五十年前の日本社会にあったようなイデオロギー上の対立が、学問の世界の内側へ持ち込まれることは、少なくなったと言える。特にこの日本思想史学会に関して言えば、「純粋に学問的な研究とその発達を目的とする」創立当初の方針に基づき、歴代の会員が努力を続けてきたおかげで、さまざまな立場の研究者が、その違いをこえて議論を闘わせる気風が維持されてきた。

だが他面で、昨年に起こった日本学術会議会員の任命拒否事件に見られるように、政治権力と学術団体との間に緊張が生じる事例も発生している。短期的な視野で、「社会的要請」に応えられる「役に立つ」学問ばかりを振興しようとするような、政府と社会の風潮も近年に強まってきた。こうした逆風に対して、「純粋」な思想史研究を維持し発展させてゆくこと。日本思想史学会と個々の研究者が抱える課題は、いまだに多いのである。

本書が収める論稿は、『日本思想史学』第五十号（二〇一八年）、同第五十一号（二〇一九年）に掲載された学会シンポジウムの報告記録を、大幅に増補改訂して成ったものである。学会創立五十周年の記念事業という刊行の趣旨からすれば、本来なら第五十一号が発行された二〇一九年（令和元）九月ののち、半年ほどで完成されるべきであった。しかし、翌年からの新型コロナウイルス感染症の流行など、さまざまな事情で大幅に遅れての刊行となった。執筆者、関係者のみなさまに多大なご迷惑をおかけしてしまったことを、編者としてお詫びするしだいである。また、困難な活動状況のもとで制作にご尽力くださった、ぺりかん社編集部の藤田啓介氏に、深くお礼申しあげたい。

二〇二一年三月

執筆者略歴

長 志珠絵（おさ しずえ）
1962年京都府生まれ。博士（文学）立命館大学。神戸大学大学院国際文化学研究科教授。日本近代史。『近代日本と国語ナショナリズム』（吉川弘文館），『占領期・占領空間と戦争の記憶』（有志舎）

小平美香（おだいら みか）
1966年東京都生まれ。博士（哲学）学習院大学。学習院大学非常勤講師。日本思想史。『女性神職の近代』（ぺりかん社），「国学者・福羽美静の思想と信仰」（『神道研究』254・255号）

執筆者略歴

松田宏一郎（まつだ こういちろう）
1961年広島県生まれ。法学博士（東京都立大学）。立教大学法学部教授。日本政治思想史。『擬制の論理 自由の不安』（慶應義塾大学出版会），『江戸の知識から明治の政治へ』（ぺりかん社）

頼住光子（よりずみ みつこ）
1961年神奈川県生まれ。博士（文学）東京大学。東京大学大学院人文社会系研究科教授。日本倫理思想史。『道元の思想』（NHKブックス），『正法眼蔵入門』（角川ソフィア文庫）

冨樫 進（とがし すすむ）
1973年神奈川県生まれ。博士（文学）東北大学。東北福祉大学教育学部准教授。日本古代仏教思想史。『奈良仏教と古代社会』（東北大学出版会），「〈可能態〉としての仏典注釈」（『古代の文化圏とネットワーク』竹林舎）

＊　　　＊

永岡 崇（ながおか たかし）
1981年奈良県生まれ。博士（文学）大阪大学。駒澤大学総合教育研究部講師。宗教史・文化研究。『宗教文化は誰のものか』『新宗教と総力戦』（以上，名古屋大学出版会）

オリオン・クラウタウ（Orion Klautau）
1980年ブラジル生まれ。博士（文学）東北大学。東北大学大学院国際文化研究科准教授。近代日本仏教研究。『近代日本思想としての仏教史学』（法藏館），『戦後歴史学と日本仏教』（編著，法藏館）

大久保健晴（おおくぼ たけはる）
1973年東京都生まれ。博士（政治学）東京都立大学。慶應義塾大学法学部教授。日本政治思想史・比較政治思想。『近代日本の政治構想とオランダ』（東京大学出版会），「徳川日本における自由とナポレオン」（『「明治」という遺産』ミネルヴァ書房）

田世民（Tien Shih-min／でん せいみん）
1976年中華民国（台湾）南投県生まれ。博士（教育学）京都大学。国立台湾大学文学院日本語文学系所副教授。東アジア比較思想史。『近世日本における儒礼受容の研究』（ぺりかん社），『詩に興り礼に立つ』（国立台湾大学出版中心）

編者略歴

前田 勉（まえだ つとむ）

1956年埼玉県生まれ。愛知教育大学名誉教授。日本思想史学会前会長。日本思想史。『江戸後期の思想空間』（ぺりかん社。角川源義賞受賞），『江戸の読書会——会読の思想史』（平凡社ライブラリー）

苅部 直（かるべ ただし）

1965年東京都生まれ。東京大学法学部教授。日本思想史学会会長。日本政治思想史。『丸山眞男——リベラリストの肖像』（岩波新書。サントリー学芸賞受賞），『基点としての戦後——政治思想史と現代』（千倉書房）

装丁——鈴木 衛

日本思想史《にほんしそうし》の現在《げんざい》と未来《みらい》
対立と調和

2021年5月10日　初版第1刷発行

©2021

編　者　前田 勉
　　　　苅部 直

発行者　廣嶋 武人

発行所　株式会社 ぺりかん社
〒113-0033　東京都文京区本郷1-28-36
TEL 03(3814)8515
http://www.perikansha.co.jp/

印刷・製本　閏月社＋創栄図書印刷

Printed in Japan

ISBN 978-4-8315-1590-2

日本思想史講座1——古代	苅部直・黒住真・佐藤弘夫 末木文美士・田尻祐一郎編	三八〇〇円
日本思想史講座2——中世	苅部直・黒住真・佐藤弘夫 末木文美士・田尻祐一郎編	三八〇〇円
日本思想史講座3——近世	苅部直・黒住真・佐藤弘夫 末木文美士・田尻祐一郎編	三八〇〇円
日本思想史講座4——近代	苅部直・黒住真・佐藤弘夫 末木文美士・田尻祐一郎編	三八〇〇円
日本思想史講座5——方法	苅部直・黒住真・佐藤弘夫 末木文美士・田尻祐一郎編	四八〇〇円
思想史家 丸山眞男論	大隅和雄・平石直昭編	三五〇〇円

◆表示価格は税別です。